全 世 界 孩 子
都爱玩的游戏丛书

全世界孩子都爱玩的700个
数学游戏

柯友辉 编著

吉林出版集团股份有限公司

图书在版编目（CIP）数据

全世界孩子都爱玩的700个数学游戏 / 柯友辉编著.
—长春：吉林出版集团股份有限公司，2017.11（2022.8重印）
ISBN 978-7-5581-3984-0

Ⅰ.①全… Ⅱ.①柯… Ⅲ.①智力游戏—青少年读物
Ⅳ.①G898.2

中国版本图书馆CIP数据核字（2017）第281623号

全世界孩子都爱玩的700个数学游戏

编　　著　柯友辉
策划编辑　李异鸣　杨　肖
责任编辑　王　平
封面设计　华夏视觉
开　　本　787mm × 1092mm　1/16
字　　数　180千
印　　张　15
版　　次　2018年1月第1版
印　　次　2022年8月第2次印刷

出　　版　吉林出版集团有限责任公司
电　　话　总编办：010-63109269
　　　　　发行部：010-81282844
印　　刷　天津文林印务有限公司

ISBN 978-7-5581-3984-0　　定价：59.80元

序

数学游戏，越玩越聪明

恩格斯曾经说过：“数学是思维的体操。”在学校教育中，数学对发展学生的智力、培养学生的能力，特别是培养人的思维能力方面，是其他任何一门学科都无法代替的。

虽然许多人都知道了数学的重要性，但从长期的教学实践中我们知道，很多学生却学得并不轻松，特别是一些学生对数学的学习存在着一些普遍的心理障碍。例如畏惧心理、急躁心理、自卑心理、厌学心理等，这些心理很大程度上制约了学生学习数学的主动性，影响了他们的学习效果。

本书将枯燥的数学融入到游戏中，让孩子在游戏的过程中学习数学。

本书包括近 700 个游戏，内容分为技巧运算、应用趣题、巧填智解、趣味几何、玩转思维、推理判断、智力快车、独特创意。这些数学游戏形式多样，趣味无穷，难易结合，寓教于乐。通过做这些数学游戏，让你在享受乐趣的同时，全面提升观察力、分析力、判断力、想象力、创造力等各方面的能力，充分挖掘左右两半大脑的潜能。

现在还犹豫什么呢，赶紧加入进来吧。浅显易懂的文字说明，生动有趣的插图，缜密有趣的游戏，给你的头脑带来震撼性的冲击，好玩、有趣、刺激，是你头脑思维的最佳训练场。

全世界孩子都爱玩的700个数学游戏

目　录

第一部分　技巧运算

第二部分　应用趣题

第三部分　巧填智解

第四部分　趣味几何

第五部分　玩转思维

第六部分　推理判断

第七部分 智力快车

第八部分　独特创意

第一部分　技巧运算

1. 数字表示

如果6千、6百、6可以写成6606，那么11千、11百、11可以写成多少？

2. 怎样组成100

请你把下面这些数字用运算符号联成等于100的算式。

(1)四个9；(2)六个9；(3)五个1；(4)五个3；(5)五个5(两种组合)。

3. 4的妙用

请你用+、-、×、÷(/)、$\sqrt{\ }$这些运算符号，把四个4组成从1到10之间的整数。

4. 重返37

我们先看一个有趣的问题：

37×3=111　　37×6=222

37×9=333　　37×12=444

……

请你用六个1、六个2、六个3……六个9，分别组成一个算式，使每个算式都等于37。

5. 数A是多少

有一个有趣的五位数A，在数A的前面添上1，就得到一个六位数。在数A的末尾添上1，同样得到一个六位数。但是，第二个六位数是第一个六位数的3倍，求数A。

6. 奇怪的三位数

王军是一个数学爱好者，没事的时候总喜欢钻研数学。一天，他到朋友李强家做客，聊天之余给李强出了一道题：有一个奇怪的三位数，减去7后正好被7除尽；减去8后正好被8除尽；减去9后正好被9除尽。你知道这个三位数是多少吗？李强埋头想了好久，但始终得不出结果。

亲爱的读者，你知道这个奇怪的三位数是多少吗？

7. 快速运算

根据22×55=1210和222×555=123210，你能看出规律，不用计算就能写出下列算式的答案吗？

2222×5555=

22222×55555=

222222×555555=

2222222×5555555=

8. 规律运算

如果123456789×(9)=1111111101，那么，你能不用计算就在下面的括号中填入合适的两位数使等式成立吗？

123456789×(　)=2222222202

123456789×(　)=3333333303

123456789×(　)=4444444404

123456789×(　)=5555555505

123456789×(　)=6666666606

123456789×(　)=7777777707

123456789×(　)=8888888808

123456789×(　)=9999999909

9. 7和9

$7\times9=$

$77\times99=$

$777\times999=$

$7777\times9999=$

$77777\times99999=$

$777777\times999999=$

$7777777\times9999999=$

$77777777\times99999999=$

$777777777\times999999999=$

10. 计算结果

$88\times99=$

$888\times999=$

$6666\times9999=$

$66666\times99999=$

$666666\times999999=$

$5555555\times9999999=$

$555555\times999999=$

$55555\times99999=$

$4444\times9999=$

$444\times999=$

$33\times99=$

$3\times9=$

11. 算日期

小军是个数学爱好者，一天，他问好友小松："今天是星期三，那么，你知道200天后是星期几？"小松想了一下，就知道了正确答案。

亲爱的读者，你做出来了吗？

12. 测验平均分

盼盼在九次测验中的平均分是17分，如果第十次测验后，他十次的平均分是18分，问最后一次测验他得了多少分？

13. 平均重量

桌上放着4包糖，每次选出其中的3包，算出这3包的平均重量，再加上另一包的重量，用这种方法算了4次，分别得到8.8千克、9.6千克、10.4千克、11.2千克这4种重量，那么这4包糖平均每包重多少千克？

14. 两列数

有两列数，它们各自按一定的规律排列。第一列数是：3、5、7、9……第二列数是：4、9、14、19、24……第一列数中的第1个数与第二列数中的第1个数相加是3+4；第一列数中的第2个数与第二列数中的第2个数相加是5+9；……那么两列数第80个数相加，是多少+多少？

15. 默想的数

一天早上，爸爸对约翰说："你心里默想一个数，把它减去1，再把结果乘以2，然后再加上你默想的数。只要你说出运算的结果，我就能猜中你默想的数是多少。猜数的方法是：把说出的结果加上2，再把和除以3。"

你知道其中的奥秘何在？

16. 能被 7、8、9 整除的数

你能在 532 的后面加上三个数字，成为一个六位数的数字，并使这个六位数能被 7、8、9 整除吗？

17. 辨真假

在一次数学课上，老师对学生们说，你们每个人自己心里默想一个四位数。然后把这个数的第一个数字移到末位数的后面，得到一个新的四位数。再把这个新的四位数与你默想的数相加。例如，1234+2341=3575。按照这样的要求，只要你们告诉我结果，我就能知道你们的计算是否正确。

甲报：8612

乙报：4322

丙报：9867

丁报：13859

老师说，根据你们所报的数，除丙外，其余的都错了。

请问：老师是怎样判断的？

18. 找一个三位数

有一个三位数。如果把这个数减去 7，就能被 7 整除；如果把这个数减去 8，就能被 8 整除，如果把它减去 9，也能被 9 整除。这个数是多少？

19. 能被 11 整除的特征

假定需要判断一个多位数是否能被另一个数整除，要回答这个问题，在通常情况下，不应该运用直接相除的方法。首先应该把多位数整除性的特征弄清楚。

一个多位数能被 11 整除有这样的特征：

它的个位、百位、万位……上的数字的和，与十位、千位、十万位……上的数字的和相等，或者这两个和的差能被 11 整除，那么这个多位数就能被 11 整除。反之，如果这两个和不相等，或者这两个和的差不能被 11 整除，那么这个多位数就不能被 11 整除。

例如，判别数 3528041 是否能被 11 整除。

S1=3+2+0+1=6

S2=5+8+4=17

S2-S1=11

S2-S1 能被 11 整除。根据法则，数 3528041 一定能被 11 整除。

根据上面的原理，请你解下面这个题目：

〔11（492+x）〕2=37a10201

20. 怎样分 45

把数 45 分成四个数。第一个数加上 2，第二个数减去 2，第三个数乘以 2，第四个数除以 2，这样四个数就相等。根据上面的要求，请你分一分。

21. 求余数

有一个数比 30 小，它与 2 的差能被 3 整除。它与 3 的和能被 4 整除。它与 1 的和能被 5 除整除。这个数是多少？

22. 两个数的差

如果两个数的和是 80，这两个数的积可

以整除 4875，那么这两个数的差是多少？

23. 三数相加

现有四个数，取其每三个而相加，则其和分别为 22、24、27 和 20。求这四个数各是多少？

24. 找规律求结果

已知 $1^3+2^3=9$，$(1+2)^2=9$；$1^3+2^3+3^3=36$，$(1+2+3)^2=36$……请你仔细观察上面的算式，找出规律并迅速算出下面算式的答案：

（1）$1^3+2^3+3^3+\cdots\cdots+10^3$

（2）$1^3+2^3+3^3+\cdots\cdots+20^3$

25. 移动小数点

甲、乙两个数的和是 19.8，如果把乙数的小数点向右移动一位，这两个数的比是 1∶1，原来甲乙两数各多少？

26. 末尾的 0

在一次数学课上，老师出了这样一道题目：$1\times2\times3\times4\times5\cdots\cdots\times99\times100$ 的积的末尾有多少个 0？同学们想了好久，还是无人作答。

你知道答案吗？

27. 马虎的小刚

小刚在计算除法时，把除数 437 看成 457，结果得到的商是 432，余数是 139。正确的商和余数是多少？

28. 原两位数

在一个两位数的右边放一个 6，组成的三位数比原来的两位数大 294。原来的两位数是多少？

29. 商与余数

甲、乙、丙三数之和为 100，甲数除以乙数，丙数除以甲数，得数都是 5 余 1。求乙数是多少？

30. 大数与小数

数学老师把两个数交给杰克，让他用减法算，又把同样的两个数交给汉斯，让他用除法算。结果甲得 29；乙为 3 余 2，大数不能被小数整除。请问这两个数各是多少？

31. 数字魔术

元旦晚会上，同学们玩得非常尽兴。突然，班主任黄老师微笑着走到讲台前说："我给你们表演一个数字魔术吧！"说完，黄老师拿出一叠纸条，发给坐在下面的每一位同学，并神秘地说："你们每人在纸条上写上任意 4 个自然数（不重复写），我保证能从你们写的 4 个数中，找出两个数，它们的差能被 3 整除。"

黄老师的话音一落，下面就议论开来，很多同学都对此表示怀疑，不过还是按照老师说的话去做。没过多久，同学们都把数写好了，但是当同学们一个个念起自己写的 4 个数时，奇迹出现了。同学们写的数都能让黄老师找出了差能被 3 整除的两个数。

同学们，你们知道其中的秘密吗？

32. 巧算秘诀

威威是个聪明的孩子，最近他在计算35的平方或75、95的平方时，用不了多少时间就做出来了。原来他掌握了窍门，凡是末位数是5的两位数的平方运算，就把十位数上的数字与比这数大1的数相乘，后面一律写上25保准没错。例如55，就用5乘6得30，后面再添上25就是3025，这样自然快了。原来这样做是有根据的，你知道其中的原理吗？

33. 吃羊的速度

狼、熊和狮子在森林中的一棵大树下相遇，为了显示各自的本领，他们就相互炫耀起来。

狼说："如果有一只野羊，我6小时能吃完。"

熊哈哈大笑说："你需要的时间太长了，我只需要3小时就能吃完！"

狮子轻蔑地说："我比你还快！两个小时就能吃完一只野羊！"

那么如果它们3个一起吃，用多少时间吃完一只野羊？

34. 小杰的秘密

星期天的下午，小浩去小杰家温习功课。复习了一段时间后，小杰神秘地对小浩说："我能用你出生那年的数字通过一个简单的运算让它一定能被9除！不光是你，其他任何人的出生年份我都能做到！"小浩半信半疑地说："我是1992年出生的，你算算看？"

于是小杰用1992这4个数字相加得到21这个数。再用小浩的出生年1992减去21，得出的数1971果然能被9整除。小浩对此感到非常困惑。

亲爱的读者，你知道奥秘何在吗？

35. 吉姆与汉斯

吉姆与汉斯两个人一起出门游玩，吉姆带的钱是汉斯的2倍，两个人进园各花去60元门票钱，吉姆的钱成了汉斯的3倍，你能根据上面提供的信息，算出他们各带了多少钱出门吗？

36. 三只家禽

暑假到了，小石跟着爸爸来到了乡下的爷爷家。爷爷养了1只鹅、1只鸭和1只鸡。小石问爷爷，这三只家禽各有多少斤时，爷爷笑着说："它们一共重16斤。其中最重的是鹅，鹅的重量减去鸭的重量正好是鸡重的平方。鸭的重量仅次于鹅，它的重量减去鸡的重量正好是鹅重的平方根。你自己算算鹅、鸭、鸡各有多重吧！"

37. 确定时间

王老师开了一个辅导班，甲、乙、丙三名学生定期到辅导班学习，甲隔3天去一趟，乙隔4天去一趟，丙隔6天去一趟。他们三人在"五一"这天正好都到了辅导班。问下一次同时到辅导班是几月几日？

38. 撕掉的页码

一本书有45个页码，其中有一张不小心被人撕掉了，余下的各个页码的和正好是1000，被撕掉的两个页码分别是多少？

39. 插图

一本百科全书上，第2页上有插图，以后每隔3页配一幅插图。第26幅插图应在第几页？

40. 剩余苹果

一篮苹果平均分给6个人，还余5个。现有一大筐苹果，它是这篮苹果的4倍，如果把这一大筐苹果分给6个人，余几个苹果？

41. 神算

古代，有个智谋过人的将军。一次，他把手下的将领召集在一起，说："你们中间不论谁，从1～1024中，任意选出一个整数，记在心里，我最多提10个问题，只要求回答'是'或'不是'。10个问题全答完以后，我就会将你心里记的是那个数'算'出来。"

话音刚落，一位副将从椅子上站了起来，他说自己已经选好了一个数。将军问道："你这个数大于512？"副将答道："不是。"将军又接连向副将提了9个问题，副将都一一如实做了回答。

将军听了，最后说："你记的那个数是1。"

你知道将军是怎样进行妙算的吗？

42. 和与差

小威是个数学迷，脑子里整天想着一些稀奇古怪的题目。一天，他站在课桌旁思考一道数学题：随意说出2个数字来，迅速算出它们的和减去它们的差的结果。比如，125和143，310和56。

思索了好一阵，小威终于找出了其中的规律。

亲爱的读者，你知道有什么规律吗？

43. 吹灭的蜡烛

张杰自从他出生以来，每年生日的时候都会有一个蛋糕，上面插着与他年龄数一致的蜡烛。迄今为止，他已经吹灭了231只蜡烛。你知道张杰现在多少岁了吗？

44. 从1到10亿

传说高斯在十岁的时候，老师出了一个题目：1+2+3+……+99+100的和是多少？老师刚把题目说完，高斯就算出了答案：这一百个数的和是5050。原来，高斯是这样算的：把这一百个数的头和尾都加起来，即1+100，2+99，3+98……50+51，共50对，每对都是101，总和就是101×50=5050。

现在，请大家仔细想一想：从1到1000000000，这10亿个数的数字之和是多少？

45. 连续的0

不作具体的运算，请说出1×2×3×4×…×98×99×100的积中，从末位开始向前数，有多少个连续的 0？

46. 找数

你能找出同时能整除 999、888、777、666、555、444、333、222、111 这九个数的自然数吗?

47. 难找的数

有一个自然数，它与 168 的和恰巧等于某数的平方；它与 100 的和又等于另一个数的平方。你能找出这个自然数吗?

48. 特殊的等式

以不同的字母代表 0 到 9 之间的数，你能写出多少个形如 a+bc+def=ghij 算式来（例如 4+35+987=1026）？

49. 求四位数

一个四位数，它等于它的四个数字之和的四次方。你知道这个数是多少吗?

50. 拆数

把 45 拆成四个数（即这四个数的和为 45），要使甲数加上 2、乙数减去 2、丙数乘以 2、丁数除以 2 的结果都相等。应当如何拆?

51. 判断末二位数

你能判断下列运算中每一个积的末二位数是几吗?

3625×7825　　5876×8576

52. 怎样速算

请你找出解下列题目的简便方法，迅速将该题的准确结果算出来。

$$\frac{1234567890}{(1234567891)^2-1234567890\times1234567892)}$$

53. 币值不同的硬币（难度题）

小明和小英做猜数游戏，具体操作是这样的：小英拿出两个币值不同的硬币，一个币值是偶数（如 2 分），另一个币值是奇数（如 1 分或 5 分），让小明看过之后，背着小明把这两个钱币捏在手里，一只手捏一个。然后小英对小明说，你猜哪一只手里捏着偶数的钱币。小明想了想说："这个很容易猜中。但是要有一个条件：就是要把右手中的币值数乘以 3，把左手中的币值数乘以 2，然后把这两个积相加。只要你告诉我，相加的和是偶数还是奇数，那么我就准能猜到你哪只手里的币值是奇数，哪只手里的币值是偶数。我可以断言，如果和是偶数，那么右手里捏的就是偶数的钱币，如果和是奇数，那么左手里捏的币值就是偶数的钱币。"

小明的结论是对的吗？如果你认为是对的，请说明其中的奥秘。

54. 求一个数

求这样一个数：它乘上 12 后再加上它的

立方，等于这个数平方的6倍再加上35。

55. 两个数的和等于它们的积

整数对的两个数字的和等于这两个数字的积。求符合条件的所有数对。

56. 有趣的分数

如果给$\frac{1}{3}$的分子与分母都加上它的分母，那么得到的这个分数$\frac{3+1}{3+3}$就成为原分数的两倍。

把两个分数的分子与分母分别都加上它们的分母，使这两个分数是原分数的3倍、4倍。求这两个分数？

57. 99和100

在数字987654321之间，添上几个加号，使得到的和等于99。在数字1234567之间，添上几个加号，使得到的和等于100。不准改变数字的次序，请你找出这两个问题的解。

58. 大多少倍

有两个不相等的数。如果从每个数都减去小的数的一半，那么余下的大数是余下的小数的3倍。请问：大数是小数的几倍？

59. 比值问题

松松是个数学迷，闲暇之余经常研究数学。这天，他又碰到了一道题：比的前项缩小3倍，后项扩大3倍，那么它的比值缩小几倍？他略略想了一下，就得出了结果。

亲爱的读者，你知道答案了吗？

60. 最简整数比

甲乙二人各有钱若干元，若甲拿出他所有钱的20%给乙，则两人所有的钱数正好相等，那么原来甲乙二人所有钱数的最简整数比是多少？

61. “1”的个数

请你分析一下，在组成1到1000这一千个自然数中，总共需要多少个数字“1”（不用写出来）？

62. 求比值

有一个比的比值是2，这个比的前项与后项与比值的和是11。请问这个比是多少？

63. 粗心的学生

一个学生在求出5个连续自然数的平均数后，却不小心将这个平均数和5个数混在一起，求出了这6个数的平均数。那么，你能不能算出第二个平均数和正确平均数的比值是多少？

64. 找次品

有十盒乒乓球，外表颜色、体积大小完全一样。由于球的壁厚不同，其中有一盒乒乓球每个重量是9克，其余九盒乒乓球每个重量都是 10 克。你能用只称一次的办法从这十盒乒乓球里面挑出每个重量是 9 克的那一盒乒乓球来吗?

65. 聪明的小孙子

爷爷已经退休了，每天教小孙子读书学习，小孙子虽然只有五岁，却非常聪明，小小年纪学到了许多东西。

有一天，祖孙两人到文化用品商店买了 10 支普通铅笔、12 支带颜色的铅笔、8 支画图铅笔和 4 支毛笔。当时，两人只听清楚普通铅笔价格每支 8 分，带颜色的铅笔每支 1 角 2 分，其余两种笔的售价没听清。当祖孙俩刚要问清那两种笔价钱时，营业员已经将发票开好了，一共需要 4 元 5 角。

爷爷正预备付钱，不料小孙子对营业员说，这笔钱的总数算错了，请您再算一遍。营业员又重新算了一遍，结果发现真是算错了。亲爱的读者，你知道小孙子是怎样发现营业员算错的吗?

66. 猜与算

周末的晚上，小敏的爸爸给了她 5 根火柴，并对她说："你把火柴分成两份，一份放在左手，一份放在右手。我能猜出来哪只手的火柴是单数。"

小敏把手背在身后，按爸爸的意思做了。爸爸说："把左手的火柴根数乘上 2，右手的火柴根数乘上 3。把两个积加起来，告诉我是几?"小敏答道："12。"爸爸微笑着说道："左手的火柴根数是单数，对不对?"小敏高兴地说："猜对了，猜对了，再试一次。"小敏把手里的火柴数重分了一下。爸爸说："这一回你把左手的火柴根数乘上 3，右手的火柴根数乘上 6。把两次的积加起来是几?"小敏答："21。"爸爸冲她一笑："那左手的火柴根数还是单数。"小敏兴奋地喊道："又对了。爸爸，快告诉我，你是怎么猜的?"

爸爸加重语气说："我不是猜出来的，而是算出来的。你先想一想，我再告诉你。"

67. 殊途同归

放学后,汪老师和几个小朋友做数学游戏。汪老师说："请大家各自心中认定一个数，只要按照我说的去做，最后大家一定都得到同一个答案。这叫做'殊途同归'。"大家按照她说的去做，算的结果果然都是一样。

比如，小刚认定的数字是 7，汪老师先是叫小刚加 8，然后把和乘以 2，又减去 10……最后三步总是：①把求得的数乘以 9；②把所得的积的各位数字连续相加，直到变作个位数为止；③把这个个位数加上 1。汪老师说：你们算的答案都是 10。

亲爱的读者，你能根据小刚的记录，说出其中的缘由吗?

68. 五个数字

你能否用五个相同的数字写出等于 10 的等式来吗?能写出多少个?(可以运用各种数学符号)

69. 多个数的乘积

计算 $\underbrace{9999\cdots9}_{1993\text{个}9}\times\underbrace{9999\cdots9}_{1993\text{个}9}$ 的乘积的各个

数位的数字之和是几？

70. 乒乓球的个数之和

把乒乓球装在 6 个盒中，每盒装的个数分别为 1 个、3 个、9 个、27 个、81 个、243 个。从这 6 盒中，每次取其中 1 盒或取其中几盒，计算乒乓球的个数之和，可以得到 63 个不同的和。如果把这些和从小到大依次排列起来，是 1 个、3 个、4 个、9 个、10 个、12 个……那么第 60 个和是多少个？

71. d 的最值

有 a、b、c、d 四个不同的自然数，而且 a＜b＜c＜d。又知道 a 比 b 小 5，d 比 c 大 7，这四个数的平均数是 17，那么 d 的最大值是多少？最小值又是多少？

72. 找数的个数

在小于 5000 的自然数中，能被 11 整除，并且数字和为 13 的数，共有多少个？

73. 奇数或偶数

（1）99 个连续的自然数相加，其和是奇数还是偶数？

（2）99 个连续的奇数相加，其和是奇数还是偶数？

（3）99 个连续的偶数相加，其和是奇数还是偶数？

74. 完全数

如果整数 a 能被整数 b 除尽，那么 b 就叫做 a 的一个因数。例如 1、2、3、4、6 都是 12 的因数。有一种数，它恰好等于除去它本身以外的一切因数的和，这种数叫做完全数。例如 6 就是一个最小的完全数，因为除 6 以外的 6 的因数是 1、2、3，而 1+2+3=6。现在你能在 20 与 30 之间找出第二个完全数吗？

75. 求二位数

一个二位数，如果把它的个位数字与十位数字互换，所得的二位数是原数的 4.5 倍。这个二位数是什么（不准列方程求解）？

76. 四个连续自然数

四个连续自然数的乘积是 3024。请你通过分析和推理，找出这四个数。

77. 八个奇数组和

把四个奇数相加，使得到的和等于 10，那么很容易找到这四个数，就是：

1+1+3+5=10　　1+1+1+7=10

1+3+3+3=10

共有三种可能的解法（当然，如果改变数的次序，还可以得到另外的解）。

根据以上方法（不考虑负数），要求把八个奇数相加，使得到的和等于 20。请找出这个题目所有不同的解法，不同的解法共有几个？

78. 及格的人数

有若干学生参加数学竞赛，每个学生的得分都是整数。已知参赛学生所得的总分是4729分，并且前三名的分数分别是88分、85分、80分，最低分是30分，又知道没有与前三名得分相同的学生，其它任何一个分数，得到这个分数的都不超过3人。那么在这次竞赛中至少有多少名学生得分不低于60分？

79. 巧算年龄

小丽天资聪慧，她掌握了一种方法，能很快算出别人的年龄和出生月份。

兵兵想考考她，问："你猜我现在多少岁？是几月出生的？"

小丽说："你把你自己的年龄用5乘，再加6，然后乘以20再把出生月份加上去，再减掉365，之后把结果告诉我。"

兵兵按照他说的算了一会说："最后得1262"。

小丽听了说："你今年15岁，7月生的，对不对？"

兵兵连连点头，"还真神了！佩服！佩服！"又问："你用的是什么方法？能不能告诉我啊！"

小丽说："可以。你只要把被猜者所报告的数加上245，所得的4位数中千位和百位上的数字是他的年龄，十位和个位的数字是出生月份。"

兵兵听了后赶紧去试验，果然非常准确。

亲爱的读者，你知道其中的原理吗？"

80. 找规律

小松对小勇说："数字相同的两位数乘以99，积是四位数，对吗？"小勇答道："对！"小松又说："任何数字相同的两位数乘以99后，只要你告诉我积里个位、十位、百位、千位中任何一位的数字是几，我就可以知道积是多少。"小勇相信小松说的话是正确的，但却找不出其中的奥妙。亲爱的读者，你知晓其中的奥秘吗？假定积里十位上的数字是5，那么积是多少？被乘数是多少？

81. 禅师的念珠

智能禅师胸前挂了一串念珠，总共有100多颗。每当念经时，禅师拿在手里，3颗一数，正好数尽；5颗一数，余3颗；7颗一数，也余3颗。你能算出禅师的念珠一共有多少颗吗？

82. 书的页数

印刷厂的排版工人在排版时，一个数字要用一个铅字。例如15，就要用2个铅字；158，就要用3个铅字。现在知道有一本书在排版时，光是排出所有的页数就用了铅字6869个，你知道这本书的页数有多少吗？（封面、封底、扉页不算在内）

83. 母子的年龄

王阿姨带着3个淘气的儿子去公园玩。小军问王阿姨孩子们的年龄，王阿姨说："老大的年龄是两个弟弟年龄之和。孩子们与我年龄的乘积是孩子个数的立方的1000倍再加上孩子个数的平方的10倍。”小军稍稍想了一会，便知道了孩子们的年龄，也知道了王阿姨的年龄。

亲爱的读者，你想出来了吗？

84. 长跑的速度

学校在下个月要举行运动会，小杨报名参加男子1000米长跑比赛，他请体育老师帮他训练，成绩有了显著提高，时间比原来缩短了五分之一，你能算出他的速度提高了几分之几吗？

85. 被9整除

一个口袋里装有编号为1到8的8个球。现在随机地将8个球先后全部取出，从右到左排成一个8位数，比如63487521，它正好能被9整除。你知道这样随机排成的8位数，能被9整除的概率是多少吗？

86. 采购文具

期末考试考完后，学校综合评定每一位学生，决定给三好学生颁发奖品。负责采购的老师到文具店来买奖品。售货员向老师推荐了铅笔、钢笔、橡皮和圆珠笔等物品。老师发现2支圆珠笔和一块橡皮是3元；4支钢笔和一块橡皮是2元；3支铅笔和1支钢笔再加上一块橡皮是1.4元。请问，如果老师各种文具都买一种加在一起要多少钱？

第一部分　技巧运算答案

1. 数字表示

因为6千，6百，6可以写成6606，即：$6\times1000+6\times100+6=6606$，那么11千、11百、11为$11\times1000+11\times100+11=12111$。

2. 怎样组成100

(1) $99+\frac{9}{9}$　(2) $99+\frac{99}{99}$

(3) $111-11$　(4) $33\times3+\frac{3}{3}$

(5) $5\times5\times5-5\times5$　(6) $(5+5+5+5)\times5$

3. 4的妙用

$\frac{4+4}{4+4}=1$；$\frac{4}{4}+\frac{4}{4}=2$；$\frac{4+4+4}{4}=3$；$4+4\times(4-4)=4$；$\frac{4+4\times4}{4}=5$；$\frac{4+4}{4}+4=6$；$4+4-\frac{4}{4}=7$；$\frac{(4+4)\times4}{4}=8$；$4+4+\frac{4}{4}=9$；$4+4+4-\sqrt{4}=10$

4. 重返37

组成的每个算式如下：

$111\div(1+1+1)=37$

$222\div(2+2+2)=37$

$333\div(3+3+3)=37$

……

$999\div(9+9+9)=37$

5. 数A是多少

在数A的前面添上1，即A+100000；如果在数A的末尾添上1，即A×10+1。

由题目的条件，得：

$\frac{10A+1}{A+100000}=3$

$7A=299999$

$A=42859$

6. 奇怪的三位数

这个数是504。

你刚看到这道题的时候，也许觉得它很难，但你结合题意仔细想一想的话，就会发现，其实这是一道非常简单的乘法题。因为这个三位数既能被7整除，又能被8整除，又能被9整除，说明它同时是7、8、9的整倍数。所以，$7\times8\times9=504$。

7. 快速运算

$2222\times5555=12343210$

$22222\times55555=1234543210$

$222222\times555555=123456543210$

$2222222\times5555555=12345676543210$

8. 规律运算

18；27；36；45；54；63；72；81

9. 7和9

$7\times9=63$

$77\times99=7623$

$777\times999=776223$

$7777\times9999=77762223$

$77777\times99999=7777622223$

$777777\times999999=777776222223$

7777777×9999999=77777762222223

77777777×99999999=7777777622222223

777777777×999999999=777777776222222223

10. 计算结果

88×99=8712

888×999=887112

6666×9999=66653334

66666×99999=6666533334

666666×999999=666665333334

5555555×9999999=55555544444445

555555×999999=555554444445

55555×99999=5555444445

4444×9999=44435556

444×999=443556

33×99=3267

3×9=27

11. 算日期

一个星期是7天，200天中含有28周零4天。已知今天是星期三，那么28周后还是星期三，再往后4天，就是星期天。

12. 测验平均分

前九次测验的总分为17×9=153分，十次测验的总分共为18×10=180分，则最后一次得分为180-153=27分。

13. 平均重量

设四包糖分别重a、b、c、d，则有：

$\frac{a+b+c}{3}+d=8.8$

$\frac{a+c+d}{3}+b=9.6$

$\frac{a+b+d}{3}+c=10.4$

$\frac{d+b+c}{3}+a=11.2$

根据这四个算式得出2a+2b+2c+2d=40

即a+b+c+d=20

再除以4，所以，这四包糖平均每包重5千克。

14. 两列数

观察两列数排列的规律，我们不难发现：第一列数是从3开始、公差为2的数列，因此第一列数的第80个数是3+2×(80-1)=161。第二列数是从4开始、公差为5的数列，因此第二列数的第80个数是4+5×(80-1)=399。

由此我们可以知道这两列数的第80个数相加是161+399。

15. 默想的数

设默想的数为x，运算的结果为y。

列出下列关系式：

$2(x-1)+x=y$

$x=\frac{y+2}{3}$

只要知道了运算结果y是多少，就可以根据上式算出你默想的数是多少。

16. 能被7、8、9整除的数

这六位数只要能被7、8、9的乘积整除，它就能被7、8、9分别整除。7×8×9=504，523000÷504，商得1037，余数是352。504-352=152，523000差152就能被504整除。

所以：523000+152=523152或

523000+152+504=523656

523152，523656都能满足题目的条件。

17. 辨真假

根据题目已知条件，我们只要把默想的数写成1000a+100b+10c+d，把第一个数字a移到数的最后，就成为1000b+100c+10d+a。这两个数的和就是：

1000a+100b+10c+d+1000b+100c+10d+a

=1001a+1100b+110c+11d

这里我们不难发现，在上面的和里，每一项都能被 11 整除。

在甲、乙、丙、丁所报的数里，只有丙报的结果能被 11 整除。所以，丙报的结果是正确的。

18. 找一个三位数

很明显，这个数是 7、8、9 的公倍数，这个数又是个三位数。那么只有 7、8、9 的最小公倍数 504 才能符合上面的条件。

19. 能被 11 整除的特征

很明显，等式的右边能被 11 整除，等式左边也能被 11 整除。

$a+3=1+2+1+7$

所以 $a=8$

$11(492+x)=\sqrt{37810201}$

$11(492+x)=6149$

$x=67$

20. 怎样分 45

这四个数是 8，12，5，20。

21. 求余数

$4\times5+3\times5\times3+3\times4\times2-60=29$

这个数是 29。

22. 两个数的差

$4875=3\times5\times5\times5\times13$

由此我们可以得出这两个数是：5 与 75 或 15 与 65。这两个数的差是 70 或 50。

23. 三数相加

如果设其中某个数为 x，则其他三个数很难用 x 的式子表示出来。现在有一个巧妙的做法，那就是设四个数之和为 x，则这四个数分别为 x−22，x−24，x−27，x−20。列方程

$(x-22)+(x-24)+(x-27)+(x-20)=x$

$x=31$

求出了 x 的值以后，可以很快求出这四个数。

这四个数分别为 9、7、4、11。

24. 找规律求结果

（1）$1^3+2^3+3^3+\cdots\cdots+10^3=(1+2+3+\cdots\cdots+10)^2=55^2=3025$

（2）$1^3+2^3+3^3+\cdots\cdots+20^3=(1+2+3+\cdots\cdots+20)^2=\left(\frac{20\times21}{2}\right)^2=44100$

25. 移动小数点

把乙数的小数点向右移动一位，这两个数的比是 1 : 1，说明这时这两个数相等，那么原来甲数一定是乙数的 10 倍，则乙是 $19.8\div(10+1)=1.8$，甲：$1.8\times10=18$。

所以甲数为 18，乙数为 1.8。

26. 末尾的 0

这 100 个因数中是 5 的倍数的有 5、10、15……95、100 共有 20 个，其中 25、50、75、100 又是 25 的倍数，各有两个 5。所以乘积中共有 5 的个数是 20+4=24（个）。因此，乘积的末尾共有 24 个连续的 0。

27. 马虎的小刚

要求正确的商和余数，就必须先求出被除数，可用商和除数相乘再加余数的方法求出被除数，再用它除以 437 便可得到正确的答案：$(432\times457+139)\div437=197563\div437=452\cdots\cdots39$。

所以正确的商是 452，余数是 39。

28. 原两位数

根据题意，形成的三位数比原来的两位数的 10 倍还大 6，即比原来的两位数多 6 倍还

大6，也就是说，294是原来两位数的9倍还大6，所以原来的两位数是：（294−6）÷（10−1）=32。

29. 商与余数

因甲、丙两数都与乙数有关，所以设乙数为x。根据题意可知，甲数为5x+1，丙数为（5x+1）×5+1，列方程，得：

5x+1+x+25x+6=100

31x+7=100

x=3

所以乙数是3。

30. 大数与小数

由题目已知条件“甲得29”可知大数比小数多29；又因“商3差1，大数不能被小数整除”，可知（大数+1）后正好是小数的3倍。那么小数为：（29+1）÷（3−1）=15，大数为：15+29=44。

所以大数是44，小数是15。

31. 数字魔术

因为任意一个自然数被3除，余数只能是0、1、2这3种可能。如果把自然数按被3除后的余数分类，只能分为3类，而黄老师让同学们在纸条上写的却是4个数，那么必有两个数的余数相同。余数相同的两个数相减（以大减小）所得的差，当然能被3整除。

32. 巧算秘诀

将末位数是5的两位数的十位上的数字设为x，这个数就是10x+5，那么$(10x+5)^2=100x^2+100x+25=100x(x+1)+25$，这正是婷婷巧算平方数的原理。

33. 吃羊的速度

狮子1小时吃$\frac{1}{2}$只羊，熊1小时吃$\frac{1}{3}$只，狼一小时吃$\frac{1}{6}$只，那么$\frac{1}{2}+\frac{1}{3}+\frac{1}{6}=1$，所以他们吃完这只羊需要1个小时。

34. 小杰的秘密

设出生年的4个数分别为a、b、c、d，那么出生年可以用1000a+100b+10c+d表示出来，这四个数字之和表示为a+b+c+d，所以用（1000a+100b+10c+d）−（a+b+c+d）得999a+99b+9c=9×（111a+11b+c），当然一定能被9整除了。

35. 吉姆与汉斯

设吉姆的钱为x，汉斯的钱为y。

则x=2y

x−60=3（y−60）

通过解方程组可得y=120，x=240

所以吉姆带了240元，汉斯带了120元。

36. 三只家禽

设鹅、鸭、鸡的重量分别为x、y，z，那么根据爷爷的话，可以列出下面的方程组：

x+y+z=16，x−y=z2，（y−z）2=x。

解方程组得：x=9，y=5，z=2

所以可以知道鹅重9斤、鸭重5斤、鸡重2斤。

37. 确定时间

甲、乙、丙三人每隔3天、4天、6天去一趟，也就是分别4天、5天、7天去一趟，所以到下一次同时去的天数应是4、5、7的最小公倍数，那么可以求得4、5、7的最小公倍数为140，140÷30=4……20。因为五月、七月、八月都是31天，20−3=17，所以下一次同时到辅导班的月份是5+4=9，日子是17+1=18。

下一次同时到辅导班是9月18日。

38. 撕掉的页码

我们可以先求出1至45个页码的和是多少，看比1000少多少，就可得被撕掉的页码和。

那么1至45个页码的和比1000多：(1+45)×45÷2-1000=35。

因为被撕掉的一张纸的两个页码应是相邻的两个自然数，因此得到这两个页码应是17、18。

39. 插图

第2页上有插图，以后每隔3页都配有一幅插图，也就是每两幅图的页码数相差4页，第1幅图在第2页，第2幅图应在2+4页，第3幅图应在2+4×2页……第26幅图应在：2+4×25=102页。

所以第26幅插图应在102页。

40. 剩余苹果

一筐苹果平均分给6个人余5个，一大筐苹果的个数是小筐的4倍，分给6个人时，原来余的个数就扩大4倍是20，20个苹果再分到不够分时，余下的数就是所求的答案，也就是20÷6=3……2。

即把这一大筐苹果分给6个人时，余2个苹果。

41. 神算

对1024这个数一半一半地取，即取到第10次时，就能够找到所需要的数。

42. 和与差

(a+b)-(a-b)=2b。

当从两个数的和中减去这两个数的差时，就是从两个数的和中减去了较大数比较小数多的一部分，得到的结果是两个较小数的积，也就是较小数的2倍。

43. 吹灭的蜡烛

21岁。

方法很简单，就是将从1开始以后的连续自然数相加，到210的时候，最后一个数字是21。

44. 从1到10亿

可在这10亿个数前面加一个“0”，再把前面10亿个数两两分组：

999999999和0　　999999998和1

999999997和2　　999999996和3

依此类推，一共可分成5亿组，各组数字之和为9+9+9+9+9+9+9+9+9+0=9+9+9+9+9+9+9+9+8+1=……=81。最后一个数1000000000不成对，它的数字之和为1。

所以这10亿个数的数字之和为：

(500000000×81)+1=40500000001

45. 连续的0

在1×2×3×4……×98×99×100中，10×20×30×40×50×60×70×80×90×100的积的末11位都是0。又，任何5的整倍数乘以偶数的末位数是0，所以5、15、35、45、55、65、85、95乘以8个偶数后都在末位数得0。再有，25=52和75=3×52乘以任何4的倍数后其末二位数也都是0，所以25、75乘以4的倍数后可在末尾得4个0。

积的末尾连续的0的个数等于上述所有乘数的末尾连续0的个数之和，所以，积的末23(即11+8+4)位都是0。

46. 找数

很明显，能整除这九个数的自然数，必定能整除111。反之，由于999、888……333、222

分别是 111 的 9 倍、8 倍……3 倍、2 倍，因此一个数如果能整除 111，那么它必定能整除其他八个数。由此，问题就转化为找能整除 111 的数。因为 111=3×37=1×111，所以符合要求的自然数有四个，即：1、3、37、111。

47. 难找的数

设这个自然数为 x，它与 168 的和是 m 的平方；与 100 的和是 n 的平方。即：

168+x=m2　　100+x=n2

把这两式相减，可以得到 m2−n2=68，也就是（m−n）（m+n）=68。

因为 68=2×2×17，所以它作为两个因数的乘积有下列三种情况：

1×68=68　2×34=68　4×17=68

由于 100 与 168 都是偶数，因此不论 x 是奇数还是偶数，m 和 n 要么都是奇数，要么都是偶数，而绝不会出现一个是奇数，一个是偶数的现象。由此我们可以推得 m+n 以及 m−n 必然都是偶数。

这样，在上面分析的三种情况中，符合条件的只剩下 2×34=68。于是可得：

m−n=2　　m+n=34

解这个二元一次方程组，得 m=18，n=16。至此，我们从 168+x=m2 或 100+x=n2 都可以得到 x=156。

48. 特殊的等式

因为 a+b+c+d+e+f+g+h+i+j=45 能被 9 整除，所以 2×ghij=a+bc+def+ghij=g×1000+（d+h）×100+（b+e+i）×10+（a+c+f+j）=999g+99（d+h）+9（b+e+i）+45 能被 9 整除。于是 ghij 必然能被 9 整除。

另外，由算式 a+bc+def=ghij 可知：d 必为 9（否则等式左边三项之和不可能为四位数），g 必为 1（a+bc 不会超过 100），h 必为 0。

根据上面的分析可知：ghij 只能为 1026，1035，1053，1062。由此可写出下列算式：

4+35+987=1026　3+45+978=1026

2+46+987=1035　2+64+987=1053

3+74+985=1062

49. 求四位数

由于 104=10000 是一个五位数，因此这个四位数的四个数字之和一定要比 10 小。再由于 54=625 还仅是一个三位数，因此这个四位数的四个数字之和又要比 5 大。于是，这个四位数的四个数字之和只有 6、7、8、9 四种可能。根据 64=1296、72=2401、84=4096、94=6561，我们可以马上找到所要求的四位数是 2401。即 2401=（2+4+0+1）4。

50. 拆数

设甲数为 x，那么乙数、丙数、丁数就分别是（x+2）+2，$\frac{x+2}{2}$，2（x+2），得：

$x+(x+2)+2+\frac{x+2}{2}+2(x+2)=45$

求得 x=8

则其他三数分别为 12，5，20。

51. 判断末二位数

任何两个数的积的末二位数，仅与这两个数的末二位数的积有关。

因为 25×25=625，所以 3625×7825 的末二位数是 25。

因为 76×76=5676，所以 5876×8576 的末二位数是 76。

52. 怎样速算

设：n=1234567891，原式就成为；

$$\frac{n-1}{n^2-[(n-1)(n+1)]}$$

因为：$n^2-[(n-1)(n+1)]=1$

所以：$\frac{n-1}{n^2-[(n-1)(n+1)]}$

$=n-1$

$=1234567890$

53. 币值不同的硬币

小明的结论是对的。

假定偶数的钱币捏在右手里，而奇数的钱币捏在左手里，那么偶数乘以 3 依然是偶数，奇数乘以 2 同样是偶数，而两个偶数的和一定是偶数。在这种情况下，右手里捏的是偶数钱币。

假定奇数的钱币捏在右手里，偶数的钱币在左手里，那么奇数乘以 3 依然是奇数，而偶数乘以 2 必定是偶数。奇数与偶数的和一定是奇数。在这种情况下，右手里捏的就是奇数钱币。

54. 求一个数

设所求的数为 x，据题意得：

$x^3+12x=6x^2+35$

$x^3+12x-6x^2=35$

我们可以把上式配成两数差的立方公式，即：

$x^3+12x-6x^2-8=27$

$(x-2)^3=33$

两边开立方，得：

$x-2=3$

$x=5$

因此所求的数是 5。

55. 两个数的和等于它们的积

设数对的两个数字为 x、y，根据题目已知条件得

$x+y=xy$ 或 $xy-x-y+1=1$

$x(y-1)-(y-1)=1$

$(y-1)(x-1)=1$

因为两个整数的积等于 1，所以只有下面两种情况：

(1) $x-1=1$ $x=2$

$y-1=1$ $y=2$

(2) $x-1=-1$ $x=0$

$y-1=-1$ $y=0$

56. 有趣的分数

设原分数分别为$\frac{b}{a}$、$\frac{d}{c}$

$\frac{b+a}{a+a}=3\frac{b}{a}$ $\frac{b}{a}=\frac{1}{5}$

$\frac{d+c}{c+c}=4\frac{d}{c}$ $\frac{d}{c}=\frac{1}{7}$

57. 99 和 100

$9+8+7+65+4+3+2+1=99$

$9+8+7+6+5+43+21=99$

$1+2+34+56+7=100$

$1+23+4+5+67=100$

58. 大多少倍

设大数为 A，小数为 B，根据题意可得：

$A-\frac{B}{2}=3(B-\frac{B}{2})$

$A=2B$

所以大数是小数的 2 倍。

59. 比值问题

一个比的前项缩小 3 倍，如果后项不变，那么这个比的比值就缩小 3 倍；一个比的前项不变，如果它的后项扩大 3 倍，那么这个比的比值也一定要缩小 3 倍，这样它们的比值就缩小 9 倍。

60. 最简整数比

把甲的钱数看作“1”，甲拿出他所有钱数的 20%，那么甲就剩下他所有钱的 80%，这时甲、乙二人所有的钱数正好相等，那么乙原有的钱数就相当于甲现有钱数的 80% -20% =60%，所以甲、乙二人原来所有钱数的比则是

1: 60% =5: 3。

61. “1”的个数

我们可以把 1 到 1000 这一千个自然数分成三个部分进行分析: 1 ~ 99、100 ~ 999 以及 1000。

先分析 1 到 99。这九十九个数又可分成 1 ~ 9、10 ~ 19、20 ~ 29……90 ~ 99 十组。显然除 10 ~ 19 这一组需 11 个“1”外, 其余九组每组都只需 1 个“1”。也就是说, 组成 1 到 99 共需 20 个数字“1”。

再来研究 100 到 999。把这九百个数分成九组, 即: 100 ~ 199、200 ~ 299、300 ~ 399……900 ~ 999。不难看出, 其中 200 ~ 299、300 ~ 399……900 ~ 999 这八组, 每一组一百个数中, 需要数字“1”的个数与 1 到 99 相同, 也就是 20 个。因此 200 ~ 999 共需数字“1”160 个。而 100 ~ 199 这一组需要“1”的个数显然比 1 ~ 99 多 100 个, 也就是 120 个。于是组成 100 ~ 999 这九百个自然数需数字“1”280 个。

最后, 再加上 1000 这个数中的那个“1”, 总共需要数字“1”的个数为 301。

62. 求比值

比的前项、后项与比值的和是 11, 所以 11–2=9, 就是比的前项与后项的和, 根据题意可知比的前项是后项的 2 倍, 所以前项与后项的和一定是后项的 2+1=3 倍, 因此可很快得知这个比是 6 : 3。

63. 粗心的学生

可假设这五个数分别为 x、(x+1)、(x+2)、(x+3)、(x+4)

原平均数是:

$[x+(x+1)+(x+2)+(x+3)+(x+4)]\div5=(5x+10]\div5=x+2$

第二个平均数是:

$[x+(x+1)+(x+2)+(x+3)+(x+4)+(x+2)]\div6=[6x+12]\div6=x+2$

所以第二个平均数和正确平均数的比值是 1。

64. 找次品

把十盒乒乓球从第一盒到第十盒依次排好。然后从第一盒里取出一个、第二盒里取出两个、第三盒里取出三个……依此类推, 在十盒里取出的球数共计五十五个, 放在秤盘上称一次。每个乒乓球按 10 克计算, 应是 550 克。550 克减去实际重量的这个差数, 就是每个重量为 9 克的这一盒乒乓球的次序数了。如: 少 1 克, 就是第一盒; 少 2 克就是第二盒; 少 3 克就是第三盒……依此类推。

65. 聪明的小孙子

这道题解答的关键是数的整除性。普通铅笔与颜色铅笔的单价都是 4 的倍数, 虽然画图铅笔与毛笔的单价没有听清, 但是购买的支数却是 4 的倍数, 因此, 总钱数必然也是 4 的倍数。现在发票上的价格是四元五角, 很显然, 它是不能被 4 除尽的, 所以, 小孙子一看就知道营业员把账算错了。

66. 猜与算

两只手里拿着 5 根火柴, 肯定一只手里是奇数, 另一只手里是偶数。第一次猜的时候, 先假设左手里的火柴是偶数, 那么, 偶数 × 偶数 = 偶数, 右手的火柴一定是奇数, 而奇数 × 奇数 = 奇数。两次的积之和: 偶数 + 奇数 = 奇数, 而小敏的回答是偶数 12, 与假设不符。因而左手里的火柴不是偶数, 而是奇数。

第二次也先假设左手是偶数, 偶数 × 奇数 = 偶数, 右手是奇数, 奇数 × 偶数 = 偶数。两个积加起来应该是: 偶数 + 偶数 = 偶数。而小敏的回答是奇数 21，与原设不符。因而可判定左手里的仍是奇数。

67. 殊途同归

"9" 有个特点，就是任何数乘以 9，所得的积的各位数字一直连加到个位数，也一定是 9。所以通过最后三步的前两步的运算，就能达到得数殊途同归——为 9 的目的。至于前面的一系列加减运算目的，也是为了避免被乘数为 0，对游戏者进行迷惑；最后一步的加几，也是为了迷惑读者，这一步加几的得数，要靠心数，如加 1 等于 10、加 2 等于 11，依此类推。

68. 五个数字

等式如下：

$\frac{11}{1}-\frac{1}{1}=10$　　$\frac{22}{2}-\frac{2}{2}=10$

$\frac{33}{3}-\frac{3}{3}=10$　　$\frac{44}{4}-\frac{4}{4}=10$

$\frac{55}{5}-\frac{5}{5}=10$　　$\frac{66}{6}-\frac{6}{6}=10$

$\frac{77}{7}-\frac{7}{7}=10$　　$\frac{88}{8}-\frac{8}{8}=10$

$\frac{99}{9}-\frac{9}{9}=10$

$2+2+2+2+2=10$

$3+3+3+\frac{3}{3}=10$

$(4+\frac{4}{4})\times(\frac{4}{\sqrt{4}})=10$　　$5+5+\frac{5-5}{5}=10$

$7+\frac{7+7+7}{7}=10$　　$8+\frac{8+8}{\sqrt{8\times8}}=10$

$9+\frac{99}{9}=10$　　$9+99^{9-9}=10$

$(9+\frac{9}{9})^{9/9}=10$

69. 多个数的乘积

做这道题，不能蛮算。我们不妨先从简单的算起，从中找出规律。

例如，9×9=81，积的数字和是 8+1=9；

99×99=9801，积的数字和是 9+8+1=18；

999×999=998001，积的数字和是 9+9+8+1=27；

9999×9999=99980001，积的数字和是 9+9+9+8+1=36；

……

从上面的计算结果中我们不难看出，一个因数中 9 的个数决定了积的各个数位的数字之和是几。

9×9 的每个因数中有 1 个 9，那么积的各个数位的数字和就是 1 个 9；

99×99 的每个因数中有 2 个 9，那么积的各个数位的数字和就是 2 个 9，即等于 18；

999×999 的每个因数中有 3 个 9，那么积的各个数位的数字和就是 3 个 9，即等于 27；

因此题中要求 $\underbrace{9999\cdots9}_{1993个9}\times\underbrace{9999\cdots9}_{1993个9}$ 乘积的各个数位的数字之和就是 1993 个 9，即等于 9×1993=17937。

70. 乒乓球的个数之和

根据题意，我们很容易将第 63 个乒乓球个数之和计算出来，而第 60 个乒乓球个数之和与它相差不多，例推回去，也能够很快算出结果。

由题目已知条件知，第 63 个乒乓球个数之和是：

1+3+9+27+81+243=364

于是第 62 个乒乓球个数之和应该是：

364-1=363

第 61 个乒乓球个数之和应该是：

364-3=361

第 60 个乒乓球个数之和应该是：

364-3-1=360

71. d 的最值

因为四个数的平均数是 17，所以这四个

数的和就是 17×4=68。

要使 d 最大，那么 a 就要尽量小。因为这四个数都是自然数，所以 a 最小为 1。又因为 a 比 b 小 5，所以这时 b 为 6。c 与 d 的和是 68−1−6=61。由题知 d 比 c 大 7，那么 d 是(61+7)÷2=34，即 d 的最大值是 34。

a 比 b 小 5，d 比 c 大 7，a、b、c、d 四个数之和是 68，而 68+5+7 之和正好是 b 与 d 的和的 2 倍，因此 b 与 d 的和是(68+5+7)÷2=40。要使 d 最小，那么 a、b、c 就要尽量大，而 b 与 c 的差应该尽量小，而 b 与 c 的差最小是 1，这样 b 与 d 之差就是 1+7=8。由此得出 d 的最小值是：(40+8)÷2=24

所以 d 的最大值是 34，最小值是 24。

72. 找数的个数

由题目已知条件可以知道符合条件的数不可能有一位数及两位数。在三位数及四位数中，奇、偶数位上数字和的差不可能是 0，只能是 11。

因此在三位数中，只有十位数字为 1，个位与百位数字之和为 12 的一些数。于是得出符合要求的数共有 7 个：

319、913、418、814、517、715、616

在四位数中有(3+9)−(1+0)=11、(4+8)−(1+0)=11、(5+7)−(1+0)=11、(6+6)−(1+0)=11。于是得出符合要求的数有：

1309、1903、3091、3190、1408、1804、4081、4180、1507、1705、1606 共 11 个数。

综合起来小于 5000 的数共有 7+11=18 个，其数字和为 13，并且能被 11 整除。

73. 奇数或偶数

(1) 如果 99 个连续的自然数的最小一个为奇数，则 99 个自然数中有奇数 50 个，偶数 49 个。而每两个奇数相加的和为偶数，偶数与偶数相加还是偶数，所以这时 99 个连续自然数相加的和为偶数。

如果 99 个连续的自然数的最小一个为偶数，则 99 个自然数中有偶数 50 个，奇数 49 个。奇数和偶数的和为奇数，所以这时 99 个连续自然数相加的和为奇数。

(2) 99 个连续的奇数相加，由于两个奇数相加是偶数，而偶数加奇数仍为奇数，所以 99 个连续的奇数相加，其和仍为奇数。

(3) 偶数相加依然还是偶数，所以 99 个连续的偶数相加，其和仍是偶数。

74. 完全数

20 与 30 之间的完全数是 28。

因为除 28 以外的 28 的因数是 14、7、4、2、1，而 1+2+4+7+14=28。

75. 求二位数

首先能够确定的是这个二位数一定大于 10。

再根据 23×4.5=103.5＞100，所以这个二位数一定小于 23。

由于这个二位数的 4.5 倍仍是整数，可以肯定这个二位数一定是偶数。

交换数字后的二位数是原二位数的$\frac{9}{2}$倍，所以交换数字后的二位数一定是 9 的倍数。这样，原来的二位数也一定是 9 的倍数。

而小于 23 且是 9 的倍数的二位数只有 18 一个。由此可得所求的二位数是 18。

76. 四个连续自然数

首先，可以确定的是所求的四个自然数中没有 10，否则积的个位数是 0，不是 4。

其次，这四个数不可能都大于 10，否则这四个数的积就要大于 10×10×10×10=10000，为五位数。

综合上面两点可知，这四个数只能都小

于10。

再由5和任何偶数相乘积的个位数是0或5，因而又知这四个数中也没有5。

这样，可能的四个数只有6、7、8、9或1、2、3、4。

经验算，1、2、3、4的积为24，不符合条件；6、7、8、9的积为3024，符合条件。

所以6、7、8、9就是所求的四个连续自然数。

77. 八个奇数组和

根据题目的条件，加数是八个奇数。那么我们先从最大的加数开始讨论：

数19、17、15都不能作为加数，因为其中无论是哪一个数作加数，与其他七个奇数之和大于20。如果取13作为加数，再加上七个1，就可得：

13+1+1+1+1+1+1+1=20

如果第一个加数是11，那么第二个加数不可能是9、7、5。11+3=14，再加上六个1就得到20。因此得到第二个解：

11+3+1+1+1+1+1+1=20

如果第一个加数是9，那么7不能作为第二个加数（9+7=16，还余4，四个1不可能排成六个加数），可以是5，就是9+5=14，还有六个加数是六个1。得到第三个解：

9+5+1+1+1+1+1+1=20

如果第一个加数是9，第二个加数是3，即9+3=12，还缺8。如果还有六个加数都是1，不是20，所以再加上一个3。9+3+3=15，再加五个1。得到第四个解：

9+3+3+1+1+1+1+1=20

进行类似的讨论，分别假定第一个加数是7、5、3，然后再加上5、3、1，总共得到的解有11个。

13+1+1+1+1+1+1+1=20

11+3+1+1+1+1+1+l=20

9+5+1+1+1+1+1+l=20

9+3+3+l+1+1+1+1=20

7+7+1+1+1+1+1+1=20

7+5+3+1+1+1+1+1=20

7+3+3+3+1+1+1+1=20

5+5+5+1+1+1+1+1=20

5+5+3+3+1+1+1+1=20

5+3+3+3+3+1+1+1=20

3+3+3+3+3+3+1+1=20

78. 及格的人数

根据题目已知条件可得，不及格的学生最多占去的分数是：

（30+31+32+……+58+59）×3=4005（分）

除去不及格的及前三名学生的得分，还有

4729−4005−88−85−80=471（分）

再从这471分中依次去掉3个79分，3个78分，得：

471−79×3−78×3=0（分）

这说明得79分的有3人，得78分的有3人。再加上前三名学生，及格的人总共有9个，这就是说，至少有9人不低于60分。

79. 巧算年龄

小丽的计算方式是：（年龄×5+6）×20+月份−365=x，可变成：5×20×年龄+6×20+月份−365=x，也就是：

100×年龄+月份−245=x

从这个式子就可以看出，若245这一项没有的话，则头两项之和组成的3位或4位数，年龄在前两位上，月份在后两位上（或个位上）所以把答案加245就等于把245这一项消除了，当然可以立即得到对方的年龄和月份了。

80. 找规律

11×99=	1	0	8	9
22×99=	2	1	7	8
33×99=	3	2	6	7
44×99=	4	3	5	6
55×99=	5	4	4	5
66×99=	6	5	3	4
77×99=	7	6	2	3
88×99=	8	7	1	2
99×99=	9	8	0	1

从这个表中，我们不难发现其中的规律：

（1）积的千位上的数字与十位上的数字相加是 9；而积的百位上的数字与个位上的数字相加也是 9。

（2）积的百位上的数字总比千位上的数字小 1；而个位上的数字比十位上的数字大 1。

（3）被乘数的数字总与积的千位上的数字相同。

知道了这些规律后，我们就可以抛开这个表，很快确定积中的其余三个数字。

根据题目的条件，积的十位上的数字是 5，千位上的数字就是 4，百位上的数字就是 3，个位上的数字就是 6。由此得到：4356。

被乘数的数字与积千位上的数字相同，它等于 44。

81. 禅师的念珠

设念珠总数为 m，3 颗一数为 x 次，5 颗一数为 y 次，7 颗一数为 z 次。

那么 m=3x=5y+3=7z+3

$x=\frac{5y}{3}+1$

$z=\frac{5y}{7}$

能被 3 和 7 整除的最小数为 21，所以推算出 y=21。

由此可知 m=5×21+3=108（颗）。

82. 书的页数

我们可以认真分析一下，页数可分为一位数、两位数、三位数……

一位数有 9 个，使用 1×9=9 个铅字；

两位数有（99–9）个，使用 2×90=180 个铅字；

三位数有（999–90–9）个，使用 3×900=2700 个铅字；

依此类推。

我们再判断一下这本书的页数用到了几位数。因为从 1 到 999 共需用铅字 9+2×90+3×900=2889 个，从 1 到 9999 共需用铅字 9+2×90+3×900+4×9000=38889 个，而 2889 $<$ 6869 $<$ 38889，所以这本书的页数用到四位数。

排满三位数的页数共用了铅字 2889 个，排四位数使用的铅字应有 6869–2889=3980（个），那么四位数的页数共有 3980÷4=995（页）。因此这本书共有 999+995=1994（页）。

83. 母子的年龄

母子年龄的乘积是：33×1000+32×10=27090，将其进行分解，可以得到：43×7×5×32×2，因为老大的年龄是两个弟弟的年龄之和，所以上面的乘积只能做出这样的合并：43×14×9×5。这样母子 4 人的年龄就全有了，母亲是 43 岁，老大是 14 岁，老二是 9 岁，最小的孩子是 5 岁。

84. 长跑的速度

我们可以慢慢进行分析，因为速度 × 时间 = 路程，1000 米是固定不变的，所以速度和时间是成反比例的量，时间比原来缩短了，速度自然是提高了。训练后所用的时间应是原来时间的$(1-\frac{1}{5})=\frac{4}{5}$。那么速度就是原来速度的$\frac{5}{4}$。所以速度应该提高了：$\frac{5}{4}-1=\frac{1}{4}$。

85. 被 9 整除

概率为 1，即每一个随机排列的数字都能被 9 整除。

因为任何一个数除以 9 所得的余数正好等于组成这个数的所有数字相加再除以 9 的余数，而 1 到 8 之和是 36，除以 9 的余数为 0。所以不管怎样排列，所得到的数字都能被 9 整除。

86. 采购文具

可设铅笔每支 x 元，钢笔每支 y 元，圆珠笔每支 z 元，橡皮每块 q 元，我们再根据题意可以得到下列式子：

2z+q=3（1）

4y+q=2（2）

3x+y+q=1.4（3）

我们把（1）×1.5 可以得到 3z+1.5q=4.5

把（2）/2 可得 2y+0.5q=1

把三者加起来就是 3x+3y+3z+3q=6.9，再除以 3 可得：x+y+z+q=2.3（元）

所以，如果各种文具都买一种需要 2.3 元。

第二部分　应用趣题

87. 喝汽水

一瓶汽水1元钱，喝完后两个空瓶换一瓶汽水，现小明身上有20元钱，问：他最多可以喝几瓶汽水？

88. 买饮料

27个运动员在参加完比赛后，口干舌燥，于是去商店买饮料，商店里有一项规定，那就是用3个空瓶可以再换一瓶饮料，问：为了保证一人喝一瓶，他们至少要买多少瓶饮料？

89. 背香蕉

有只猩猩在森林里的一棵香蕉树上摘了100根香蕉，堆在了地上，猩猩家离这堆香蕉有50米，它打算把这些香蕉背回家，每次最多能背50根，可是猩猩嘴巴很馋，每走1米要吃1根香蕉，问猩猩最多能背多少根香蕉回家？

90. 一张假钞

一位商人购进一件衣服，花费了70元，后加价12元售出。一个偶然的机会，他发现购买者支付的那张100元是假钞，商人非常懊恼。请问，商人在这次交易中损失了多少钱？

91. 赛跑

甲、乙、丙三人参加百米赛跑，当甲、乙一起比赛的时候，甲跑到了终点时，乙离终点还有10米。当乙、丙一起比赛的时候，乙跑到终点时，丙离终点还有10米。现在甲和丙一起比赛，请问当甲到达终点时，丙还差多少米到达终点呢？

92. 油和瓶的重量

一个人买了一瓶油，他不知道油的重量是多少，只知道油和瓶子共重3.5千克。当他用掉一半油的时候，油和瓶子重2千克。请问：原来瓶中的油有多重？瓶子多重？

93. 吝啬鬼的金币

有一个吝啬鬼积攒了一些金币，他每天都要拿出来数一遍，只有这样才会让他安心。他数金币的方法有点特别：分别按2个一数，3个一数，4个一数，5个一数，6个一数，每次数完都剩一枚。最后他再按7个一数，这次一个也不剩了。

请问：吝啬鬼至少有多少个金币呢？

94. 老师猜数

在一次数学课上，老师为同学们表演了一个小节目：他拿出上面分别写有1~9数字的同样的卡片两副（共十八张），将它们混合后，请一个同学将其中的一张抽去（不让老师看见上面写的数字）。接着，老师把其余的卡片交给另一个同学，请这个同学背着自己，摊开卡片，取去每两张加起来的和为10的卡片，等只留下最后一张时，把这张卡片给自己看一下。结果，老师看了那最后的一张卡片以后，马上就说出了第一个同学抽去的卡片上的数字是什么。你能说出其中的诀窍吗？

95. 男孩和女孩的数量

一些小朋友正在老师的指导下学习游泳。男孩子戴的都是天蓝色游泳帽，女孩子戴的都是粉红色游泳帽。在每一个男孩子看来，天蓝色游泳帽与粉红色游泳帽一样多；而在每一个女孩子看来，天蓝色游泳帽比粉红色游泳帽多一倍。根据上面的条件，你能算出男孩子与女孩子各有多少个吗？

96. 算年龄

今年，王军的父亲和王军的年龄加起来是110岁。当王军的年龄与王军父亲现在的年龄一样大的时候，王军的年龄就是王军儿子现在年龄的9倍，而那时王军儿子的年龄比王军现在的年龄大4岁。问：王军的儿子现在几岁？

97. 狗跑的距离

某边防站甲、乙两哨所之间相距15公里。一天，这两个哨所的巡逻小队接到上级的指示，同时从各自的哨所出发，相向行进。甲哨所巡逻小队的速度是每小时5.5公里，乙哨所巡逻小队的速度是每小时4.5公里。乙哨所的巡逻小队刚出发，他们带的一只狗便飞快地往甲哨所方向跑去。它遇到甲哨所巡逻队以后，马上转身往回跑。跑到乙哨所巡逻队面前后，又赶紧转身向甲哨所方向跑去……就这样，这只狗以每小时20公里的速度，不间断地在这两巡逻队之间来回奔跑，直到这两队哨兵会合为止。问：这只狗来回一共跑了多少路？

98. 汽车的速度

司机在汽车行驶的某一时刻，看到里程计上指出的数目是一个对称数15951（所谓对称数就是从左到右和从右到左读起来都是一样的数）。四小时后，里程计上又出现了一个新的对称数。问：这辆汽车行驶的速度是多少？

99. 买鱼

甲、乙、丙三人合买一条鱼，甲要鱼头，乙要鱼尾，丙要鱼身。这条鱼的头重2斤，鱼身重是头尾重的和，尾重是半头半身的和。鱼的牌价是：鱼头5元一斤，鱼尾3元一斤，鱼身的单价是头尾的和。他们三个每人该付多少钱呢？他们想了好久也不知道结果。这时，有一个老者从此经过，当他知道了这一情况后，很快就帮他们算出了各人应付的钱数。

亲爱的读者，你知道怎么算吗？

100. 冰水的体积

冰融化成水后，它的体积减小$\frac{1}{12}$，那么当水再结成冰后，它的体积会增加多少呢？

101. 节省木料

班级上有一些桌椅坏了，老师请来了一位木匠师傅。他找来一根长254.5厘米的木料来修理桌椅。如果每修一张桌子要用43厘米长的木料一段，修一把椅子要用37厘米长的木料一段，每截一段要损耗5毫米。那么为了使用料最节省，木匠师傅应该把这根木料锯成修桌子和椅子用的木料各多少根呢？

102. 相隔的时间

小刚乘18路电车到市博物馆去参观。在车上，他发现每隔一分半钟就有一辆18路电车迎面开来。如果所有18路电车的速度都相等，那么18路车从市博物馆起点站每隔几分钟开出一辆车？

103. 列车

甲、乙两人在铁路轨道旁边背向而行，速度都是每小时3.6公里。一列火车匀速地向甲迎面驶来。列车在甲身旁开过用了15秒钟，而后在乙身旁开过用了17秒钟。问：这列火车的长度是多少？

104. 篮球比赛

某区中学生举行篮球比赛，有9个队参加。现采用循环赛，并分到9个学校的球场进行比赛。

问：平均每个学校有几场比赛？

105. 羊的数量

牧羊人赶着一群羊在草地上放牧。有一个过路人牵着一只肥羊从后面跟了上来。他对牧羊人说："你赶的这群羊大概有一百只吧？"牧羊人答道；"如果这一群羊加上一倍，再加上原来这群羊的一半，又加上原来这群羊的四分之一，连你牵着的这只肥羊也算进去，才刚好凑满一百只。"你知道牧羊人放牧的这群羊一共有多少只吗？

106. 客人与碗

有一位老奶奶在洗碗，旁人看见以后问她为何要用这么多碗？她答道，家中来了不少客人，他们每两人合用一只菜碗，每三人合用一只汤碗，每四人合用一只饭碗，共用了65只碗。请问：她家来了多少客人？

107. 十元钱

小刚徒步去新华书店为大家选购科普读物，身上只带着十元钱。由于事先不知道都有什么书，更不知道每本书的价钱，因此他的钱是这样准备的，共有四枚硬币、八张纸币。只要书的总价不超过十元钱，不论是几元几角几分，都能用他带的钱马上凑出来。

想想看，小刚带的是哪几种硬币、哪几种纸币？

108. 爷爷的年龄

课外活动时间，小红和小艳坐在一起聊天。小红问起了小艳爷爷的年龄，小艳风趣地说："我爷爷现在的年龄等于六年以后的岁数的六倍减去六年以前的岁数的六倍。你知道小艳的爷爷有多大吗？

109. 蚂蚁搬食物

一只蚂蚁出外寻找食物，突然发现了一堆米饭，它赶紧回洞招来10个伙伴，可还是搬不完。每只蚂蚁回去各找来10只蚂蚁，大家再搬，还是剩下很多。于是蚂蚁们又回去叫同伴，每只蚂蚁又叫来10个同伴，但仍然搬不完。蚂蚁们再回去，每只蚂蚁又叫来10个同伴。这一次，终于把这堆食物搬完了。

你知道搬这堆米饭的蚂蚁一共有多少只吗？

110. 模范小组

某工厂有一个模范小组，这个小组由1名组长和9个组员组成。每个组员平均一天装配15辆汽车，而组长比全组的平均装配量多装配9辆。那么，这个小组在一个工作日内一共可以装配多少辆汽车？

111. 绳子的长度

森林里有一棵大树，现有一根绳子绕树1圈，绳子剩下3米；如果绕树2圈，绳子差1米。绕树3圈需要几米长的绳子？

112. 捉害虫的青蛙

有两只青蛙比赛捉害虫，大青蛙比小青蛙捉得多。如果小青蛙把捉的虫子给大青蛙3只，则大青蛙捉的就是小青蛙的3倍。如果大青蛙把捉的害虫给小青蛙15只，则两只青蛙捉的害虫一样多。请问大小青蛙各捉了多少只害虫？

113. 香蕉的数量

小猴子摘了一些香蕉运回家后，开始享受香蕉的美味。已知小猴吃掉的香蕉比剩下的多4根，过了一会儿它又吃掉了一根香蕉，这时吃掉的是剩下的3倍，问小猴子一共有多少根香蕉？

114. 多项运动

某班有学生50人，其中35人会游泳，38人会骑车，40人会溜冰，46人会打乒乓球。那么这班至少有多少人以上四项活动都会？

115. 学生的人数

三（2）班在期末考试中，数学有10人得了100分，英语有12人得了100分，这两门功课都得100分的有3人，两门功课都未得100分的有26个。那么三（2）班有学生多少人？

116. 攒钱计划

小丽和小刚是优秀少先队员，他们决定向雷锋叔叔学习，准备把零用钱攒起来，以后寄给希望工程。小丽现有5元钱，她计划每年节约11元；小刚现有3元，他打算每年节约12元。那么，请你好好想一想，他俩几年后钱数能一样多吗？如果他俩准备一共凑足100元，则需要多少年？

117. 水中航行

一只小船在流水中航行，第一次顺水航行20千米，又逆水航行3千米，共用了4小时；第二次顺水航行了17.6千米，又逆水航行了3.6千米，也用了4小时。求船在静水中的速度和水流速度。

118. 十字路口

有两条公路成十字交叉，甲从十字路口南1350米处往北直行；乙从十字路口处向东直行。二人同时出发，10分钟后，二人离十字路口的距离相等；二人仍按照原来的速度继续直行，又过了80分钟，这时二人离十字路口的距离又相等。求甲、乙二人的速度。

119. 平均速度

一个人骑着自行车往返A、B两地，去时速度是15公里/小时，回来时速度是10公里/小时，问这个人来回的平均速度是多少？

120. 方砖铺地

装潢师傅用方砖为新房铺地，每块砖边长0.5米，需768块，若改用每块边长0.4米的方砖来铺这块地，需用多少块？

121. 小明读书

小明读一本书，上午读了一部分，这时已读的页数与未读页数的比是1∶9，下午比上午多读6页，这时已读的页数与未读页数的比变成了1∶3。这本书共有多少页？

122. 烧煤问题

学校锅炉房运进一批煤，第一天烧去总重的20%多500千克，第二天烧去余下的20%多500千克，还剩下500千克。这堆煤共多少千克？

123. 配药水

实验室有含药80%的药液20克，要配成含药5%的药水，需要加入清水多少克？

124. 忘带的钱包

小斌去离家1600米的公园同他朋友见面，见面时间是下午1点20分。小斌正好是下午1点时出门，他以每分钟80米的速度向公园前进，但是在1点5分的时候，小斌的弟弟发现小斌的钱包忘带了，于是便以每分钟100米的速度追了出去。另外，小斌在1点10分也发现忘了带钱包，于是他以每分钟80米的速度返回。终于两人碰面了。小斌从弟弟那拿到了钱包，再向公园前进，仍然以每分钟80米的速度前进。

那么，小斌会迟到多长时间呢（两人交接钱包的时间忽略不计）？

125. 打野猪

有五个猎人是非常要好的朋友，他们经常一起去打猎。有一天他们一起去打野猪。在晚上整理猎物的时候，发现A与B共打了14只野猪，B与C共打了20只野猪，C与D共打了20只野猪，D与E共打了12只野猪。而且，A和E打的野猪的数量一样多。然后，C把他的野猪和B、D的野猪放在一起平分为三份，各取其一。然后，其他的人也这么做。D同C、E联合，E同D、A联合，A同E、B联合，B同A、C联合。这样分下来，每个人获得的野猪的个数一样多，并且在分的过程中，没有出现把野猪分割成块的现象。那么，你能算出每个人各打了多少只野猪吗？

126. 喝茶

张先生去女朋友家做客，女朋友给他倒了一杯茶，张先生喝到一半时女朋友又给他兑满开水；又喝去了一半时，女朋友再次兑满开水；又经过同样的两次重复过程，最终喝完了。

请计算这位张先生一共喝了多少杯茶？

127. 接粉笔

周老师的桌上有 9 支粉笔。当一支粉笔用到只剩原来的$\frac{1}{3}$时，就很难再用。但周老师却有办法应付，到有足量的粉笔头可以接起来做一支新粉笔时，她就能用一种特殊的方法，将它们接起来做成一支新粉笔。

如果周老师每天只用一支粉笔，那么 9 支粉笔可以让周老师用几天？

128. 掺水的酒

一家酒厂每天早晨都要将 128 升的酒桶盛满酒，然后出发去四个不同的酒店，每个酒店需要的数量相同。送完第一家，他会用水将酒桶灌满，接着，他到第二家送，送完后，再用水把酒桶灌满。每送完一家就用水把酒桶灌满，直到四家酒店都被送到为止。四家送完以后，桶中还剩下纯酒（兑水前的酒）$40\frac{1}{2}$升。请问：这四个酒店各分到了多少纯酒？

129. 狗的饮食

威廉养了两条狗，一胖一瘦，其中的胖狗喜欢吃骨头，瘦狗喜欢吃肉。这两条狗可以用 60 天吃光一桶骨头。如果让瘦狗单独吃，那么它要用 30 个星期才能吃完。两条狗可用 8 个星期吃掉一桶肉，但若胖狗独吃，那么，少于 40 个星期是吃不光的。假定瘦狗在有肉供应时只吃肉，而胖狗在有骨头供应时只吃骨头。试问：这两条狗一起吃半桶骨头和半桶肉，需要花费多少时间？

130. 小珍的出生年份

1980 年，小珍过了生日以后，她的实足年龄恰好等于组成她出生年份的四个数字之和。你知道小珍是在哪一年出生的吗？

131. 锯木料

有一根木料长 369 毫米，要把它锯成长 39 毫米和长 69 毫米两种规格的小木料。每锯一次要损耗 1 毫米的木料。问：这两种规格的木料各锯几段，才能使浪费最少？

132. 参加会议的人

参加会议的同志见面时都要握手问好。如果每一个人都和其他所有的人握一次手，一共握手 136 次，你知道参加会议的有多少人吗？

133. 分水果糖

在“六一”到来之际，学校派人买了一些水果糖，准备分发给小朋友们。但是在分糖时，遇到了问题。开始按照每包分 10 粒，分到最后的一包只有 9 粒。如果按照每包分 9 粒，那么最后一包只有 8 粒。每包分 8 粒时，最后一包只有 7 粒。如果每包分 7 粒，那么最后又余

6粒。如果每包6粒，余5粒……如果每包3粒，余2粒。

亲爱的读者，你知道水果糖至少有多少粒吗？

134. 四只船

码头里停靠着四只轮船，它们在同一天离开港口。已知，第一只船每经过4个星期返回这个港口；第二只船每经过8个星期返回这个港口；第三只船每经过12个星期返回港口；第四只船每经过16个星期返回港口。请问，这四只船重新一起回到这个港口最少需要多长时间？

135. 儿子的年龄

父亲31岁时，儿子是8岁。现在父亲的年龄是儿子的两倍，请问儿子有多大？

136. 面包和钱币

甲、乙、丙三个人一起吃面包，甲拿出五个面包，乙拿出三个面包，丙没有面包，便从口袋里拿出了八个钱币。他们把八个面包平均分成三份，每人吃一份，八个钱币应该由甲、乙两人分。在分钱币时，他们的意见发生了分歧，乙对甲说，“根据面包的多少，我应该得到三个钱币，你得五个钱币。”甲不同意这样分法，他说，“我应该得到七个钱币，你得一个钱币。”究竟怎样分才合理，你知道吗？

137. 蜗牛爬行的天数

有一堵墙，高12尺，一只蜗牛从墙脚往上爬，它白天往上爬3尺，而晚上又要下降2尺，爬到墙顶需要多少天？如果墙高20尺，蜗牛爬到墙顶需要多少天？

138. 有多少个零件

张师傅把一批毛坯加工成零件。每加工6个毛坯所得到的刨屑经过熔化，还可以做成一个毛坯，用这种方法加工36个毛坯，可以做成零件多少个？

139. 火车的长度

两列火车在平行的轨道上迎面行驶。第一列火车的速度是36公里/小时，第二列火车的速度是45公里/小时。一位乘客坐在第二列火车上，看到第一列火车从旁边经过，从开始到结束走了6秒钟。问：第一列火车有多长？

140. 运送粮食的问题

某粮站接到上级下达的一个重要任务，要求从甲地调拨一批粮食运送到乙地，并且规定要在第二天上午11点准时送到。这个粮站接受任务后，马上准备好汽车，并做了仔细研究。从甲地到乙地，如果同一时间出发，汽车以30公里/小时的速度行驶，那么到达乙地是上午10点；如果用20公里/小时的速度行驶，那么到达乙地是中午12点。请问：从甲地到乙地的距离是多少？假定出发时间不变，那么汽车应该用怎样的速度行驶才能保证在上午 11 点准时到达乙地?

141. 衣服的价值

一个店主雇了一个工人。工人为他劳动一年可以得到 12 元的工资和一件衣服的报酬。但是,这个工人只在这个商店劳动了 7 个月就离开了,他离开时要求把一件衣服拿走。因此店主根据原来商定的报酬,计算了一下,给工人一件衣服和 5 元钱。请问:一件衣服值多少钱?

142. 两棵树的距离

小明在院里栽了桃、柏、杏树各一棵,呈三角形。他量了一下,桃树与柏树之间的距离是 6.87 米,柏树与杏树之间的距离是 0.75 米,桃树与杏树之间的米数恰好是一个整数。请问,这个整数是几?

143. 三堆火柴

桌上放着三堆火柴,一共有 48 根。从第一堆里取出同第二堆数量相等的火柴并入第二堆,再从第二堆里取出同第三堆数量相等的火柴并入第三堆,然后又从第三堆取出同第一堆现有数相等的火柴并入第一堆。这样一来,三堆火柴数目就完全相等了。问原来每堆火柴各有多少根?

144. 里程碑

小刚坐在汽车上,汽车在匀速运行中,小刚看见窗外里程碑从眼前晃过,碑上标着两位数。经过一小时,小刚又看见一块里程碑,碑上同样标着两位数,只是跟第一次看见的两位数的位置换了一下。又经过一小时,小刚再次瞧见一块里程碑,碑上标着三位数,只是在第一次瞧见的两位数字中间添了一个 0。小刚沉思了片刻后微微笑着说:“我知道了汽车行驶的速度。”

亲爱的读者,你知道汽车的行驶速度吗?

145. 分苹果

母亲在集市上买了一些苹果,回到家后分给了三个儿子,大儿子得到苹果总数的一半另半只,二儿子得到剩下的一半另半只,小儿子得到留下来的一半另半只。母亲在分苹果时并没有把苹果切开。问:每个儿子得到几只苹果?

146. 共有多少步

小丽是小红最要好的朋友,她很想知道她的家与小红的家的距离是多少,于是她用步数去测量。她先用双步计数;走到一半路程时她又改用三步计数。已知得到的双步数比三步数多 250。请问:从小丽家到小红家共有多少步?

147. 蚊子飞的路程

有两个自行车运动员在联结甲、乙两个城市的公路上骑车迎面而行,进行比赛。两个运动员之间的距离为 300 里。比赛开始时,一只蚊子从第一个运动员的肩上滑过向前飞去,当它飞到与对面来的第二个运动员相遇时,便马上返回又向第一个运动员飞去，而当它飞到与第一个运动员相遇时，再返回飞向第二个运动员。蚊子不知疲倦地继续这样来回飞，一直飞到两个运动员相遇时为止。最后它在一个运动员的鼻子上停了下来。蚊子在两个运动员之间来回飞行的速度是每小时100里，运动员的速度是每小时50里。请问蚊子一共飞行了多少里？

148. 两支蜡烛

有两支蜡烛，长短和粗细不同。长的蜡烛点燃后可以照明$3\frac{1}{2}$小时，短的（比较粗）蜡烛可以照明5个小时。把两支蜡烛同时点燃两个小时后，剩下来的长度相等。问：长蜡烛与短蜡烛长度之比是多少？

149. 纸牌的高度

一副扑克牌厚2厘米，如果把一副扑克牌切成两等分，然后把它叠成一堆，再切成两等分，又叠成一堆，切成两等分，继续这样切下去，一共切了52次。把得到的全部碎片叠起来，它的高度是多少？

150. 分米

米店里有一包米，重9000克。请你利用天平和50克，200克的砝码，把这包米分成两包，一包是2000克，另一包是7000克，在分的时候，只允许称量三次。

151. 称钱币

有九个钱币，外表相同，已经知道其中一个是假的，而且假的比其他八个真的都要轻。要求用天平称两次，把这个假钱币找出来。

152. 邻居分牛

一个人有17头牛，他在病危之际，要把这17头牛分给他的三个儿子。他说："长子应分得一半，次子分得三分之一，幼子得九分之一。"后来他死了，但三个儿子不知道怎样分这17头牛。他们就去请教聪明的邻居，这个邻居帮助解决了这个问题。你知道他是怎么分的吗？

153. 节省了多少时间

一个人从城里到农村去，他前一半路程乘坐火车，火车的速度是人步行速度的15倍，在后一半路程中他骑牛，牛行走的速度是人步行速度的一半。这个人从城里到农村，坐火车和骑牛比全部步行可以节省多少时间？

154. 提前的时间

邮局每天派一辆汽车去飞机场接运飞机带来的邮件。有一次，飞机到达机场的时间要比规定的时间早，但是接运邮件的汽车还没有到，为了不耽误时间，只好用马车送邮件。马车离开飞机场走了半小时，就在途中遇到了派来的汽车。于是便把马车上的邮件装上了汽车（装车的时间不计），立刻驶向邮局。因为平时都是汽车开到机场，装上邮件后再返回邮局。而这次汽车并没有到达机场，所以这次汽车到达邮局，比平时提前 20 分钟。问：飞机到达机场比规定的时间早多少分钟？

155. 骑车与步行

王军骑自行车去邮局寄信。当骑自行车到达全程的$\frac{2}{3}$处时，轮胎破裂，不能再骑了，所以剩下的$\frac{1}{3}$路程只好步行。步行到达终点所用的时间，等于骑车用去的时间的两倍。请问：自行车的速度等于步行速度的几倍？

156. 平均速度问题

一辆空马车以 12 公里 / 小时的速度走完了全部路程的一半。而后又装载了货物走下一半的路程，其速度是 4 公里 / 小时。马车用每小时多少公里的平均速度走完全部路程所用的时间，与用这两种速度行走所用的时间相同？

157. 谁的速度快

甲、乙两人各骑一辆摩托车，同时从同一个地点出发。两人行驶的路程一样，并在相同的时间回到家里。已知两人都在途中休息了一些时间。其中甲行驶的时间是乙休息时间的两倍，乙行驶的时间是甲休息时间的 3 倍。请问：两辆摩托车谁的速度快？

158. 两个通讯员

甲、乙两个通讯员分别从 A 和 B 两地同时出发，向对方的出发点走来。但是，他们行走的速度不相同。当两人在路上相遇后，甲到 B 地还要 16 小时，乙到 A 地需要 9 小时。甲乙两人走完 A、B 的距离需要的时间各是多少？

159. 轮船与飞机

一艘轮船从码头出发向海洋航行，当它在离岸 180 海里的地方时，带有紧急邮件的水上飞机，从轮船的出发地点向轮船方向飞去。水上飞机的速度比轮船的速度大 10 倍。问：在离岸多少海里的地方，水上飞机追上轮船？

160. 火车的长度与速度

一列火车从一个人的身旁通过，从开始到结束用的时间为 t1 秒。同样这列火车，通过一座长为 a 米的桥，用的时间为 t2 秒。你能根据以上两个条件，推出这列火车的长度和速度的公式吗（假定火车的速度不变）？

161. 竞选班长

新学期开学，某班举行竞选，要选出 1 个班长，两个副班长。已知这个班有 49 人，每个人只能投 1 票，可以投给自己。得票最多的前三名当选。现有 7 位候选人，不许弃权。问：最少要获得多少票才能保证当选？

162. 及格的把握

小刚去市里参加考试，考题是 30 个选择题，每个选择题都有 3 个选项。只要答对 18 道题就算及格。如果随便答，对的几率也有$\frac{1}{3}$，也就是 10 道题，而且小刚还有 9 道题是有把握的。请问：小刚能及格吗？

163. 年龄问题

将甲的年龄数字的位置对调一下，就是乙的年龄；甲与乙两个年龄的差是丙的年龄的两倍；而乙的年龄是丙的 10 倍。你能否根据上面的条件，推出三人的年龄？

164. 分裂的小虫

有一种小虫非常奇特，它每隔两秒钟分裂一次。分裂后的两只新的小虫经过两秒后又会分裂。现桌上有一个瓶子，如果最初瓶中只有一只小虫，那么两秒后变两只，再过两秒后就变四只……两分钟后，瓶中的小虫正好被装满。

请问：如果在这个瓶内放入两只这样的小虫，那么经过多少时间，小虫正好是满满的一瓶？

165. 两种生物

瓶子里有两种生物，开始的时候有 1 只 A，20 只 B。A 和 B 每分钟都要分裂成原来数目的两倍，并且每分钟 A 要吃掉一只 B。问在第几分钟的时候，瓶子里的 B 会被吃光？

166. 列车的时间间隔

一列从城里开往郊外的电气火车上坐着两个女学生，在车厢里，第一个女学生说，我发现从郊外开往城里来的火车，每过 5 分钟遇到一列。如果从城里开往郊外的火车与从郊外开往城里的火车，它们的速度相同，那么在 1 小时内，从郊外开往城里的火车有多少列？第二个女学生赶紧答道："12 列，因为 60÷5=12。"但是第一个女学生不同意这样的计算，并将自己的理由说了出来。请你仔细想想，谁是对的？

167. 各有多少人

在一次联谊会上，兄妹两人自我介绍，哥哥说，我的兄弟与姐妹的人数相等。妹妹说，我的兄弟的人数是姐妹的两倍。你能根据上面的已知条件算出兄弟和姐妹的人数各是多少吗？

168. 分组

某班有男生 26 人，女生 24 人，现将这个班分成甲乙两组，甲组 30 人，乙组 20 人。现在只知道甲组中的男生要多于乙组中的女生。问：甲组中的男生比乙组中的女生多多少人？

169. 评分

在一次数学课上，老师出了十道判断题考验大家，每题 10 分。下表中列出了甲、乙、丙、丁四个同学的答案以及老师对甲、乙、丙三人的评分。你能根据下表得出丁的分数吗？

题序	1	2	3	4	5	6	7	8	9	10	得分
甲	√	×	×	√	×	×	√	√	×	√	80
乙	×	√	×	×	×	√	×	√	×	×	20
丙	√	×	√	√	√	×	√	√	√	√	70
丁	×	×	√	×	√	×	×	×	√	×	?

170. 两个探险者

有两个探险者,同时从 A 地向 B 地出发,其中甲每天走 7 公里;乙第一天走 1 公里,第二天走 2 公里,第三天走 3 公里,这以后每天各多走 1 公里。问:甲、乙两人从出发经过多少天可以相遇?

171. 刁藩都的年岁

古希腊著名的数学家刁藩都的生平历史几乎没有记载保留下来,后人仅从他很特别的墓志中略微知道一些。

下面的数目可以告诉您,他究竟活了多久。

他生平的六分之一是幸福的童年。

再活了生命的十二分之一,长起了细细的胡须。

刁藩都结了婚,可是还不曾有孩子,这样度过了一生的七分之一。

再过五年,他得了头胎儿子,生活感到十分幸福。

可是命运给这孩子在世界上的生命只有他父亲的一半。

自从儿子死后,他在痛苦中活了四年,也离开了这个世界。

亲爱的读者,你能算出刁藩都活了多大岁数吗?

172. 李白买酒

唐朝著名诗人李白,据说有一次,他:

无事街上走,

提壶去买酒。

遇店加一倍,

见花喝一斗。

三遇店和花,

喝光壶中酒。

试问他壶中原有多少酒?

这首打油诗是一道计算题,意思是讲:李白壶中原来就有酒,每次遇到小店后,就使壶中的酒增加一倍;他每次看到花,就饮酒作诗,每饮一次,就将壶中的酒喝去一斗(斗指古代酒器),这样经过了三次,最后就把壶中的酒全部喝光了。

亲爱的读者,你知道李白的酒壶中原来有多少酒吗?

173. 选驸马

传说古代有个叫留布沙的公主选驸马,他必须很快算出这样一道题:有一篮子李子,从中取出一半又一个给第一个人;又取余下的一半又一个给第二个人;再取最后所余下的一半又三个给第三个人,这时篮子里已经没有李子了。问篮子里原来有多少个李子?

174. 投弹

民兵练投弹,排长从连部搬来一箱教练弹,根据各班现有人数,取其一半又一枚给第一班，再取其余之半又一枚给第二班，又取最后所余之半又两枚给第三班，最后箱内还剩一枚排长自已用，正好每人一枚。请问共有多少名民兵？多少手榴弹？

175．了解情况

有一天，于干事到通讯连去了解文化学习情况，正赶上指导员上文化课。于干事问：“你连干部、战士都在干什么？”指导员回答说：“一半搞训练，四分之一学文化，七分之一在执勤，十二分之一正做饭，还有两名已请假探家。”

亲爱的读者，你能算出全连共有多少人吗？

176．越野接力赛

一次，部队一个连队搞武装越野接力赛。从甲地出发，一排先走了全程的四分之一公里交给二排，二排接着走了全程的三分之一少三公里交给了三排，三排又走了全程的六分之一又三公里交给了四排，四排又向前走了全程的十二分之一又六公里正好到达乙地。请问，甲乙两地相距多少公里？每排各走多少公里？

177．买图书

小明去书店购买图书。在订计划时，他遇到了这么一个问题：这次购买的图书分为科技资料、小说和画报三种，共一百本。他身上带了一百元钱。已知科技资料每本十元，小说每本五元，画报每本零点五元。问小明能购买三种图书各多少本？

178．什么时间

小玲的手表坏了，于是向姑姑询问时间。姑姑看着手表，没有直接回答小玲，却说道：“如果你把中午到现在的时间的四分之一再加上从现在到明天中午的时间的一半，就正好是现在的时间。”小玲听后，仔细想了一会儿，就笑着说：“姑姑，我知道了。”

亲爱的读者，你知道是几点吗？

179．隔几分钟

小明沿着马路往前走，发现一个现象：每隔十二分钟就有一辆公共汽车从后面追到他前面去，每隔四分钟就有一辆公共汽车由对面开回来。小明和汽车的速度是平均的。请问，每隔几分钟从公共汽车的始点站开出一辆汽车？

180．危险的隧道

小明和小强的家住在山脚下，山上筑有一条隧道，隧道口的牌子上写着：“行人严禁入内”。一天小明和小强在隧道口附近玩耍，在好奇心的驱使下，他俩违反规定，决定到隧道里去看看。当他俩走到隧道内四分之一的路程时，突然听到后面传来汽车准备进洞的喇叭声，此时他俩才注意到，原来隧道内十分狭窄，仅能容纳一辆卡车通过。惊慌之下，小明即以每百米 12.5 秒的速度向前奔跑；小强考虑到进来的路程短，于是马上返身以小明同样的速度向入口处奔跑。两个孩子先后在千钧一发之际跑出隧道而脱离危险。

亲爱的读者，你能根据题目的已知条件，算出卡车行驶的速度每秒小于多少米吗？

181. 船长的怪题

在一艘刚刚进港的巨轮客室里，全体船员正和一群中学生联欢。期间，船长给学生们出了一道题目。他说："你们看，我已经是四十开外的中年人了，我的儿子不止一个，我的女儿也不止一个。如果把我的年龄、我的儿女数与你们所乘的这条船长度（整数）相乘，得出的结果是 32118。同学们，你们能知道我的年纪是多大，共有几个儿女，这条船长度是多少吗？

182. 游泳训练

在一个 25 米长的游泳池里，甲、乙运动员匀速游进，甲运动员的速度是 2 米/秒，乙运动员的速度是 3 米/秒。在完成 1500 米的训练时，两个运动员有几次相对相遇？

183. 重逢后的问题

老李和老王已多年未见，一次偶然的机会碰到了一起，朋友相见，分外高兴。老李一连问老王三个问题："你今年四十几了？""有几个孩子啦？""你大概还是当数学教师吧，你教的班级有多少个学生？"老王笑了笑说："我们不是 1966 年 8 月份分别的吗？然而非常巧的是，你所问的三个数字的乘积正好是 19668。"老李苦苦想了好久还是得不出结果。

亲爱的读者，你知道怎么算吗？

184. 粗心的饲养员

某实验室的兔笼内有六只兔子，每只兔子身上都挂有号牌，分别为 01、02、03、04、05、06。原来雌雄兔子是成对关在笼内的。一天，由于饲养员一时大意，这六只毛色相同、体形差不多的兔子原来的配对搞混了。这可怎么办呢？幸好研究人员手头还有一份可作参考的试验资料。资料上记载着：青草 40 斤，01 号吃掉一斤，02 号吃掉 2 斤，03 号吃掉了 3 斤，04 号吃的草跟与它配对的兔子吃的草一样多，05 号吃的草是与它配对的兔子吃掉的草的 2 倍，06 号吃的草是与它配对的兔子吃掉的草的 3 倍，吃剩下的草平均分给 6 只兔子，恰好得到整斤数。

亲爱的读者，你能根据上面这份资料的记载，将这些兔子恢复原来的配对吗？

185. 猜器材件数

某学校在一商场买了三种器材：录像机、录音机和电视机，其中每一种器材的件数都是素数，而且各不相等。现在知道录像机的数乘上录像机和录音机的数之和正好等于电视机的数目加上 120。问这三种器材件数各等于多少？

186. 三对夫妇

有三对夫妇一同去大商场购物。男的是老赵、老钱、老张，女的是小王、小林、小李。他们每人只买一种商品，并且每人所买商品的件数正好等于那种商品的单价（元）。现在知道每一个丈夫都比他的妻子多花 63 元，并且老赵所买的商品比小林多 23 件，老张所买的商品比小王多 11 件。问老赵、老张、老钱的爱人各是谁？

187. 开放检票口

在一间火车站的候车室里，旅客们正在等侯检票。已知排队检票的旅客在慢慢增加，检票的速度则保持不变。而且，如果车站开放一个检票口，那么等待检票的旅客需要半小时才能全部进站；如果同时开放两个检票口，那么等待检票的旅客只需10分钟便可全部进站。现在有一班增开的列车很快就要离开了，必须在5分钟内让全部旅客都检票进站。

请问：在这种情况下，火车站至少需要同时开放几个检票口？

188. 小张买邮票

小张有很多信要寄出去。于是他递给邮局卖邮票的职员一张1元的人民币，说道："我要一些2分的邮票和10倍数量的1分的邮票，剩下的全要5分的。"这位职员一听就傻了，他要怎样做才能满足小张的要求呢？

189. 乘客乘车

一批乘客坐车去上班，第一站下了$\frac{1}{6}$的乘客，第二站下了乘客的$\frac{1}{5}$，然后的几站分别下了乘客的$\frac{1}{2}$、$\frac{3}{4}$和$\frac{2}{3}$，最后还剩下3个乘客。这中间没人上车，问：车上开始有乘客多少人？每站各下了几人？

190. 小刀的价值

两兄弟将自己养的一群羊拿到集市上去卖。设羊为n只，而每只羊所卖的价钱又为n元。羊卖完后，他们分钱的方法如下：先由哥哥从总数中拿去10元，再由弟弟拿去10元。如此轮流到最后，剩下的不足10元轮到弟弟拿去。为了达到平均分配的要求，哥哥又给了弟弟一把小刀，这样兄弟两人的钱数相等。试问小刀值多少钱？

191. 取袜

小华有四双短袜，式样相同，其中两双为蓝色，两双为白色。这八只短袜散放在一起，小华不看而取，一次取出一只。问：(1)为了保证取得同样颜色的一双袜子，小华必须取几次？(2)她连取两次，这时取得一双蓝色袜子的可能性是多少？

192. 抽签

文化宫要某大学推荐一位同学担任管理员。小王、小李、小赵都想去。后来确定不下，只得用抽签的办法决定。临抽签的时候，三人又争着要先抽，以为第一个抽签的人，抽中的可能性可以大一些。

亲爱的读者，你说他们的想法对吗？

193. 掷硬币

小明、小英、小强是非常要好的朋友，一天，他们约在一起做游戏，但是在进行这项游戏时需要确定做游戏的先后次序。他们协商约定：将两个硬币同时向上抛出，落地后，如果两个都是正面朝上，小明先做；如果两个都是反面朝上，小英先做，两个一正一反，小强先做。

确定了第一以后（不妨设小强已确定为第

一），再将一个硬币向上抛出，落地后，如果正面朝上，小明第二，小英第三；如果反面朝上，小英第二，小明第三。

亲爱的读者，你认为他们用这样的办法来确定做游戏的先后次序是否合理？各人取得第一、第二和第三的机会是否均等？为什么？

194. 比赛名次

李军、曹强和王小刚利用周末的时间举行了一次田径比赛。他们在赛前约定，每项比赛第一、二、三名的得分依次分别为5、2、1分，谁累计得分最多，谁就是胜利者。比赛一开始，曹强获得了铅球第一名。但谁也不甘心落后，三个人都拼尽全力比赛，100米、跳高……比赛在热烈的气氛中一项接着一项进行下去。最后，王小刚经过努力获得了优胜，累计得分为22分，而李军和曹强都各得9分。请问，谁获得了铅球第二名？谁获得第三名？

195. 电影院观众

有个电影院在上映新片，其中有120个座位坐了观众，而全部入场费刚好为120元。剧院的入场费收取原则是：男子每人5元，女子是每人2元，小孩子则每人为1角。那么，你可以据此算出男、女、小孩各有多少人吗？

196. 卖炊具

老刘在集市上摆摊卖炊具，炊具有炒锅、盘子和小勺。炒锅每个30元，盘子每个2元，小勺每个0.5元。一小时后他共卖掉100件东西，获得200元。已知每种商品至少卖掉两件，请问老刘每种商品各卖掉多少件？

197. 农民卖蛋

两个农民到市场上去卖蛋，他们两人一共带了100只蛋，卖完后两人所得的钱是一样的。第一个人对第二个人说：“假使我有你这么多的蛋，我可以卖得15个克利采（克利采为一种货币名称）。”第二个人说：“假使我有了你这些蛋，我只能卖得$6\frac{2}{3}$个克利采。”问：他们两人各有多少只蛋？

198. 百鸡

公鸡每只值五文钱，母鸡每只值三文钱，小鸡每三只值一文钱。现在用一百文钱买一百只鸡。问：这一百只鸡中，公鸡、母鸡、小鸡各有多少只？

199. 一堆电光炮

新年到了，哥哥送给小强一堆电光炮。小强把电光炮分成三份，多了一只。他自己取一份，其余两份加一只送到小明家。小明的弟弟把单独的一只取走了。小明回来，把剩下的又分成三份，仍多一只。他自己取一份，把其余两份加一只送到小兵家。小兵的妹妹也拿了单独的一只去玩，其余放在小兵的台上。小兵回家又分三份，仍多一只。问：这堆电光炮至少有多少只？

200. 淘汰赛

某学校举行一次乒乓赛，一共有56人报

名。如果采用淘汰赛，一共要进行几场比赛？

201. 三箱螺帽

小玲有三只木箱，里面整整齐齐地装着不同规格的旧螺帽。一天，小明去小玲家玩，看到了这三只木箱，于是便问："这些箱子里一共有多少只螺帽？

小玲笑笑回答说，"第一只木箱里有303只螺帽，第二只木箱里的螺帽是全部螺帽的五分之一，第三只木箱里的螺帽占全部螺帽的七分之若干。"

你能根据小玲讲的情况，算出这三箱螺帽的总数吗？

202. 技术革新

某化工厂的生产车间，经过四次技术革新，操作过程所用的时间一次比一次缩短。如果把第一、第二、第三、第四次革新缩短的操作时间相加，正好等于17小时；如果相乘，其积恰好是第二次革新缩短操作时间的40倍；还知道每次革新缩短的时间一次比一次多，而且都是整数（单位是小时）；第四次革新缩短的时间小于前三次革新缩短的时间的和。问：每次革新缩短的时间是多少？

203. 节约用料

服装厂的工人为了节约棉布，积极地开动脑筋，以使剪下的余料最少。

（1）现有一段布，长80尺，已经知道做一件上衣需用布7尺，做一条长裤需用布6尺。问：剪几件上衣，几条长裤，就能使余料最少？

（2）另有一段布，长85尺，如做一件上衣需要用布5尺，做一条长裤需用布6尺。问：上衣和长裤各裁几件，可使余料最少？

（3）再有一块长60尺的花布，做一件衬衫需用布5尺3寸，做一条裙子需用布3尺6寸。问：衬衫和裙子各做多少，可使余料最少？

204. 法律难题

有一个人在临终的时候，留下了这样的遗嘱："如果怀孕的妻子生的是男孩，那么孩子应该得到财产的$\frac{2}{3}$，孩子的母亲得财产的$\frac{1}{3}$。如果生的是女孩，那么孩子应该得到财产的$\frac{1}{3}$，孩子的母亲得$\frac{2}{3}$。"后来，这个女人生了双胞胎，而且是一男一女。这是死者生前没有想到的事情，那么三个继承人怎样用接近遗嘱条件的最好的方法，来分这份遗产？

205. 大象和蚊虫

一位数学爱好者在研究代数式的各种变换时，得出了这样一个奇怪的结论：大象的重量等于蚊虫的重量，推论的方法如下：

设大象的重量是x，蚊虫的重量是y，用2v表示这两个重量的和，即：

$x+y=2v$

由这个等式可以得到两个式子：

$x-2v=-y$，$x=-y+2v$

把这两个等式的两边分别相乘，得：

$x^2-2vx=y^2-2vy$

上式的两边都加上v^2，得：

$x^2-2vx+v^2=y^2-2vy+v^2$

或者$(x-v)^2=(y-v)^2$

上式的两边分别开平方，得：

x−v=y−v，或 x=y

这就是大象的重量（x）等于蚊虫的重量（y）。

你知道这是怎么一回事吗？

206. 牛顿的“牛吃草问题”

大科学家牛顿提出了一个数学问题：“三头牛在两星期内吃完两亩地上原有的草和两星期中所生长的草。两头牛在四星期中能吃完两亩地上原有的草和四星期中所生长的草。问要多少头牛才能在六星期中吃完六亩地上原有的草和六星期中所生长的草？”（假定在牛开始吃草的时候，所有的草都一样高，而吃过以后，草的生长率也相等。）

207. 椰子的数量

在一个荒岛上住着五个人和一只猴子。一天他们五个人弄到一堆椰子，准备第二天早上平均分配。晚上一个人醒来时，把这堆椰子平均分成五份，剩下一个，他就把剩下的这个椰子给了猴子，并且把自己的一份藏起来，其余的仍放成一堆。没过多久另一个人醒了过来，也用相同的办法，把一堆椰子平均分成五份，结果也多余一个，并把多余的也给了猴子，把自己的一份藏起来。这天晚上，每个人都这样做过一次，而结果都是把剩余的一个给了猴子。但是，他们的所作所为彼此都不知道。第二天早上五个人一起去平分剩下的椰子，结果还是多了一个。试问，原来的椰子数最少应该是多少个？

208. 新建的车站

为了方便旅客出行和运输，铁路部门决定把一条铁路支线延长，在铁路延长后要增设 n 个（n>1）新的车站。为了做好客运的准备工作，必须事先印好这条支线上全套的车票，即无论在哪一个车站，都能够买到旅客所需要的车票。由于增设了新的车站，需要补充印制 46 种新车票。根据这个条件，求出这条铁路上原有多少个车站，又新建了多少个车站？

209. 师傅和徒弟

青年小莉、小强、小刚和小红刚被厂里接收，生产经验不足。领导让老杜、老蔡、老赵和老梁师傅每人各带一个徒弟。这四个年轻人在师傅们的指导下进步很快。有人向车间统计员打听这四位师傅各自带的徒弟是谁。统计员并没有直接回答他，只是说：“今天这四对师徒共装配了 44 台马达。小莉装好 2 台，小强装好 3 台，小刚装好 4 台，小红装了 5 台。老杜与他的徒弟装得一样多，老蔡是他徒弟的 2 倍，老赵是他徒弟的 3 倍，老梁是他徒弟的 4 倍。”

亲爱的读者，你能不能根据统计员所说的话，推断一下：这四位师傅各自带的徒弟是谁？

210. 发新书

新学期的第一天，同学们一早就来到学校争着帮老师发新书。老师按照下面的方法依次分配给他们任务：

第一个同学拿 10 本，再加上剩下书的 1/10；

第二个同学拿 20 本，再加上剩下书的 1/10；

第三个同学拿30本，再加上剩下书的1/10；

第四个同学拿40本，再加上剩下书的1/10。

……

最后，所有的书刚好分完。而且让他们感到吃惊的是，老师分给每个同学的书一样多。现在你能不能够推算出：老师那里一共有多少本书？帮助老师发书的同学有多少？每个同学分配到的书是多少？

211. 怎样错车

有两列火车，车厢都是80节，它们在单线轨道的小车站相遇。另外，这个车站有一个岔道。岔道是一条不长的尽头支线，可以停放一个火车头和40节车厢。请你想想，这两列火车怎样错车？

212. 钟没有停

小松做完课外作业，抬头看了看钟，已经是晚上七点多钟。他一点儿也没有感到疲倦，又精神抖擞地钻研起老师今天出的一道数学思考题。题目确实很难，但他并没有被吓倒，经过反复分析、思索，最后终于将这道难题解了出来。放下笔，小松又习惯地抬起头看了一下钟。他楞住了："奇怪，钟怎么停了？"小松揉了揉眼睛仔细一瞧，这才发现是自己看错了。原来在这一个多小时里，钟的时针和分针的位置恰巧对调了一下。刚才没看仔细，还以为是钟停了呢！

亲爱的读者，你能否根据上面介绍的情况告诉我们：小松解这道题究竟花了多少时间？从什么时候开始做，到什么时候做好的？

第二部分　应用趣题答案

87. 喝汽水

因为一瓶汽水1元钱，所以一开始就可以买到20瓶汽水，随后的10瓶和5瓶也都没有问题，我们再把这个5瓶分成4瓶和1瓶，前4个空瓶再换2瓶，这2瓶喝完后可再换1瓶，此时喝完后还剩2个空瓶，用这2个空瓶换1瓶继续喝，喝完后把这1个空瓶换1瓶汽水，喝完后再把瓶子还给人家就可以了，所以小明最多可以喝40瓶汽水。

88. 买饮料

他们至少要买18瓶饮料。

他们买了18瓶饮料，喝完后，用这18个空瓶子可以再换6瓶饮料，这样就有24个人能喝到饮料了。然后，这6瓶喝完后，又可以换到2瓶饮料。这2瓶喝完后，再向商店换一瓶，这一瓶喝完后还给商店即可。如此一来，27个人都能喝到饮料了。

89. 背香蕉

先背50根到25米处，根据题意："每走1米要吃1根香蕉"，已知这时吃了25根香蕉，还剩25根，把这些香蕉放下，回过头来再去背剩下的50根，走到25米处时，又吃了25根，还有25根。再把地上的25根拿起来，总共50根，继续向家走完剩下的25米，这段距离又吃了25根，最终到家后还剩25根。

90. 一张假钞

商人购进那件衣服花了70元，加上他卖出这件衣服找给购买者的18元，总共损失了88元。

91. 赛跑

由题意可知，乙的速度是甲的速度的90%，丙的速度是乙的速度的90%，所以丙的速度是甲的速度的81%。所以当甲到达终点的时候，丙跑了81米，还差19米到达终点。

92. 油和瓶的重量

根据题意可得：一半油的重量为3.5−2=1.5千克，所以油重为2×1.5=3千克，瓶子为3.5−3=0.5千克。

93. 吝啬鬼的金币

2、3、4、5、6的最小公倍数是60，所以必须找一个比60的倍数大1的数，而且这个数也要是7的倍数，也就是60n+1。因为60n+1=56n+4n+1，其中56n一定能被7整除，所以只要4n+1能被7整除就可以了，由此我们很容易得出这个最小的n为5，所以金币数为60×5+1=301枚。

94. 老师猜数

老师用10减去剩下的一张卡片上的数字，得到的差就是第一个同学抽去的卡片上的数字。这是因为，1+2+……+8+9=45，十八张卡片上数字的和为 45×2=90。设那位同学抽去的一张为 7，则余数为 90–7=83。以后抽去数字的和为 10 的所有卡片，剩下的一张一定是 3。而这一张与那位同学抽去的一张的数字的和也应是 10，所以 10 减去 3，差就是那位同学抽去的 7。

95. 男孩和女孩的数量

设男孩子有 x 个，女孩子有 y 个，那么对每个男孩子来说，他看到的是 x–1 顶天蓝色帽子和 y 顶粉红色帽子；对每个女孩子来说，她看到的是 x 顶天蓝色帽子和 y–1 顶粉红色帽子。于是根据已知条件就有：

$x-1=y \quad x=2(y-1)$

解这个方程组，得：$x=4, y=3$

也即男孩子有 4 个，女孩子有 3 个。

96. 算年龄

设 f、m、s 分别表示王军的父亲、王军和王军的儿子现在的年龄，那么根据题意有：

$f+m=110$

$f=9s$

$[(f-m)+s]-m=4$

由上面三个式子，可得：

$s=8$

即王军的儿子今年 8 岁。

97. 狗跑的距离

这个问题并没有想象中的那么复杂。因为狗从两巡逻队出发到会合，不停地以每小时 20 公里的速度来回奔跑着，所以狗奔跑的时间就是两队哨兵从出发到会合所花的时间。这段时间等于 15÷(5.5+4.5)，即 1.5 小时，所以狗来回共奔跑了 20×1.5 公里，也就是 30 公里。

98. 汽车的速度

根据题意可知，新的对称数显然只能是 16x61，且 x 只能取 0 和 1。因为当 x 取大于 1（例如 2）的数时，汽车的速度为(16261–15951)÷4=77.5（公里／小时）。汽车虽然能达到这个速度，但在普通公路上行驶时，为安全起见，是不准开这么快的。这样：

当 x 取 0 时：(16061–15951)÷4=27.5（公里／小时）

当 x 取 1 时：(16161–15951)÷4=52.5（公里／小时）

99. 买鱼

设鱼身重为 x 斤，已知身重 = 头重 + 尾重，所以 $2+(\frac{2}{2}+\frac{x}{2})=x$，解得 x=6。尾重为半头半身重，即 $\frac{2}{2}+\frac{6}{2}=1+3=4$。所以，甲付 5×2=10（元），乙付 3×4=12（元），丙付 8×6=48（元）。

100. 冰水的体积

假设现在有 12ml 的冰，这冰融化变成水后，体积减小 $\frac{1}{12}$，也就是只剩下 11ml 的水。当这 11ml 的水再结成冰时，则又会变成 12ml 水，对于水而言，正好增加了 $\frac{1}{11}$。

101. 节省木料

木匠师傅将 43 厘米长的木料锯 5 根，37 厘米长的锯 1 根，共锯 6 根，锯了 5 次共损耗 2.5 厘米。43×5+37+2.5=254.5 厘米。这样最节省，没有余料。

102. 相隔的时间

因为小刚乘的车与从市博物馆开出的第一辆电车碰头时，与第二辆电车所间隔的距离等于两部电车（小刚乘的车和第二辆车）速度和与时间一分半的乘积。已设电车速度相等，因此一部电车开这段距离需 3 分钟。也就是每隔 3 分钟开出一辆车。

103. 列车

设列车长为 y 米，速度为 x 米 / 秒，依题意得：

$$\begin{cases}\dfrac{y}{x+1}=17\\ \dfrac{y}{x+1}=15\end{cases}$$

解得 $y=255$

即这列火车的长度为 255 米。

104. 篮球比赛

设九个队的名称分别为 A、B、C、D、E、F、G、H、I，则：

A 要与其他 8 个队比赛 8 场；

B 还要与除 A 以外的 7 个队比赛 7 场；

C 还要与除 A、B 以外的 6 个队比赛 6 场；

H 还要与 I 比赛 1 场。

所以，比赛的总场次数为 8+7+6+……+1=36，每个学校有比赛 36÷9=4 场。

105. 羊的数量

设这群羊共有 x 只，根据题意可得：

$x+x+\frac{1}{2}x+\frac{1}{4}x+1=100$

解这个方程得 $x=36$

即牧羊人放牧的这群羊共有 36 只。

106. 客人与碗

设客人为 x 个，则菜碗、汤碗、饭碗分别为$\frac{x}{2}$、$\frac{x}{3}$、$\frac{x}{4}$只，根据题意可得；

$\frac{x}{2}+\frac{x}{3}+\frac{x}{4}=65$

解得 $x=60$

即有 60 个客人。

107. 十元钱

小刚带的硬币是：一个一分，一个五分，两个二分；

纸币是：两张一角，一张二角，一张五角，两张一元，一张二元，一张五元。

108. 爷爷的年龄

设小艳爷爷现在的年龄为 x 岁，那么六年以后的年龄的六倍是 6×（x+6），六年以前的年龄的六倍是 6×（x−6）。根据题意，列方程得：

$6(x+6)-6\times(x-6)=x$

$x=72$

即小艳的爷爷现在的年龄是 72 岁。

109. 蚂蚁搬食物

第一次搬兵：1+10=11

第二次搬兵：11+11×10=11×11=121

第三次搬兵：……

一共搬了四次兵，于是蚂蚁总数为：11×11×11×11=14641（只）。

110. 模范小组

解答这道题的关键，就是要知道组长一天装配了多少辆汽车。为此，同时必须知道 10 个成员中每一个人一天平均装配多少辆汽车。把组长多装的 9 辆平均分配给 9 个组员，我们就能知道工作组每个成员一天平均装配 15+1=16 辆汽车。由此可得，组长装了 16+9=25 辆汽车，而全组装配的数量是（15×9）+25=160 辆汽车。

111. 绳子的长度

设绕一圈需要绳长 x 米。

$x+3=2x-1$

$x=4$

所以，绕三圈需要 12 米。

112. 捉害虫的青蛙

小青蛙捉了21只害虫，大青蛙捉了51只害虫。

大青蛙比小青蛙多捉害虫15+15＝30(只)，如果小青蛙把捉的害虫给3只大青蛙，则大青蛙比小青蛙多30+3×2＝36(只)，这时大青蛙捉的害虫是小青蛙的3倍，所以1倍就是(30+3×2)÷(3–1)＝18(只)，小青蛙捉害虫18+3＝21(只)，大青蛙捉害虫21+15×2＝51(只)。

113. 香蕉的数量

12根。

小猴子吃掉的比剩下的多4根，又吃掉了1根，可见小猴子吃掉的比剩下的多4+1+1=6(根)。这时吃掉的是剩下的3倍，可见吃掉的比剩下的多2倍。所以小猴子剩下的香蕉有6÷(3–1)＝3(根)，吃掉的香蕉是3×3＝9(根)，小猴子一共有香蕉3+9＝12(根)。

114. 多项运动

至少有9人。

这个班不会游泳的有50–35=15(人)；不会骑车的有50–38=12(人)；不会溜冰的有50–40=10(人)；不会打乒乓球的有50–46=4(人)。所以有一个项目不会的人最多是15+12+10+4=41(人)，因此四项运动都会的至少有50–41=9(人)。

115. 学生的人数

45人。

由于数学有10人得了100分，英语有12人得了100分，那么数学与英语两门功课中至少有一门得100分的人数应是10+12–3=19(人)，这是因为在10+12=22(人)中，有3人是两门都得100分的，应从22人中减去3人。

所以，三(2)班的人数是数学与英语两门功课中至少有一门得100分的人数与两门都没得100分的人数之和：19+26=45(人)

116. 攒钱计划

设x年后，他们攒的钱数一样多，根据题意可列方程：

5+11x=3+12x

x=2

设要凑足100元，需要y年，依题意得：

(5+11y)+(3+12y)=100

y=4

即2年后他俩的钱数一样多，他俩一共凑足100元，需要4年。

117. 水中航行

在相同的时间内，顺水可航行20–17.6=2.4千米，逆水可航行3.6–3=0.6千米。于是求出在相同时间内顺水航程是逆水航程的2.4÷0.6=4倍。那么顺水行的航速也就是逆水行的航速的4倍，从而我们可以求出顺水与逆水的航速。

顺水航速为：(20+3×4)÷4=8(千米)

逆水航速为：(20÷4+3)÷4=2(千米)

船在静水中的速度为：

(8+2)÷2=5(千米)

水流速度为：

(8–2)÷2=3(千米)

即船在静水中的速度为每小时5千米，水流速度为每小时3千米。

118. 十字路口

甲从十字路口南1350米处往北直行，乙从十字路口处向东直行，他俩同时出发，10分钟后二人离十字路口距离相等，说明甲、乙二人10分钟一共走了1350米，那么二人每分钟的速度之和为1350÷10=135(米)。又知道，二人继续行走80分钟，即从出发两人各行90分钟，二人离十字路口距离又相等，说明甲、乙二

人 90 分钟行走的路程之差是 1350 米。则二人每分钟的速度差为 1350÷（10+80）=15（米）

这样我们很快就可以求出甲、乙各自的速度。

甲的速度是：（135+15）÷2=75（米）

乙的速度是：（135−15）÷2=60（米）

即甲的速度是每分钟 75 米，乙的速度是每分钟 60 米。

119. 平均速度

如果你算出的平均速度是（15+10）÷2=12.5 公里 / 小时，那就错了。平均速度应该考虑时间因素。我们假定距离是 60 公里，那么可以算出来回时间（60÷15）+（60÷10）=10，那么平均速度是 120÷10=12 公里 / 小时。

120. 方砖铺地

根据题意可知这块地的总面积一定，每块砖的面积与块数成正比例。

设用边长 0.4 米方砖铺地，需用 x 块，则可列出下列方程：

$$\frac{0.5\times0.5}{0.4\times0.4}=\frac{x}{768}$$

x=1200

即若改用每块边长 0.4 米的方砖来铺这块地，需用 1200 块。

121. 小明读书

因为上午读了一部分，这时已读的页数与未读页数的比是 1：9，由此可知上午读了这本书总页数的$\frac{1}{1+9}=\frac{1}{10}$，下午比上午多读 6 页，那么下午读的就比总页数的$\frac{1}{10}$还多 6 页，这时已读的页数占总页数的$\frac{1}{1+3}=\frac{1}{4}$，因此 6 页就是总页数的$\frac{1}{4}$与$\frac{1}{5}$的差，所以这本书的总页数是 6÷（$\frac{1}{4}-\frac{1}{5}$）=120 页。

122. 烧煤问题

第一天烧后剩下的重量：

（500+500）÷（1−20%）=1250（千克）

这堆煤总重量：

（1250+500）÷（1−20%）= 2187.5（千克）

这堆煤共 2187.5 千克。

123. 配药水

先求 20 克药液的含药量，再求配成含药 5%的药水的重量，然后减掉原来药液的重量，就是要加入清水的重量：20×80% ÷5% −20 = 300（克）

需要加入清水 300 克。

124. 忘带的钱包

在 1：10 的时候，离家的距离是：小斌：80×10=800，小斌的弟弟：100×5=500。也就是说，两人之间的距离为 300 米，从那个时候到两人碰面为止：300÷（100+80）= $\frac{5}{3}$ =1 分 40 秒。

小斌把返回的距离和时间又走了一次，往返浪费的时间 = 迟到的时间 =1 分 40 秒 ×2=3 分 20 秒。

125. 打野猪

A 打到 8 只野猪，B 打到 6 只野猪，C 打到 14 只野猪，D 打到 4 只野猪，E 打到 8 只野猪。

126. 喝茶

一杯茶。$\frac{1}{2}+\frac{1}{4}+\frac{1}{8}+\frac{1}{16}+\frac{1}{16}$=1。

127. 接粉笔

13 天。

128. 掺水的酒

由题可知每家需要32升酒，第一家得到的是纯酒32升，此时桶中还剩96升纯酒，将其兑满，纯酒占比$\frac{96}{128}$，第二家得到的纯酒量为$\frac{96}{128}\times32=24$升。桶中剩下纯酒为72升，第三家的纯酒量为$\frac{72}{128}\times32=18$升。桶中剩下纯酒为128−32−24−18=54升，掺满水后再送到第四家，此时第四家的$\frac{54}{128}\times32=13.5$升。最后，桶中还剩纯酒为128−32−24−18−13.5=40.5升。

129. 狗的饮食

40天。

瘦狗单独吃一桶肉要用的天数：$\frac{1}{\frac{1}{60}+\frac{1}{210}}$=84（天）=12（星期）。胖狗单独吃一桶骨头要用的天数：$\frac{1}{\frac{1}{56}+\frac{1}{280}}$=70（天）=10（星期）。

130. 小珍的出生年份

设小珍生于1900+10b+c年（b、c都是小于10的非负整数）。根据题意，小珍的年龄为1+9+b+c，于是可得：

$$1980-(1900+10b+c)=1+9+b+c$$

$$b=\frac{2\times(35-c)}{11}$$

由上式可知(35−c)必是11的倍数；同时，由于c是小于10的非负整数，经分析可知c=2，因而b=6。

所以小珍是1962年出生的。

131. 锯木料

设69毫米长木料锯x段，39毫米长木料锯y段；那么，共锯得x+y段短木料，而损耗的木料为(x+y−1)×1，依题意得：

$$69x+39y+(x+y-1)\times1=369$$

将上式整理后，得：

$$y=\frac{-7x+37}{11}$$

将x分别取1、2、3、4、5代入上式，并列表：

x	1	2	3	4	5
y	$7\frac{1}{2}$	$5\frac{3}{4}$	4	$2\frac{1}{4}$	$\frac{1}{2}$

很明显，只有当x=3时，y有整数解为4。也就是当69毫米长的木料锯3段，39毫米长锯4段时，浪费最少。

132. 参加会议的人

如果参加会议的有n个人，那么每一个人都握了n−1次手，n个人总共握了n(n−1)次手。但甲和乙握手与乙和甲握手实际上是同一次握手，所以握手的次数为$\frac{n(n-1)}{2}$，根据条件可得：

$$\frac{n(n-1)}{2}=136$$

即$n^2-n-272=0$

解得n=17，n=−16

负数不符合条件，所以参加会议的共有17人。

133. 分水果糖

把糖分成粒数相等的包数都缺一粒，如果我们在这个基础上再多加一粒糖，那么糖粒数就能被10、9、8、7、6、5、4、3、2整除。而9、8、7……3、2的最小倍数是2520，或者是它的倍数。就是说，水果糖至少有2519粒。

134. 四只船

4、8、12、16的最小公倍数是48，所以四只船经过48个星期后，才能重新一起回到这个港口。

135. 儿子的年龄

因为父亲的年龄比儿子大23岁，当父亲的年龄是儿子的年龄的两倍时，儿子的年龄正好是23岁。

136. 面包和钱币

甲的分法是合理的。因为三个人各吃相同的一份面包，很明显，每份应该得到$\frac{8}{3}$个面包。因为甲拿出$\frac{15}{3}$个面包，自己吃去$\frac{8}{3}$个，给了丙$\frac{7}{3}$个。乙拿出$\frac{9}{3}$个面包，自己吃去$\frac{8}{3}$个，给丙$\frac{1}{3}$个。因为甲、乙两人给丙的面包个数之比为7:1，所以钱币应该按7:1分摊。因此甲得七个钱币，乙得一个钱币。

137. 蜗牛爬行的天数

蜗牛白天往上爬3尺，晚上下降2尺，实际上每昼夜只上升1尺。经过9昼夜，蜗牛向上爬行了9尺，离墙顶还有3尺，在第10天爬到了墙壁顶端，所以蜗牛从墙脚爬到墙顶需要10天时间。

在相同的情况下，如果墙高为20尺，蜗牛从墙脚爬到墙顶需要18天。

138. 有多少个零件

36个毛坯可以加工成36个零件。因为在每加工6个毛坯所得到的刨屑经过熔化，还可以做成一个毛坯，所以加工36个毛坯得到的刨屑可以做成6个毛坯。而用刨屑做成的6个毛坯又可以加工成6个零件，剩下的刨屑又可以做成一个毛坯，加工成一个零件。因此，加工36个毛坯，一共可以得到零件43个。

139. 火车的长度

根据题目已知条件可知，第一列火车相对于乘客的运动速度是：

$V=V_1+V_2$

$=45+36$

$=81$（公里/小时）

$=22.5$（米/秒）

因此第一列火车的长度是：$22.5\times6=135$（米）。

140. 运送粮食的问题

当汽车的速度为30公里/小时时，行驶1公里需要2分钟。当汽车的速度为20公里/小时时，行驶1公里需要3分钟。也就是说，汽车用20公里/小时的速度行驶，比用30公里/小时的速度行驶，每公里要多用1分钟的时间。从甲地至乙地，20公里/小时行驶的汽车比30公里/小时行驶的汽车，花去的时间要多120分钟。因此甲、乙两地的距离就是120公里。汽车以30公里/小时的速度行驶就需要4小时的时间。为了11点准时到达乙地（出发时间不变），汽车在整个路程中行驶的时间是5小时，行驶速度是24公里/小时（120/5=24）。

141. 衣服的价值

这个工人劳动一个月应该得到的报酬是1元和一件衣服价值的$\frac{1}{12}$，劳动7个月应该得到7元及衣服价值的$\frac{7}{12}$。但是，工人在劳动7个月后一共得到5元与一件衣服，比规定的工资少拿2元，而多得到衣服价值的$\frac{12}{12}-\frac{7}{12}=\frac{5}{12}$。所以衣服的价值是：

$$2\div\frac{5}{12}=\frac{2\times12}{5}=4\frac{4}{5}=4.8\text{（元）}$$

142. 两棵树的距离

三棵树呈三角形。根据几何定理：三角形两边之和大于第三边；两边之差小于第三边。因此，桃树与杏树的距离大于6.87−0.75=6.12，小于 6.87+0.75=7.62。在 6.12 和 7.62 之间只有一个整数 7，所以，本题的解是 7。

143. 三堆火柴

首先我们可求出这个相等的数是 48÷3=16（根）。从第三堆取出同第一堆现有数相等的火柴并入第一堆后，第一堆有 16 根火柴，这就说明，从第三堆并入第一堆的火柴数是 16÷2=8（根），把这 8 根还给第三堆，第一堆还剩 8 根，而第三堆则是 16+8=24（根）；这 24 根有一半是第二堆的，还给第二堆后，第三堆还剩 24÷2=12（根），而第二堆则有 12+16=28（根）；同样，这 28 根火柴也有一半是第一堆的，还给第一堆后，还剩 28÷2=14（根），而第一堆便是 14+8=22（根）。因此，原来的火柴数目是：第一堆 22 根，第二堆 14 根，第三堆 12 根。

144. 里程碑

假设小刚第一次看见里程碑上的两位数的十位数为 x，个位数为 y。那么第一块里程碑上的二位数是 10x+y；第二块里程碑上的二位数是 10y+x；第三块里程碑上的三位数是 100x+y。根据题意，列出如下方程式：

$10y+x-(10x+y)=100x+y-(10y+x)$

$y=6x$

当 x=1 时，y 才能成为一位整数。所以，x=1，y=6。故第一、二、三块里程碑上的数字分别为 16、61、106。

汽车每小时前进的速度是 61−16=45 公里。

145. 分苹果

设苹果共有 x 只，根据题目已知条件列方程：

$$x=\frac{1}{2}x+\frac{1}{2}+\frac{1}{2}\left(\frac{1}{2}x-\frac{1}{2}\right)+\frac{1}{2}+\frac{1}{2}\left[\frac{1}{2}\left(\frac{1}{2}x-\frac{1}{2}\right)-\frac{1}{2}\right]+\frac{1}{2}$$

$x=7$

所以苹果共 7 只。

母亲把苹果总数的一半和半只分给大儿子，即 $3\frac{1}{2}+\frac{1}{2}=4$。剩下 7−4=3 只。二儿子得到剩下的一半又半只，即 $1\frac{1}{2}+\frac{1}{2}=2$ 只，剩下 3−2=1 只（第二次剩下的），第三个儿子得到剩下的一半又半只，即$\frac{1}{2}+\frac{1}{2}=1$ 只。所以母亲在分苹果时不需要把苹果切开。

146. 共有多少步

设双步数为 y。根据题意列方程：

$2y=3(y-250)$

$y=750$

三步数：750−250=500

3×500+2×750=3000（步）

因此从小丽家到小红家共有 3000 步。

147. 蚊子飞的路程

这个问题其实没有想象中的那么复杂，只要你仔细考虑一下，是很容易解决的。先要知道蚊子一共飞行了多少时间，问题就大大简化了。而运动员行驶的时间与蚊子飞行的时间相等。运动员的速度是每小时 50 里，两人相遇需要 3 个小时。蚊子也飞行了 3 小时，共飞 300 里。

148. 两支蜡烛

设长蜡烛的长度为 x，短蜡烛的长度为 y。每小时长蜡烛燃烧$\frac{2}{7}x$，短蜡烛燃烧$\frac{1}{5}y$。燃烧两小时后长、短蜡烛分别剩下了$\frac{3}{7}x$、$\frac{3}{5}y$。

根据题意：$\frac{3}{7}x=\frac{3}{5}y$

所以$\frac{x}{y}=\frac{7}{5}$。

即长蜡烛与短蜡烛长度之比是 7 ∶ 5。

149. 纸牌的高度

扑克牌的厚为 2 厘米，切第一刀后，叠起来的高度为 4cm，第二次高为 8cm，第三次高为 16cm……依此类推。排列为：

2，4，8，16，32，64……

这列数可以写成幂的形式：

2^1，2^2，2^3，2^4，2^5，2^6……

切第 52 次时即 251，其高度为 251cm。它是地球到太阳的距离（1.5×108 公里）的十多倍。

150. 分米

第一次称量：把 9000 克米分成相等的两份，每份 4500 克（不用砝码就可以做到）。

第二次称量：把其中的一份再分成相等的两份，每份 2250 克。

第三次称量：把其中的一份称出 250 克（利用砝码称），剩下的就是 2000 克。除这 2000 克外，把其余的都加在一起，就得到 7000 克米。

151. 称钱币

把九个钱币分成三堆，每堆三个。第一次称其中的两堆，即在天平的每一边各放三个钱币。称得的结果有两种可能情况：(1) 如果一边重一边轻，那么轻的一边就有假的，就再称轻的三个中的两个。如果天平是平的，那么剩下的第三个是假的，如果一边较轻，那么假的就是这个轻的。(2) 如果第一次称的结果两边一样重，那么就再称第三堆中的两个。像上面一样，就可以把假的找出来。因此只要称两次，就可以找出假钱币。

152. 邻居分牛

聪明的邻居牵了自己家的一头牛来替他们三兄弟分牛。加上邻居牵来的一头牛，牛的头数就变成了 18 头牛了。于是大儿子应分总数的一半，得 9 头，二儿子分三分之一，得到 6 头，小儿子分九分之一，得到 2 头。这样，三个人刚好分去 17 头牛，最后恰巧剩下这位邻居牵来的牛，于是他又牵回了自己的牛。实际上，这位邻居是按比例进行分配的，即$\frac{1}{2}:\frac{1}{3}:\frac{1}{9}=9:6:2$。

153. 节省了多少时间

这个人不但没有节省时间，反而多用了时间。在后一半路程中，他骑牛，因为牛行走的速度是人步行速度的一半，所以骑牛走完后一半路程所用的时间，可以用步行来将全部路程走完。因此乘火车所用去的时间，就是多用去的时间，是步行时间的$\frac{1}{30}$。

154. 提前的时间

这次汽车没有到达机场就返回了，所以行驶的时间比平常少用了 20 分钟。节省的 20 分钟的时间，就是汽车与马车相遇的地点到机场，再从机场返回到相遇地点所需的时间。汽车开一个单程需要 10 分钟，但是我们知道，汽车与马车相遇之前，马车在路上走了 30 分钟，即飞机到达半小时后。因为汽车准时从邮局出发的，到机场还需要 10 分钟，因此飞机比规定的时间早到 40 分钟。

155. 骑车与步行

设自行车的速度为 x，步行的速度为 y，那么$\frac{x}{y}$为自行车与步行的速度之比。

$$\frac{x}{y}=\frac{\frac{2}{3}/1}{\frac{1}{3}/2}=4$$

所以自行车的速度是步行速度的 4 倍。

156. 平均速度问题

我们可以把整个路程当作 1，那么前一半

路程行走了$\frac{1}{2}\div12=\frac{1}{24}$单位时间，而在后一半路程中，马车走了$\frac{1}{2}\div4=\frac{1}{8}$单位时间。行走全部路程用去：$\frac{1}{24}+\frac{1}{8}=\frac{1}{6}$单位时间，因此平均速度是：$1\div\frac{1}{6}=6$（公里/小时）。

157. 谁的速度快

设甲行驶的时间为x，则乙休息的时间为$\frac{x}{2}$；乙行驶的时间为y，则甲休息的时间为$\frac{y}{3}$。

因为两辆摩托车在路上的时间相同，所以：

$x+\frac{y}{3}=\frac{x}{2}+y$

$x=\frac{4}{3}y, y<x$

因此乙骑的摩托车的速度比甲骑的摩托车的速度快。

158. 两个通讯员

甲的行走速度用u表示，乙的行走速度用v表示，从出发到相遇的时间用t表示，甲走完整个路程需要（t+16）小时，乙需要（9+t）小时。可以用三种不同的方法表示AB的距离：

$(t+16)u$，$(t+9)v$，$t(v+u)$

得到：$(t+16)u=(t+9)v=t(v+u)$

由方程解出：$\frac{u}{v}=\frac{3}{4}$，$t=12$（小时）

甲走完全部路程需要12+16=28小时，乙走完全部路程需要12+9=21小时。

159. 轮船与飞机

设轮船的速度为x，那么水上飞机的速度为10x。假定水上飞机追上轮船时，飞机飞行了s海里。在同一时间内，轮船航行的路程为s−180海里。因此：

$\frac{s}{10x}=\frac{s-180}{10x}$

s=200（海里）

160. 火车的长度与速度

设火车的长度为x，速度为y，因为火车通过观察者身旁是t_1秒，即在t_1秒里火车通过的距离等于火车的长度x，所以$y=\frac{x}{t_1}$。在t_2秒内火车通过长为a米的桥，即在这个时间内，火车通过的距离等于火车的长度与桥的长度的和，所以$y=\frac{x+a}{t_2}$。

由此得：$x=\frac{at_1}{t_2-t_1}$，$y=\frac{a}{t_2-t_1}$

161. 竞选班长

按照最少的候选人数投票，也就是说，假设这49票都投给了4个人，那么第三名要想当选，必须得到比平均数多的票才行。而平均数为49÷4=12.25，所以要想当选，至少要得到13票。

162. 及格的把握

随便答答对的几率只能从没有把握的21道题中算，也就是21道题中，随便答能够答对7道，再把他有把握答对的9道题加上，只能答对16道，因此不能及格。

163. 年龄问题

两个数字对调的数的差总是9或者9的倍数。很显然，只有甲、乙的年龄差是9才能满足题目中的全部条件。由此我们可以得出丙的年龄是4岁半，乙的年龄是45岁，甲的年龄是54岁。

164. 分裂的小虫

这道题看起来复杂，其实很简单。我们可以从第二秒的时候，瓶里有2个小虫计时，它分裂到最后填满小瓶，需要的时间就是除去最先由一个分裂为两个小虫的时间，即2秒。把这两秒减去以后，就是两只小虫分裂满一瓶需要的时间，即1分58秒。

165. 两种生物

因为A、B都以相同的速度分裂，也就是说每一只A只要负责吃掉和自己一同分裂出来的B就可以了，所以也就不难得出瓶子里的Y被吃光的时间，即第20分钟。

166. 列车的时间间隔

如果坐在静止的火车上，观察从郊外开往城里的火车，那么第二个女学生的计算是正确的。但是，她们看到迎面而来的火车时，自己乘坐的火车也在行驶。女学生乘坐的火车从与对面开来的第一列火车相遇，到与对面开来的第二列火车相遇经过5分钟，也就是说，女学生乘坐的火车也向前行驶了5分钟，所以开往城里的火车的间隔时间是10分钟。因此在1小时内，开往城里的火车是6列。

167. 各有多少人

在谈姐妹和兄弟的人数时，哥哥和妹妹都没有把自己包括在内，因此：

设兄弟为x人（说话的哥哥在内），姐妹为y人（说话的妹妹也在内）。

$x-1=y$，$2(y-1)=x$

$x=4$，$y=3$

所以兄弟有4人，姐妹有3人。

168. 分组

可设甲组中的男生为x，甲组中的女生为y，由题意可得：

$x+y=30$，即 $y=30-x$

那么乙组中女生的数目就为24–y。因此甲组的男生和乙组的女生的差是：

$x-(24-y)$

将 $y=30-x$ 代入上式，可得：

$x-[24-(30-x)]=6$

所以甲组中的男生比乙组中的女生多6个。

169. 评分

从表中可知，甲比丙多10分，而他俩仅3、5、9题答案不同。所以在这三个题目当中，甲对两题，丙对一题。乙与甲的这三题答案相同，乙得20分，也就是答对了其中的两题所得。其余的题乙都没有答对。丁与丙的这三题答案相同，他答对了其中的一题。比较一下丁和乙的答案，就可以知道丁还答对了第2、6、8题。所以，丁一共答对了四道题，应得40分。

170. 两个探险者

前6天乙比甲依次少走6、5、4……1公里，第7天两人走的距离相等，从第8天后，乙比甲依次多走了1、2、3……公里，这样推算的话，乙在第13天遇上甲。

171. 刁藩都的年岁

设刁藩都活了x岁：

“他生平的六分之一是幸福的童年”，即为$\frac{x}{6}$。

“再活了生命的十二分之一，他长起细细的胡须”，即为$\frac{x}{12}$。

“刁藩都结了婚，可是还不曾有孩子，这样又度过了一生的七分之一”，即为$\frac{x}{7}$。

“再过五年，他得了头胎儿子，感到很幸福”，即为5。

“可是命运给这孩子在世界上的生命只有他父亲的一半”，即为$\frac{x}{2}$。

根据题意可得方程：$x=\frac{x}{6}+\frac{x}{12}+\frac{x}{7}+5+\frac{x}{2}+4$

$x=84$

172. 李白买酒

根据题意可知：第三次见花前壶内只有一斗酒，那么，遇店前壶内应有半斗酒（即$\frac{1}{2}$斗酒）。依此类推，第二次见花前壶内有酒（$\frac{1}{2}$+1）斗，第二次遇店前壶内有酒（$\frac{1}{2}$+1）÷2=$\frac{3}{4}$（斗），第一次见花前壶内有酒（$\frac{3}{4}$+1）斗，第一次遇店前壶内有酒（$\frac{3}{4}$+1）÷2=$\frac{7}{8}$（斗）。即原来壶中有酒$\frac{7}{8}$斗。

此题也可列方程求解。设壶内原来有x斗酒，则第一次遇店后壶内有酒2x斗，第一次见花后壶内有酒（2x–1）斗，第二次遇店后壶内有酒（2x–1）×2（斗），第二次见花后壶内有酒（2x–1）×2–1（斗）；第三次遇店后壶内有酒[（2x–1）×2–1]×2（斗），第三次见花后壶内有酒[（2x–1）×2–1]×2–1（斗），即“将壶中的酒全部喝光”。

因此可以列方程得 $[(2x-1)\times2-1]\times2-1=0$

$x=\frac{7}{8}$（斗）

173. 选驸马

根据题意，可设原来篮子里有李子x个，则第一次取出后篮子里还剩$x-\frac{x}{2}-1$（个），第二次取出后篮子里还剩$(x-\frac{x}{2}-1)\div2-1$（个），第三次取出后篮子里还剩$[(x-\frac{x}{2}-1)\div2-1]\div2-3$（个），即“篮子里已经没有李子了”。

因此可以列方程得 $[(x-\frac{x}{2}-1)\div2-1]\div2-3=0$

$x=30$

即篮子里原来有李子30个。

174. 投弹

根据题意，可设有手榴弹x枚，则“取其一半又一枚”为$\frac{x}{2}+1$（枚），“再取其余之半又一枚”为$\frac{1}{2}\times(\frac{x}{2}-1)+1$（枚），“又取最后所余之半又二枚”为$\frac{1}{2}\times[\frac{1}{2}\times(\frac{x}{2}-1)-1]+2$（枚）。

所以可以列方程：$\frac{1}{2}\times[\frac{1}{2}\times(\frac{x}{2}-1)-1]-2-1=0$

$x=30$

由此便可求出民兵人数 30–1=29（人）。

175. 了解情况

根据题意，可设全连有x人，则搞训练的是$\frac{x}{2}$人，学文化的是$\frac{x}{4}$人，执勤的是$\frac{x}{7}$人，做饭的是$\frac{x}{12}$人，探家的是2人。

所以可以列方程得：$x=\frac{x}{2}+\frac{x}{4}+\frac{x}{7}+\frac{x}{12}+2$

$x=84$（人）。

176. 越野接力赛

此题也可用列方程求解，设甲乙两地相距x公里，则一排走了$\frac{x}{4}$（公里），二排走了$\frac{x}{3}-3$（公里），三排走了$\frac{x}{6}+3$（公里），四排走了$\frac{x}{12}+6$（公里）。

所以列方程得：$x=\frac{x}{4}+(\frac{x}{3}-3)+(\frac{x}{6}+3)+(\frac{x}{12}+6)$

$x=36$（公里）

甲乙两地相距共36公里，每排走9公里。

177. 买图书

设购科技资料x本，小说y本，画报z本，则有：

$$\begin{cases}x+y+z=100\\10x+5y+\frac{z}{2}=100\end{cases}$$

2×（2）–（1）得 $19x+9y=100$

$$y=\frac{100-19x}{9}$$

根据题意，x、y、z 都应是正整数，所以只有 $x=1$ 时，才有正整数解 9，代入原方程组得

$x=1, y=9, z=90$

即小明购买的三种图书数量分别是：

科技资料 1 本，小说 9 本，画报 90 本。

178. 什么时间

我们都知道，时间的表示法有两种：一种是从每天夜间零点开始算起的累计表示法。这样下午的时间就可表示为十三点（下午一点）、十七点（下午五点）……另一种是将钟表上的数字直接读出来，这样下午的时间就表示为下午一点、下午五点……由于有这样两种不同的时间表示法，所以本题的解有两个。

其一，设小玲问的时间是 x 点钟。则今日中午到现在的时间是 $x-12$，它的四分之一为 $\frac{x-12}{4}$，加上从现在到明天中午的时间的一半 $\frac{x+12}{2}$ 即为小玲问的时间 x。

所以列方程得：$\frac{x-12}{4}+\frac{x+12}{2}=x$

$x=12$（时）

即小玲问的时间是 12 点钟。

其二，设从今天中午十二时到现在的时间为 x，它的四分之一为 $\frac{x}{4}$，加上现在到明天中午十二时的时间的一半 $\frac{24-x}{2}$，就是现在的时间 x。

所以列方程式得：$\frac{x}{4}+\frac{24-x}{2}=x$

$x=9.6$

即晚上 9 时 36 分。

179. 隔几分钟

假设每隔 x 分钟有一辆公共汽车由起点站开出来，那么也就是说，在小明让某一辆车子追过的地方，过了 x 分钟又有一辆开到了。如果第二辆车要追到小明，那么它在余下的 $12-x$ 分钟里面应该经过小明在 12 分钟走过的路。这就是说，小明在 1 分钟里走的路，车只要 $\frac{12-x}{12}$ 分钟就够了。

假使车是从对面开来的，那么在上一辆开过去后隔了 4 分钟，又有一辆车开到面前了，而它在余下的 $x-4$ 分钟里要开过小明在 4 分钟里走过的路。因此，小明在 1 分钟里走的路，车只要 $\frac{x-4}{4}$ 分钟就够了。

所以列方程得：$\frac{12-x}{12}=\frac{x-4}{4}$

$x=6$

即每隔 6 分钟有一辆公共汽车开出。

180. 危险的隧道

两人进入隧道全长的 $\frac{1}{4}$ 路程时听到汽车准备进洞的喇叭声，于是开始奔逃，在小强顺原路刚跑出隧道口，汽车就进来了，即小强跑了隧道全长的 $\frac{1}{4}$ 路程出隧道口，因两小孩的速度相同，所以此时小明跑的路程应是：$\frac{1}{4}+\frac{1}{4}=\frac{1}{2}$，当小明刚跑出隧道口时，汽车也快要抵达出口处，因此小明脱离危险，显然车速比小明奔跑速度的 2 倍略慢一点。现按车速是小孩速度的 2 倍来考虑，已知小孩奔跑的速度是每一百公尺 12.5 秒，即：100 米 ÷12.5 秒 =8 米 / 秒，所以车速是 2×8 米 / 秒 =16 米 / 秒。

本题解答应是：汽车在隧道内行驶时，由于车速小于 16 米 / 秒，所以小明能在千钧一发之际得以逃生，侥幸避免了这场车祸。

181. 船长的怪题

设船长的年龄为 x，他的儿女数为 y，船的长度为 z。

解这道题，需要细心琢磨船长讲的话，例如从他所说的“我已经是一位四十开外的中年人了”中可中 $40<x<60$（一般 60 岁以上的

称为老年人）。“儿子不止一个，女儿也不止一个”中可知，他儿子和女儿的总数至少为4，即$y \geqslant 4$，根据题意，可以列出一个方程和一个不等式，

即：$xyz=32118$，$4 \leqslant y<x<60$

另外，32118可以分解为4个不同素数（除了它本身和1以外，不能被其他正整数所除尽的，如2、3、5、7、11……）的连乘积，即：

$32118=2\times3\times53\times101$

如果把2、3、53、101这4个不同素数搭配成3个整数连乘积，搭配方式就有六种。它们是：

$6\times53\times101$　　$3\times106\times101$

$2\times159\times101$　　$3\times53\times202$

$2\times53\times303$　　$2\times3\times5353$

根据不等式的约束条件，可知在这六种搭配方式中，符合题意的只有第一种，因此本题的唯一解为$x=53$，$y=6$，$z=101$。即：船长的年龄是53岁，他有6个儿女，船的长度是101米。

182. 游泳训练

根据题意分析，甲运动员的速度是2米/秒，乙运动员的速度是3米/秒。乙游完1500米用500秒。两人第一次相对相遇是在出发后的第10秒钟（甲游了20米，乙游了30米）；第二次相对相遇是在出发后的第20秒钟（甲游了40米，乙游了60米）；第三次相对相遇是在出发后的第30秒钟（甲游了60米，乙游了90米）；第四次相对相遇是在出发后的第40秒钟（甲游了80米，乙游了120米）。

甲、乙第四次相对相遇后，又过了10秒钟，即第50秒钟时，甲、乙同时到达出发一端的池壁（虽然相遇，但并非相对相遇），这时，甲游了100米，乙游了150米，接着甲、乙两名运动员又同时出发。

由此可见，在甲、乙同游的每50秒钟内，也即甲每游100米，乙每游150米，两人相对相遇有四次。因此，在完成1500米的训练时，甲、乙相对相遇总共有40次。乙的速度比甲快，游完规定距离就上岸了，此时甲才游完1000米。还差500米没有游玩，但这剩下的500米也只有他一人在那里游了。

183. 重逢后的问题

设老王的年龄为y，儿女数为x，学生数为z，根据题意可列方程：

$xyz=19668$

19668可以分解为如下素数的连乘的形式：

$2\times2\times3\times11\times149$

根据题中“你今年四十几了”这句话就可判定老王的年龄只能在41岁到49岁之间。而19668里的素数只能组成一个$2\times2\times11=44$，并且只有把2、2、3、11、149组成$3\times44\times149$的三个数连乘才符合题意。又根据实际生活中的常识，一定是x（儿女数）<y（老王的年龄）<z（学生数），所以，正确的答案应该是：老王的儿女数是3，年龄是44，他教的学生数是149。

184. 粗心的饲养员

设04号、05号、06号兔子吃掉的青草分别为x、2y、3z（x、y、z分别可取1斤、2斤、3斤三个数中的任一个）。根据题意，得：$40-(1+2+3+x+2y+3z)=6n$（n是正整数），即$34-(x+2y+3z)=6n$。

x、y、z分别只是1、2、3中的任意一个，x、y、z有下列六组：

x	1	1	2	2	3	3
y	2	3	1	3	1	2
z	3	2	3	1	2	1

分别将这六种情况代入上列式中，只有

当 $x=3, y=2, z=1$ 时，才能满足 n 是正整数。所以上面不定方程的唯一解为 $x=3, y=2, z=1$。即 04 号吃 3 斤，05 号吃 4 斤，06 号吃 3 斤。

最后由题目已知可得：04 号兔子与 03 号配对；而 05 号兔子与 02 号兔子配对；最后剩下的 06 号与 01 号配对。

185. 猜器材件数

设录像机的数目为 a，录音机的数目为 b，电视机数目为 c，根据题目已知条件可得出：

$a(a+b)=c+120$

c 不可能是偶数，因为唯一的偶素数是 2。如果 $c=2$，则 a 也必定等于 2，因为此时 $c+120=122$，只能分解成 $2\times61=2\times(2+59)$。但题目要求 $a\neq c$，所以 $c\neq2$。

因此，$c+120$ 只能等于奇数。但要使 $a(a+b)$ 等于奇数，b 就必须等于偶数，因为如果 a 为奇数，b 为奇数，则(奇数)×(奇数 + 奇数)= 偶数；如果 a 为偶数，b 为奇数，则(偶数)×(偶数 + 奇数)= 偶数；只有当 a 为奇数，b 为偶数时，才能得到(奇数)×(奇数 + 偶数)= 奇数。又由于 b 是素数，而唯一的偶素数是 2，所以，b 必定等于 2。

由此，可列出方程 $a(a+2)=c+120$ 整理后得 $a^2+2a-120=c$。分解因子得 $(a+12)(a-10)=c$。

既然 c 是素数，就要求 $a-10=1$

所以 $a=11$，而 $c=(11+12)\times(11-10)=23$

186. 三对夫妇

从题意得知，每个丈夫所花的钱比他的妻子多 63 元，所以：

$(\text{他买的件数})^2-(\text{她买的件数})^2=63$。

或 $x^2-y^2=63$，即 $(x+y)(x-y)=63$

从这个方程可以得到三组解：

$(63,1)_1$，$(21,3)_2$，$(9,7)_3$

由于丈夫买的件数和花的钱都多于自己的妻子，可见，每一组中数目较大的属于丈夫，数目较小的属于妻子。这样，我们可列出三个联立方程组：

$$\begin{cases}x_1+y_1=63\\x_1-y_1=1\end{cases}$$

$$\begin{cases}x_2+y_2=21\\x_2-y_2=3\end{cases}$$

$$\begin{cases}x_3+y_3=9\\x_3-y_3=7\end{cases}$$

解这些方程，得：

$$\begin{cases}x_1=32\\y_1=31\end{cases}\quad\begin{cases}x_2=12\\y_2=9\end{cases}\quad\begin{cases}x_3=8\\y_3=1\end{cases}$$

从题意得知，老赵是 x_1，老张是 x_2，而小林是 y_2，小王是 y_3。所以，老赵和小李是一对，老钱和小王是一对，老张和小林是一对。

187. 开放检票口

设车站原有旅客 x 人；旅客增速为 y 人 / 分钟；一个检票口的检查速度为 z 人 / 分钟；要使旅客在 5 分钟内全部进站，需开放 a 个检票口。

依题意可知：

$$\begin{cases}x+30y=30z & ①\\x+10y=10\times2z & ②\\x+5y\leqslant5az & ③\end{cases}$$

由①②可知：

$$\begin{cases}x=15z\\y=0.5z\end{cases}$$

由③可知：

$$a\geqslant\frac{x+5y}{5z}=\frac{17.52}{5z}=3.5$$

又因为 a 必须为正整数，所以火车站至少要开放 4 个检票口。

188. 小张买邮票

设小张需要 2 分邮票 x 枚，1 分邮票 y 枚，5 分邮票 z 枚。

$$\begin{cases}2x+y+5z=100 & ① \\ 10x=y & ② \\ x-y-z\text{ 为正整数}\end{cases}$$

由①②可知：$12x+5z=100$

因为 $12x$ 必为偶数，所以 $5z$ 必为偶数。

因为 $5z$ 必为整十数，所以 $12x$ 也必为整十数。

又因为 x、y、$z \geqslant 0$，所以 $12x < 100$，则 $x=5$。

因此：

$$\begin{cases}x=5 \\ y=50 \\ z=8\end{cases}$$

由此我们可以知道小张需要2分邮票5枚，1分邮票50枚，5分邮票8枚。

189. 乘客乘车

每站下车的乘客人数依次为：

最后一站：$3\div(1-\frac{2}{3})=9$，$9\times\frac{2}{3}=6$（人）

第四站：$9\div(1-\frac{3}{4})=36$，$36\times\frac{3}{4}=27$（人）

第三站：$36\div(1-\frac{1}{2})=72$，$72\times\frac{1}{2}=36$（人）

第二站：$72\div(1-\frac{1}{5})=90$，$90\times\frac{1}{5}=18$（人）

第一站：$90\div(1-\frac{1}{6})=108$，$108\times\frac{1}{6}=18$（人）

车上开始有乘客108人。

190. 小刀的价值

羊的总数为n只，每只卖n元，一共得到 $N=n^2$ 元。设a表示n的十位上的数字，b表示n的个位上的数字，那么 $n=10a+b$，$n^2=(10a+b)^2=100a^2+20ab+b^2$。因为哥哥先取10元，而弟弟取最后一次时，拿到的不足10元，所以n含有奇数个10元，与最后剩下的不足10元。但是，$100a^2+20ab=20a(5a+b)$ 能被20整除，即含有偶数个10元。因此 b^2 必含有奇数个10元，而 $b<10$，即 b^2 除以10时必有余数，且 b^2 可能为下列各数：1、4、9、16、25、36、49、64、81。因为在这些数当中，只有16和36含有奇数个10，所以 b^2 只可能是16和36，这两个数的个位数字都是6，也就是弟弟最后拿到的钱数(不足10元)。这样，哥哥比弟弟多拿4元。为了公平起见，哥哥必须再给弟弟2元，因此小刀的价值为2元。

191. 取袜

（1）至少取两次，最多取三次，才能得到一双同颜色的袜子。因为袜子的颜色总共只有两种，故三只袜子中至少有两只袜子颜色相同，成为一双。

（2）第一次从八只袜子中取一只袜子，被取到的可能性相等，都为$\frac{1}{8}$。其中有4只蓝色袜子，故第一次取得蓝色袜子的可能性等于 $4\times\frac{1}{8}=\frac{1}{2}$。第一次取出为蓝色，则在下面的七只袜子里，有三只蓝色，四只白色，故第二次取出一只蓝色袜子的可能性是$\frac{3}{7}$。所以，要连续取出两只蓝色袜子的可能性，需从第一次取出蓝色袜子的可能性的基础上去考虑。也正因为这样，所以小华连续取两次，得到一双蓝色袜子的可能性为：$\frac{1}{2}\times\frac{3}{7}=\frac{3}{14}$。

192. 抽签

他们的这种想法是不对的。

如果小王第一个抽，抽中的可能性是$\frac{1}{3}$。

小李第二个抽，他能不能抽中，与小王抽中不抽中有关。如果小王已抽中，那么小李就一定抽不中；如果小王没有抽中，小李有$\frac{1}{2}$机会可以抽中。由于小王没有抽中的可能性是$\frac{2}{3}$，在这种情况下，小李抽中的机会有$\frac{1}{2}$，所以小李抽中的可能性仍然是$\frac{2}{3}\times\frac{1}{2}=\frac{1}{3}$。

由于小王、小李抽中的可能性都是$\frac{1}{3}$，所以小赵第三个抽，抽中的可能性还是$1-\frac{1}{3}-\frac{1}{3}=\frac{1}{3}$。

所以，采用抽签的方法决定谁去文化宫做管理员很公平合理，先抽、后抽机会都一样，大家都有$\frac{1}{3}$的可能性。

193. 掷硬币

根据大量次数的投掷试验证明，一个质量均匀的圆形物件（例如硬币），落地时正面朝上和反面朝上的可能性是等同的，即都为$\frac{1}{2}$。

在同时抛掷两个硬币时，如果设一个硬币为A，另一个为B，那么出现的情况可能有：

A正面B正面　　A反面B反面

A正面B反面　　A反面B正面

也即有一个可能是两个都正；有一个可能是两个都反；有两个可能为一正一反。两正、两反、一正一反的可能性分别为$\frac{1}{4}$、$\frac{1}{4}$、$\frac{2}{4}$。

从上面的分析我们可以知道，小明、小英、小强三人约定的方法对于决定第一来说，是不合理的，小强得到第一的机会要多于小明、小英；对于决定第二、第三来说，是合理的。

194. 比赛名次

解这道题的关键是确定他们三人一共进行了几项比赛。由题目条件得知，三人累计得分分别为22、9、9分，这样三人得分合计共是40分。而由“规定”可知，每一项得分共为5+2+l=8分。于是可以知道他们一共举行了五个单项的比赛。

在确定了这一点以后，问题就好解决了。由于王小刚五个项目的累计得分为22分，因此他必定有四个项目获得第一名（如果他获得第一名的项目不满四项，则累计得分就不超过19分），另一项目得第二名。由已知：获得铅球第一名的是曹强，因此可以肯定这个项目的第二名是王小刚，那么得第三名的就是李军。

我们还可以通过上面的分析，进而知道曹强在除铅球以外的其余四个项目的比赛中都只得了第三名，李军都得了第二名。

195. 电影院观众

设男子为x人，女子为y人，小孩为z人，根据题意列方程得：

$$\begin{cases}x+y+z=120\\5x+2y+0.1z=120\\x\text{、}y\text{、}z\text{ 为非负整数}\end{cases}$$

由第二个方程我们可以得知，小孩人数必须为整十数或零。

当z=0，则方程无解，所以z为整十数。

由题意可知：

①当x=0时，取值将最小，

$z=\frac{1200}{19}\approx 63$

②当y=0时，取值将最大，

$z=\frac{4800}{49}\approx 97$

因为z为整十数，所以$70\leqslant z\leqslant 90$。

分别将z=70、80、90代入方程式可得：

只有当z=90时，x=17，y=13符合条件。

因此，电影院一共有男子17人，女子13人，小孩90人。

196. 卖炊具

设炒锅、盘子、小勺子各卖了x、y、z件，根据题意列方程，得：

x+y+z=100 ①

30x+2y+0.5z=200 ②

②式×2-①式，得59x+3y=300。

x=3（100-y）÷59（x、y、z都为整数）

由于x为整数，100-y必是59的倍数，此时只有y=41时才满足条件，故y=41，x=3，z=56。

所以炒锅卖了3件，盘子卖了41件，小勺卖了56件。

197. 农民卖蛋

设第一个农民有x只蛋，显然第二个农民就有(100–x)只蛋。根据第一个人对第二人说的话，可知第一人每只蛋卖$\frac{15}{100-x}$克利采，因此他总共卖得了$x\cdot\frac{15}{100-x}=\frac{15x}{100-x}$克利采。同样，可知第二个人卖得$\frac{6\frac{2}{3}}{x}\cdot(100-x)$个克利采。由于两人所得钱一样，因此可得：

$$\frac{15x}{100-x}=\frac{6\frac{2}{3}}{x}\cdot(100-x)$$

解这个方程，得x=40。

因此第一个农民有40只蛋，第二个农民有60只蛋。

198. 百鸡

设公鸡x只，母鸡y只，小鸡z只。根据题意可列出方程组：

$$\begin{cases}x+y+z=100\\5x+3y+\frac{1}{3}z=100\end{cases}$$

消去z，可得7x+4y=100，因此$y=\frac{100-7x}{4}=25-\frac{7x}{4}$。

由于y表示母鸡的只数，它一定是正整数，因此x必须是4的倍数。我们把它写成：x=4k（k是正整数）。于是y=25–7k。代入原方程组，可得z=75+3k。把上面三个式子写在一起，有：

$$\begin{cases}x=4k\\y=25-7k\\z=75+3k\end{cases}$$

在一般情况下，当k取不同的数值时，可得到x、y、z的许许多多组不同的数值。但是对于上面这个具体的问题，由于y是正整数，故k只能取1、2、3三个数值。

所以答案有三种：公鸡4只，母鸡18只，小鸡78只；或公鸡8只，母鸡11只，小鸡81只；或公鸡12只，母鸡4只，小鸡84只。

199. 一堆电光炮

设最后三份每份为x只，全部电光炮为y只。根据题意列出方程：

$$\frac{\frac{3x+1}{2}\times3+1}{2}\times3+1=y$$

化简 $y=\frac{27x+15}{4}+1$

由于电光炮只数为正整数，所以求它的最小正整数解。

当x=1、2时，y都不是整数。

当x=3时，y=25。

所以，这堆电光炮至少有25只。

200. 淘汰赛

因为最后参加决赛的是2个人，这2个人应该从$2^2=4$个人中比赛产生；而这4个人又应该从$2^3=8$个人中产生……如果报名的人数是2的正整数次幂，那么只要按照报名人数，每两人编成一组进行比赛，逐步淘汰就可以了。如果报名的人数不是2的正整数次幂，那么在第一轮比赛中就有轮空，即有部分运动员没有对手进行比赛。为了制造比赛的紧张气氛，人们总是将轮空放在第一轮，且安排较高水平的运动员轮空。

由此可得各轮比赛的场次为：

第一轮：$56-2^5=24$（有8人轮空）

第二轮：$2^4=16$

第三轮：$2^3=8$

第四轮：$2^2=4$

第五轮：$2^1=2$

第六轮：$2^0=1$

所以，共需要进行的比赛为24+16+8+4+

2+1=55 场。即总比赛场次等于报名的人数减去 1。

事实上，如参加比赛的有 n 个人，每场比赛总是淘汰 1 个人，最后还剩下 1 名冠军，所以应淘汰 n–1 个人，也就是总共应进行比赛 n–1 场。

201. 三箱螺帽

设三箱螺帽一共有 x 只，第三只木箱里的螺帽是总数的$\frac{m}{7}$（是正整数）。于是可列出等式：

$$303+\frac{1}{5}x+\frac{m}{7}x=x$$

$$x=\frac{35\times303}{28-5m}$$

我们把上面的式子改写成另一种形式：

$$x=\frac{3\times5\times7\times101}{28-5m}$$

由于 x 一定是一个正整数，因此首先有：

$28-5m>0$，即 $m<\frac{28}{5}$

其次，28–5m 要能整除 3×5×7×101，因此它一定是奇数。

这样，m 只有以下几种情况：

m=1　　m=3　　m=5

把这三个数值分别代入到上面的式子里，可以看出，符合条件的只有 5。由此可以算出：

$$x=\frac{3\times5\times7\times101}{28-5m}$$

$$=\frac{3\times5\times7\times101}{28-5\times5}$$

$$=5\times7\times101$$

$$=3535$$

所以这三箱螺帽一共有 3535 只。

202. 技术革新

如果以字母 a、b、c、d 分别表示每次革新缩短的操作时间，它们的积为 N，则 N=abcd，这里 $a<b<c<d$，且 a+b+c+d=17。

设 a=3，那么 b 不少于 4 小时，c 不少于 5 小时，d 不少于 6 小时，而 a+b+c+d 不少于 18，与题目条件不符。因此 a 只能为 2 或 1。

如果 a=2，则适合于 a+b+c+d=17 和 $a<b<c<d$ 的，只有三种情况：(1)2、3、4、8；(2)2、3、5、7；(3)2、4、5、6。题目已知条件讲到，四次革新缩短时间的积是第二次革新缩短时间的 40 倍的条件，而这三种情况没有一个能满足。

如果 a=1，则有八种情况：(1)1、2、5、9；(2)1、2、6、8；(3)1、2、4、10；(4)1、2、3、11；(5)1、3、4、9；(6)1、3、5、8；(7)1、3、6、7；(8)1、4、5、7。

符合条件的只有第六种情况。所以，第一次革新缩短的时间为 1 小时；第二次革新缩短的时间为 3 小时；第三次革新缩短的时间为 5 小时；第四次革新缩短的时间为 8 小时。

203. 节约用料

(1) 由于做 2 件上衣和一条长裤共需用布 2×7+1×6=20 尺，因此以 20 尺作单位可得 $\frac{80}{20}$=4。所以做 4×2=8 件上衣和 4 条长裤可使余料为 0。

由于做 10 条长裤需用布 60 尺，而余下的布刚好为 20 尺，因此做 2 件上衣和 11 条长裤也可使余料为 0。

(2) 一段 85 尺的布，其个位数是 5。而做上衣需用 5 尺布。因此不论长裤需要用去多少尺布（只要是整数），做 5 条其个位数一定是 5 或 0，剩下的料都用来做上衣，就可使余料为 0。于是做 5 条长裤和 11 件上衣，或做 10 条长裤和 5 件上衣，都可使余料为 0。

(3) 花布长 60 尺，如果都做衬衫可做 11 件，余 1 尺 7 寸；如果都做裙子可做 16 条，余布 2 尺 4 寸。如果衬衫做 n 件，裙子做 m 件，那么需用布 5.3n+3.6m，其中 $n\leq11$，$m\leq16$。

要使剩下的料最少，就要使上面式子取得的值最大。依次取 n=1、2……11，可知 n=1，m=15 时，即做 1 件衬衫和 15 条裙子时，余下的布料 7 寸为最少。

204. 法律难题

如果认为遗嘱人愿望的主要方面是，分给儿子的一份遗产（s）与分给母亲的一份（m）是 2: 1，即儿子分得的遗产是母亲的 2 倍；分给母亲的一份与分给女儿的一份（t）遗产的比为 2: 1，即母亲分得的遗产是女儿的 2 倍，就是说，应该把遗产分成 7 等份，其中 2 份给母亲，4 份给儿子，1 份给女儿，即 m: s: t=2: 4: 1。但是，以上的分法对母亲是不利的。实际上，遗嘱也可以这样理解，留给母亲的遗产至少是全部遗产的$\frac{1}{3}$，而上面的分法，给母亲的遗产只占全部遗产的$\frac{2}{7}$。如果母亲提出申辩，她应得到遗产的$\frac{1}{3}$，其余的$\frac{2}{3}$分给儿子和女儿，那么他们两人的遗产之比应该是 4: 1。儿子得到全部遗产的$\frac{2}{15}\times4=\frac{8}{15}$，女儿得到全部遗产的$\frac{2}{15}\times1=\frac{2}{15}$，即 m: s: t=5: 8: 2。以上就是这个问题的两种可能的分法。

205. 大象和蚊虫

数学爱好者把等式 $(x-v)^2=(y-v)^2$ 的两边同时开平方时，疏忽了代数式的变换有两种可能的结果，即开平方后 x−v=y−v 或者 x−v=v−y。在这两个等式中，正确的应该是第二个等式，这是因为 x、y 是正数，所以由原来的等式 x+y=2v 得到，如果 x>v，那么 y<v（第一种情况）；如果 x<v，那么 y>v（第二种情况）。

第一种情况，x−v>0，y−v<0，所以等式 x−v=y−v 不可能成立（正数不可能等于负数）。

第二种情况，x−v<0，y−v>0，等式 x−v=y−v 也不能成立。对于等式 x−v=v−y，无论是第一种情况，或是第二种情况，都不与条件相矛盾。

由等式 x−v=v−y，可以重新得到原等式 x+y=2v。

206. 牛顿的“牛吃草问题”

设所求牛的头数为 x，每亩地上原有的草为 y，每亩地每星期生长草为 z，根据题意，三头牛在两星期中所吃掉的草的容积是 2（y+2z），因此每头牛在每星期中所吃掉的草的容积是：

$\frac{2(y+2z)}{3\times2}$，即$\frac{y+2z}{3}$

再根据题目中的第二句话，得知两头牛在四星期中吃掉的草是 2（y+4z），因此每头牛在每星期中所吃掉的草是：

$\frac{2(y+4z)}{2\times4}$，即$\frac{y+4z}{4}$

同理，x 头牛在六星期中吃完六亩地上原有的草和六星期中所生长的草，共是 6（y+6z），因此每头牛在每星期中吃掉的草是：

$\frac{6(y+6z)}{6x}$，即$\frac{y+6z}{x}$

于是得到方程：

$$\frac{y+2z}{3}=\frac{y+4z}{4}=\frac{y+6z}{x}$$

解这个方程组得到：

x=5（头）

即 5 头牛能在六星期中吃完六亩地上原有的草和六星期中所生长的草。

207. 椰子的数量

设第二天早上每人所分得的椰子数为 x，那么第二天早上剩下的椰子数为 5x+1 个。晚上最后一个人起来平分时，所藏的椰子数为$\frac{5x+1}{4}$个，所以他未分前的椰子数为$5\times\frac{5x+1}{4}+1=\frac{25x+9}{4}$个。倒数第二人所藏的椰子数为$\frac{1}{4}\times\frac{25x+9}{4}$个，原来共剩的椰子是：$5\times\frac{1}{4}\times\frac{25x+9}{4}+1=\frac{125x+61}{16}$

个。与上面的情况相同，倒数第三个人藏的椰子数为$\frac{1}{4}\times\frac{125x+61}{16}$个，原来共剩的椰子是：$5\times\frac{1}{4}\times\frac{125x+61}{16}+1=\frac{625x+369}{64}$个。倒数第四个人藏的椰子数为$\frac{1}{4}\times\frac{625x+369}{64}$个，而他没有把自己的一份藏起来之前，还剩下$5\times\frac{1}{4}\times\frac{625x+369}{64}+1=\frac{3125x+2101}{256}$个。第一个人藏$\frac{1}{4}\times\frac{3125x+2101}{256}$个，原来的共有椰子为：

$$N=5\times\frac{1}{4}\times\frac{3125x+2101}{256}+1$$

$$=\frac{15625x+11529}{1024}$$

$$=15x+11+\frac{265x+265}{1024}$$

因为N和x必须是整数，即265(x+1)能被1024整除，所以x的最小值为1023(因265与1024互质)，因此：N=15×1023+11+265=15621(个)

208. 新建的车站

设在这条铁路支线上共有n个车站，那么每个车站应该配备n–1种车票，总共有n(n–1)种车票。

如果在支线上原来有车站x个，加上新建的共有车站y个，那么需要增加车票y(y–1)–x(x–1)种。根据题目的条件，可以列出方程：

$y(y-1)-x(x-1)=46$

或$y^2-x^2-(y-x)=46$

$(y-x)(y+x-1)=46$

上式的两个因式应该都是正整数，而46分解成因数，情况只有两种：

46=2×23；46=1×46

因为n>1，第二种情况不符合题意舍去。

所以得到：

$$\begin{cases}y-x=2\\y+x-1=23\end{cases}$$

x=11；y=13

因此在支线上原来有车站11个，新建两个车站，现在共有车站13个。

209. 师傅和徒弟

我们先分别用d、z、c、l表示老杜、老蔡、老赵、老梁四位师傅各自徒弟装配马达的数量，那么这四位师傅的产量就依次是：d、2z、3c、4l。根据题意可得：

$d+z+c+l=14$

$d+2z+3c+4l=44-14=30$

把后一式子与前一式子相减，有：

$z+2c+3l=16$

在这个式子中z、2c、3l这三项的和等于16，是一个偶数。由于c不管是什么数值，2c必定是偶数，因此要使得上述三项之和等于一个偶数(16)，那么z和l就一定要么同时是奇数，要么同时是偶数。

另外，这四个徒弟装配的数量分别是：2、3、4、5，这样z和l的取值就只可能是这样四种情况：2、4；4、2；3、5；5、3。而c的数值则可以由z+2c+3l=16推出。我们把它们列成一个表；

z	l	$c=\frac{16-z-3l}{2}$
2	4	1
4	2	3
3	5	–1
5	3	1

由于c的数值不可能是1或–1，因此在上述表中符合条件的只有第二种情况，也就是：z=4，l=2，c=3。把这些数值代入到前面的式子，很容易算出d=5。

再根据统计员叙述的情况：小莉装2台，小强装3台，小刚装4台，小红装5台。而根据我们开始所设定的，l、c、z、d分别表示老梁、老赵、老蔡、老杜各自徒弟装配马达的数量。

综合这两个方面，就可以知道：老梁的徒

弟是小莉，老赵的徒弟是小强，老蔡的徒弟是小刚，老杜的徒弟是小红。

210. 发新书

设新书总数为y，每个同学分配到x本书，那么帮助发书的同学就有$\frac{y}{x}$个。

根据老师的分配方法：

第一个同学拿 $x=10+\frac{y-10}{10}$本书；

第二个同学拿 $x=20+\frac{y-x-20}{10}$本书；

第三个同学拿 $x=30+\frac{y-2x-30}{10}$本书；

第四个同学拿 $x=40+\frac{y-3x-40}{10}$本书；

……

根据上面的式子，后一个同学比他前一个同学要多拿 $10-\frac{x+10}{10}$本书。然而实际上老师分给每个同学的书一样多，因此 $10-\frac{x+10}{10}=0$。显然 $x=90$。把 $x=90$ 代入前面的任何一个式子，都可以算出 $y=810$，而$\frac{y}{x}=\frac{810}{90}=9$。

所以，共有新书810本，发书的同学有9个，每人分配到90本书。

211. 怎样错车

假定火车头A停在岔道左边，B停在右边。

(1) 火车头B与车厢一起开到岔道口左边，送40节车厢到支线上，火车头与其余的车厢向后倒车。

(2) 火车头A带去支线上的40节车厢。火车头B与40节车厢再倒回到支线上。

(3) 火车头A牵引着前后的40节和80节车厢开到岔道口右边的空轨上。而火车头B与40节车厢从支线上开到岔道口的左边。

(4) 火车头A与120节车厢一起开到岔道口左边，将自己的80节车厢留下，把属于火车头B的40节车厢送到支线上。

(5) 在支线上的火车头A将B的40节车厢解下后返回到轨道上，挂上自己的80节车厢，开到岔道口右边的轨道上。火车头B与40节车厢一起退到支线上，将支线上的40节车厢挂上，开到岔道口的左边。

经过上面的一番调度后，两列火车就可以按照自己原来的方向行驶了。

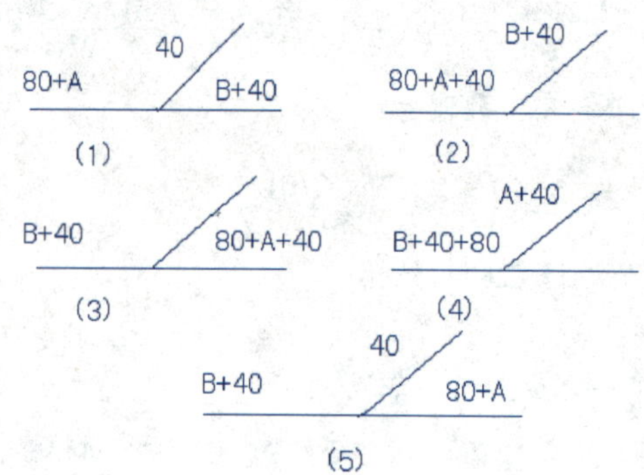

212. 钟没有停

根据题意，可设小松开始解题时是7时x分。如果以钟面分成60个小分划来计算，那么这时分针在第x个分划处，时针在第$5\times7+\frac{x}{12}$个分划处，两者相距$x-(5\times7+\frac{x}{12})$个分划。由题意可知此时分针在时针之前，故$x>5\times7+\frac{x}{12}$。为了运算简便，下面我们用m来表示$x-(5\times7+\frac{x}{12})$。

当分针走了一个多小时到达时针原来的位置时，它共走过$2\times60-m$个分划；与此同时时针走到分针原来位置，它走过m个分划。

因为1小时分针走过60个分划，时针走过5个分划，因此时针的移动速度$V_{时}$与分针移动速度$V_{分}$之比$\frac{V_{时}}{V_{分}}=\frac{5}{60}=\frac{1}{12}$。因而它们走过的路程$S_{时}$、$S_{分}$之比$\frac{S_{时}}{S_{分}}=\frac{V_{时}\cdot t}{V_{分}\cdot t}=\frac{V_{时}}{V_{分}}=\frac{1}{12}$，也就是$\frac{m}{2\times60-m}=\frac{1}{12}$。由此可得$m=9\frac{3}{13}$。

由于分针走过的分划可以表示实际经

过的时间，所以由此可以得知小松解题所花费的时间是 $2\times60-m=110\frac{10}{13}$分钟，约为 1 小时 50 分。

因为 $x-(5\times7+\frac{x}{12})=m=9\frac{3}{13}$，所以 $x=48\frac{36}{143}$分 ≈ 48 分。我们可以知道小松开始做题的时间大约是 7 时 48 分，到 9 时 38 分做好这道题目。

第三部分　巧填智解

213. 从 1 回到 1

有七行依次排列的数字：

1　2　3=1

1　2　3　4=1

1　2　3　4　5=1

1　2　3　4　5　6=1

1　2　3　4　5　6　7=1

1　2　3　4　5　6　7　8=1

1　2　3　4　5　6　7　8　9=1

要求不改变数字排列的顺序，在每行中的各个数字之间加上算术运算的符号，然后进行计算，使每行计算的结果都等于 1。运算的顺序应当从左到右。如果需要先做加减，后做乘除，这时你可以加上括号。

214. 括号里的数

下列两张表里的数的排列存在着某种规律。你能找出这个规律，并根据这个规律把括号里的数填进去吗？

2	5	6	7	11
8	10	（ ）	4	18
6	10	12	9	20

（表一）

2	13	5	6
4	11	5	7
7	（ ）	4	10
7	11	1	12

（表二）

215. 把字母换成数字

下面是用字母表示的算式，每个字母在同一个算式中代表一个数字。

请你把下面算式里的字母换成数字：

(1)
```
  A B
+   B
-----
  B A
```

(2)
```
    C
    C
+   C
-----
  D C
```

(3)
```
   E F
   E F
   E F
+  E F
------
   G E
```

(4)
```
   K K K
+      M
--------
 M N N N
```

216. 调换数字

图中每个梯形四角及对角线上的四个数之和都是 18，但正方形四角四数之和不是 18。请你调换两对数的位置，使正方形四角四数之和也是 18。

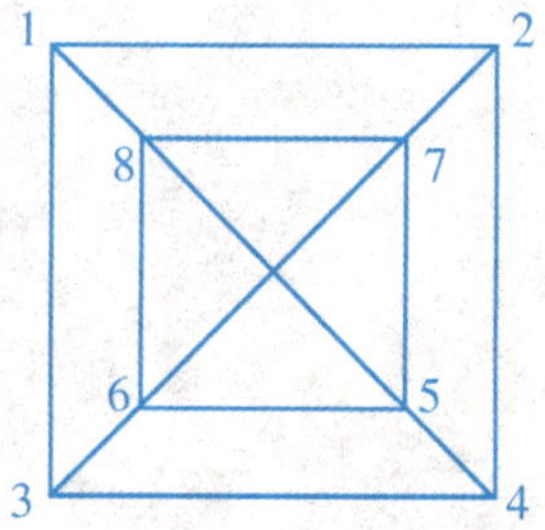

217. 布置花盆

为了迎接节日，园丁想用二十五盆花布置一个花池，要求将这二十五盆花摆在十二条直线上，且每条直线上均有五盆花。问应当怎样布置？

218. 数字之和等于 27

将下图中的空白填上数，使得每行、每列和对角线上的数字相加都等于 27。

		9		
		6		
2			7	
	6			3

219. 4 个 5

下面是五组算式，现在请你用 +、−、×、÷ 和( )使左右两边相等。

1=5　5　5　5

2=5　5　5　5

3=5　5　5　5

4=5　5　5　5

5=5　5　5　5

220. 数字 A

从下面的算式中，你可判断 A 是什么数字吗？

$A \times A \div A = A$

$A \times A + A = A \times 6$

$(A+A) \times A = 10 \times A$

221. 字母等式

式中不同的字母各表示一个数字，如 ab=10a+b 请你把它们写出来：

(cc) 2+ (ab) 2=abcc

222. 不同的组

观察下面的几组数字，找出与其它组不同的一组。

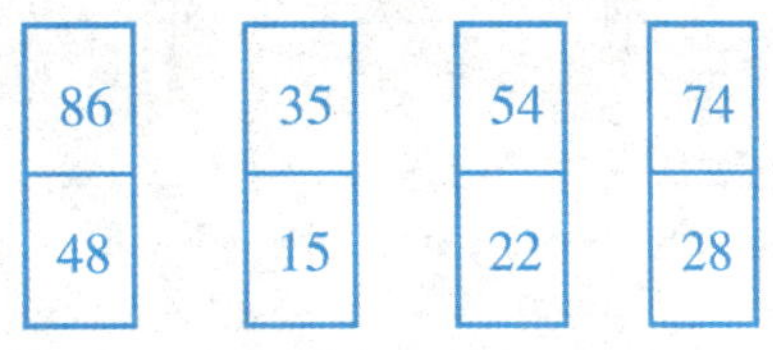

223. 金字塔

根据左边"金字塔"的规律，想一下，右边的问号处应填什么数字？

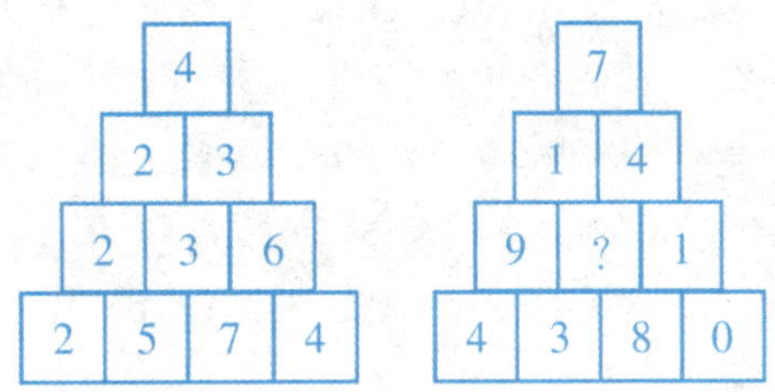

224. 乘积与和

有三个非 0 的数的乘积与它们之和都是一样的。请问：这三个数是什么？

$X \times Y \times Z = G$

$X + Y + Z = G$

225. 第 7 个数

仔细观察下面一组数，想一想问号处应该是多少？

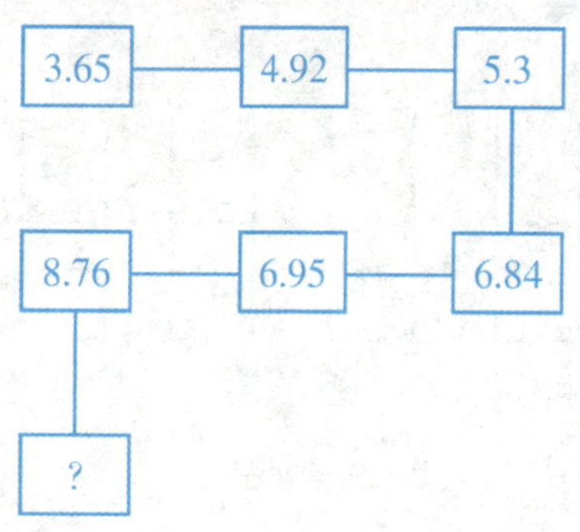

226. 圆圈等式

图中 9 个圆圈组成四个等式，其中三个是横式，一个是竖式。现在你要将 1~9 这九个数字填入到这 9 个圆圈中，使得这四个等式都成立，你知道怎么填吗？注意：1~9 这九个数字，每个必须填一次，即不允许一个数字填两次。

○－○＝○
×
○÷○＝○
‖
○＋○＝○

227. 变三角形

下图有 4 个正三角形，你能不能再添加一个正三角形，使之变成 14 个正三角形呢？

228. 三颗五角星

仔细观察下面的星星，看看最后一颗星星中缺少什么呢？

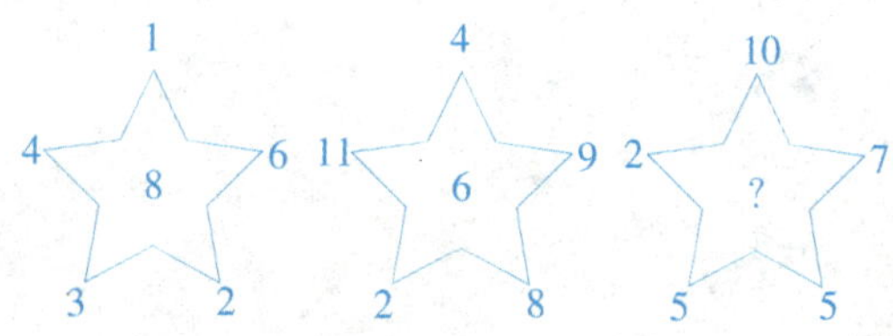

229. 八方格

下图中有 8 个方格，请你将数字 1~8 分别填入这些方格中，使在一条直线上的 3 个数之和都等于 14。

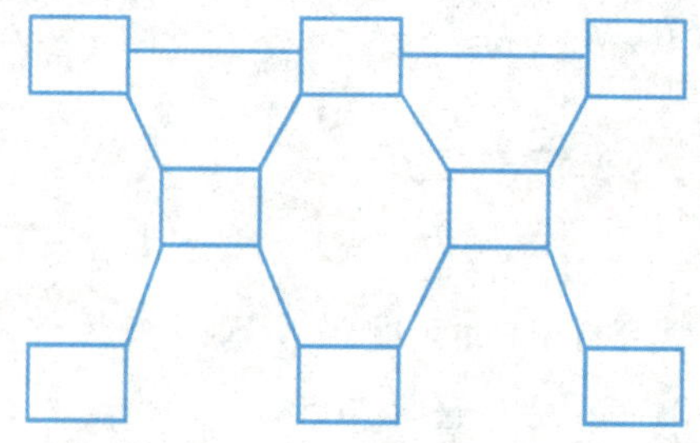

230. H 形图

仔细观察下面四组 H 形的图，前三组都有数字组成，根据这三组，你能说出问号的地方填什么数字吗？

3		9
7	2	2
4		1

1		6
5	7	3
4		8

9		8
2	1	7
6		3

4		5
8	?	1
2		3

231. 特殊三角形

下面是一个由三角形组成的特殊数列，每个三角形中都有一个数字，那么你知道问号处的数字是多少吗？

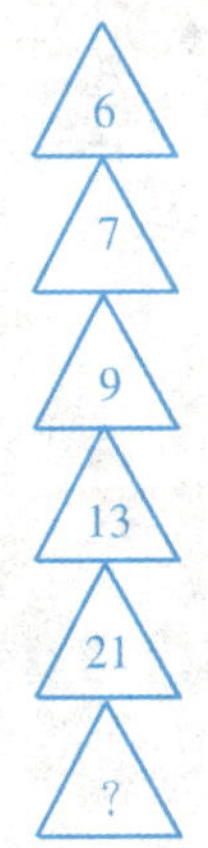

232. 数字圆盘

仔细观察下图，想想圆盘问号处该填入什么数字。

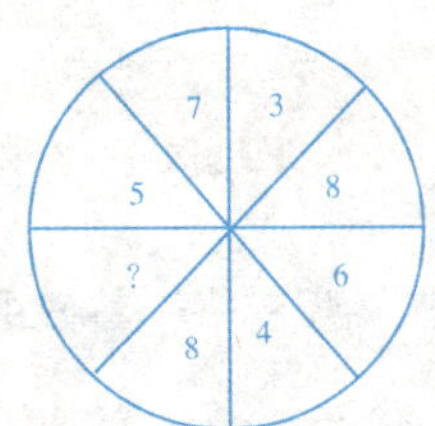

233. 数字阶梯

下面是个数字阶梯图，请你在问号的位置上填上合适的数字来完成这个阶梯状图形。那么你知道这个数字是多少吗？

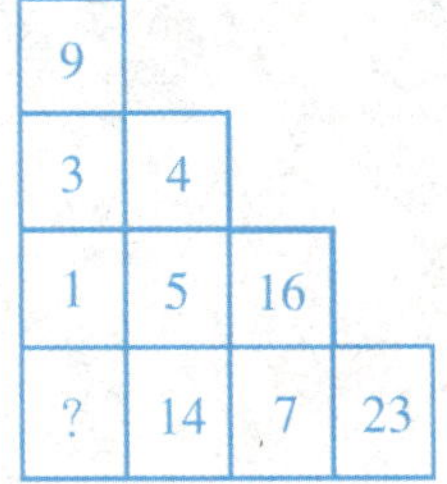

234. 变换数字

在一个圆周内交切着五根直线，使得圆周上有 10 个交叉点（如图）。其中只有两条直线相对的两数之和相等（如 10+1 = 5+6），如调换一下下图中的数字，可使任何两条直线上相对的两和相等，应怎样调换？

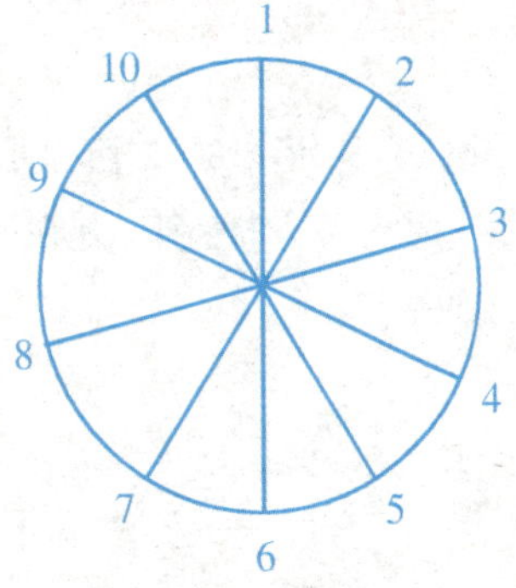

235. 数字阵

小卫是个数字爱好者，他想用数字布一个阵，但最后一个数字不知道是哪个了，那么你能帮助他将这个阵局完成吗？

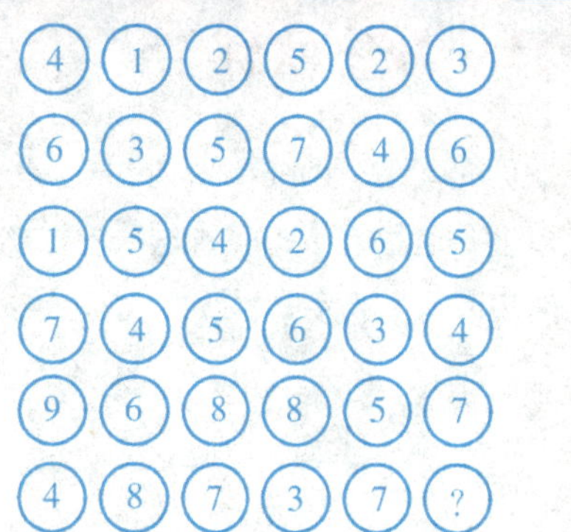

236. 1 和 3

请你用 5 个 1 和 5 个 3 组成两个算式，使其答案都等于 100。

237. 6 个 8

将 6 个 8 组成若干个数，使其相乘和相加后等于 800，你应该怎样排？

238. 圆与三角形

图中小圆和三角形里的数字之间，存在着一定规律，请你找出这个规律，并在图中问号处填上合适的数字。

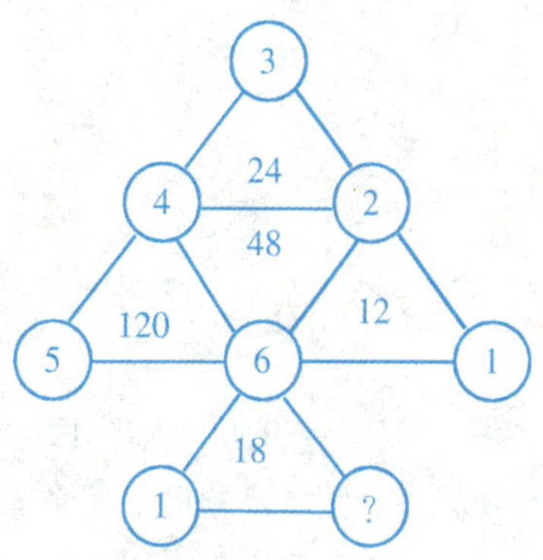

239. 怪异的等式

在下图中的圆圈里填入数字 1 ~ 5，使与每个圆圈直接相连的各个圆圈中的数字之和与这个圆圈内数字所代表的值相等。例如：

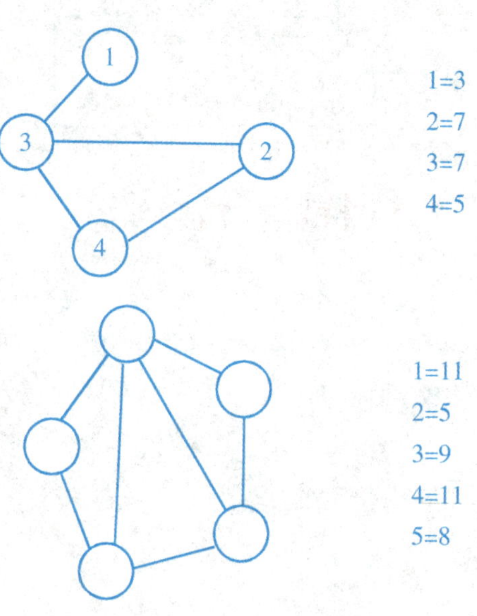

240. 数字表格

仔细观察下面这一组数字表格，然后在表格中的问号处填上合适的数。

2	9	6	24
6	7	5	47
5	6	3	33
3	7	5	?

241. 特殊的数

下图中的圆圈里有一个特殊的数，请你将

它找出来。

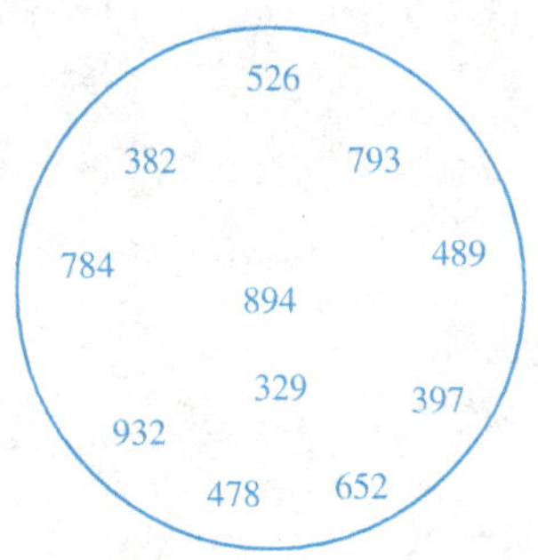

242. 重叠图形

下图中的5个问号分别代表5个连续的数，加起来的结果，长方形中的数等于53，三角形中的数等于79，椭圆形中的数等于50，五个数的总和等于130。请问图中的问号分别是哪五个数？

243. 最大整数答案

把+、−、×、÷填入下列算式中，使下面这个算式得出最大的整数答案，那么，这几个数字中间分别应填什么符号？注意：+、−、×、÷只能使用一次，也可以使用一次小括号。

4　2　5　4　9＝

244. 数字游戏

下图16格除了“数字游戏”四个字外，其余每格中的两位数都是由1、6、8、9组成的。并且横行、竖行四个数的和都相等。现在将汉字换成两位数，也要由1、6、8、9来组合。使斜行的四数之和也跟横行、竖行的数之和相等。这些汉字是什么数？

96	11	89	68
88	数	字	16
61	游	戏	99
19	98	66	81

245. 8个方格

下图有8个方格，请你将1~8这8个数字分别填到这些方格中，使方格里的数不论是上下左右、中间还是对角的四个方格以及四个角之和都等于18。

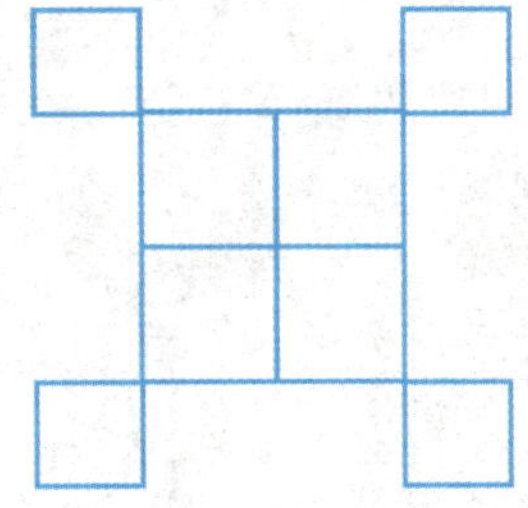

246. 缺数

仔细观察下面这一组数字，然后在方格中的问号处填上合适的数。

2	5	7
4	7	5
3	6	?

247. 两组数

下面有两组数，请你根据第一组数，推算出第二组数中的问号。

第一组

5	13	4
6	10	2

第二组

3	19	8
6	20	?

248. 排列数字

下面一组数已被打乱，在被打乱之前它们之间有一个非常有趣的规律。请你仔细想想，找出这个规律，然后按照这个规律把这些数重新排列起来。

3 5 13 21 1 1 2 8

249. 圆圈中的数字

下面有三组数，请你根据前两组数，在第三组的圆圈问号处填入合适的数字。

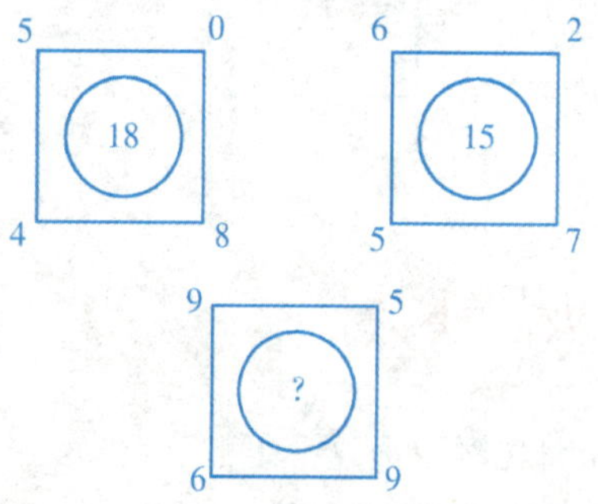

250. 不同填法

这道题非常有意思，请你仔细考虑一下，然后把1、2、3、4、5、6、7、8八个不同的数填入下图空格里。有两种填法。

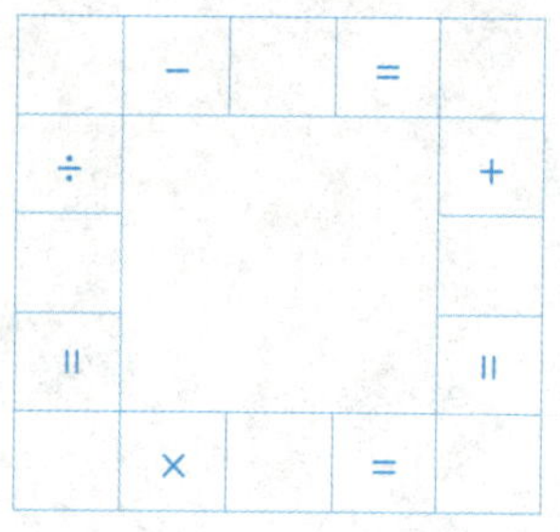

251. 填数成不等式

把1、2、3、4、5、6、7、8、9这九个数分别填入图中的九个方框内，使不等式成立。你知道怎么填吗？

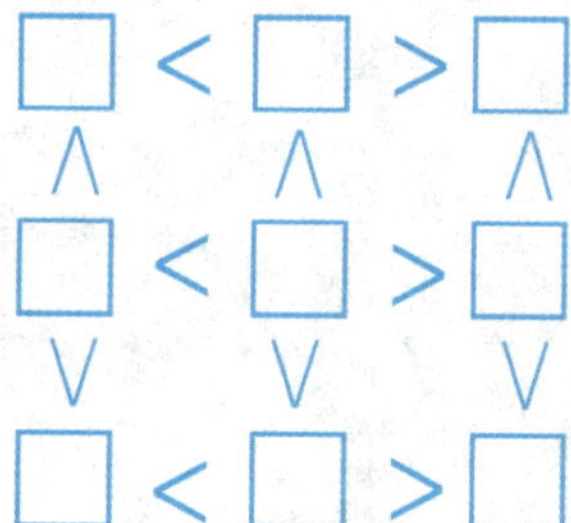

252. 余下的3个数

有5个一位数，它们的和为30，积为2520，这5个数知道了其中两个，它们分别是1和8，求余下的3个数？

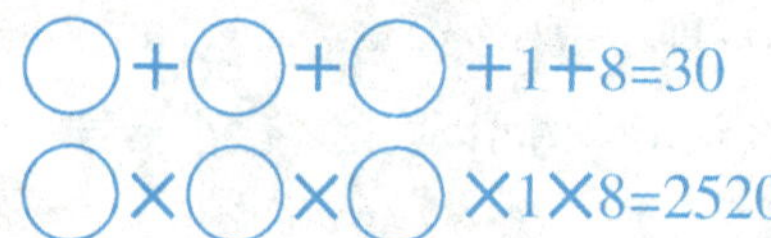

253. 四个数字

下图是一组数，现在为了使这组数的竖列

和横列的数字之和等于70，只需要将其中的四个数字删掉就可以了。你知道该删掉哪四个数字吗？

254. 相同的数

如果下图中3个空格里是同一个一位数，请问这个数是几？

255. 找数

下面数字中隐藏着两个数，这两个数相加的和为10743，其中一个是另一个的两倍。请你把这两个数找出来。

256. 填字母

仔细观看下图，想想问号处应填什么字母。

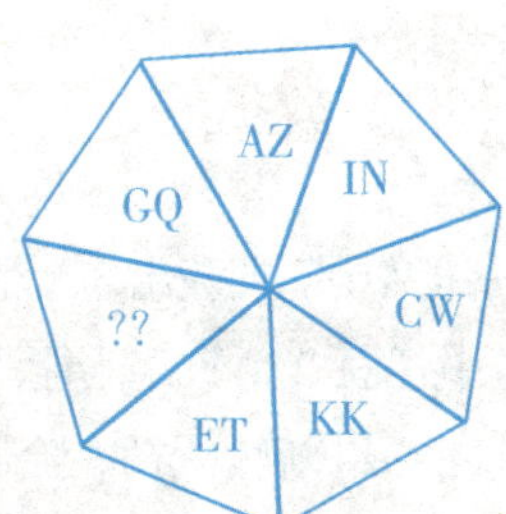

257. 台球比赛

在一次台球比赛中，一枚台球击中了球台的边缘，如下图中箭头标示的位置。如果这枚台球仍有动力继续滚动，那么它最后将落入哪个球袋呢？

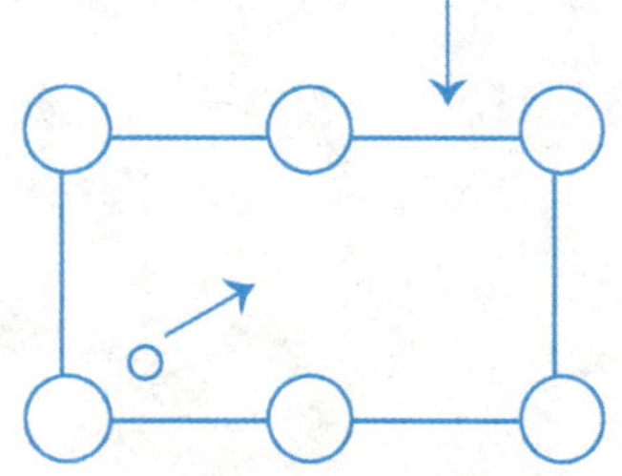

258. 调换位置

下图中6个方格里放着5枚棋子，现在要对调一下兵和卒的位置。要求不能将棋子拿起来，只能把棋子推到相邻的空格里，那么要推动几次呢？

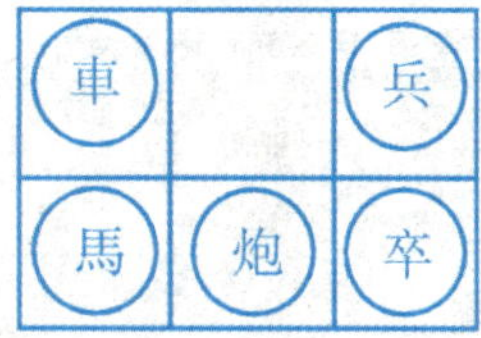

259. 三角形里的字母

在问号处填什么字母能延续图形的规律？

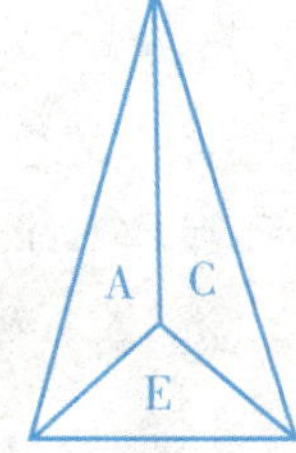

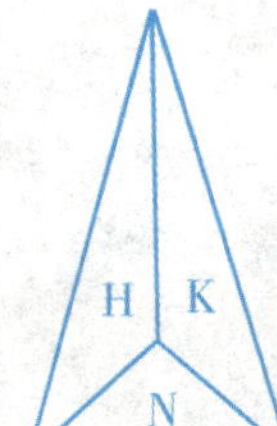

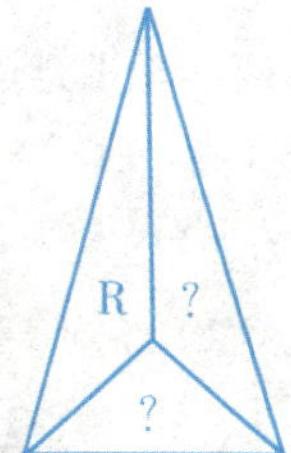

260. 巧摆棋子

吉姆对围棋非常感兴趣，但棋艺不佳，于是决定拜围棋冠军罗斯为师。见了老师，说明来意之后，罗斯将吉姆引入棋室，指着桌上的一个棋盘（如图）说："我给你18枚黑棋子，你在棋盘的小方格上摆棋子，每格只能放1个，要使每行每列都有3枚棋子。你要是能够办到的话，我就收你为徒。"汤姆该怎么排列呢？

261. 放棋子

下图是一个棋盘，将一个白子和一个黑子放在棋盘线交叉点上，但不能在同一条棋盘线上，共有多少种不同的放法？

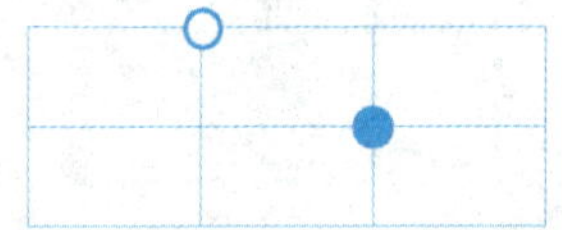

262. 折叠正方形

下图由六个正方形组成，将它们折叠可以组成一个正方体，正方体的表面编数码为1、2、3、4、5和6。现在却漏写了3个面上的数字。如果每一对面上的数相对的和都是7，求k的值。

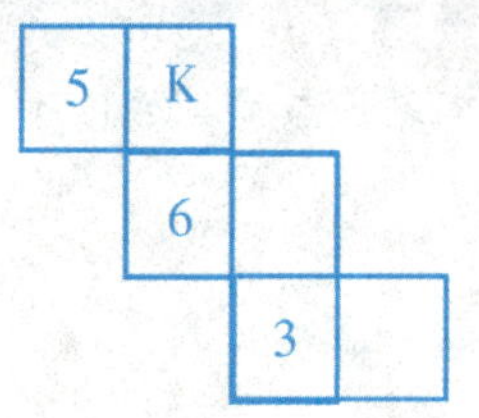

263. 相乘的积最小

把1～9这九个数字填入下面算式的九个圆圈中（每个数字只用一次），使三个三位数相乘的积最小。

264. 读诗解数

李白是我国唐代著名的诗人，被人誉为"诗仙"，他有一首著名的诗《静夜思》，这首诗共有20个字，恰好有如下的关系：

床前 = 明月 + 光，

疑是 = 地上 × 霜。

举头 × 望=明月，

低头 × 思=故乡。

其中，每个汉字分别代表0～9中的一个不同的数字；相同的汉字表示相同的数。你能将这个算式的谜题破解，把每个字代表的数字写出来吗？

265. 被3除尽

从下面一组数中随便找出3个数字组成一个新数，但其中任意2个数字不能来自同一行或同一列。判断哪组新数能被3除尽。这样选择的新数无法被3除尽的可能性有多少？

7	2	3
1	5	9

266. 巡视房间

下图是一个档案库的示意图，一个管理员从图中入口处进入，他要将所有的档案室巡视一遍。现在他想到图中标示着“A”的档案室，要求每个档案室只能经过一次。请问这个管理员应该如何走?

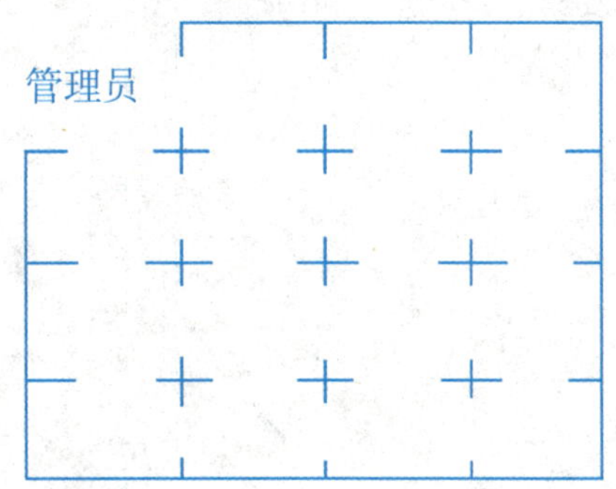

267. 镜子里的数

我们从镜子里看某个物品，会看到与这个物品相反的影像。现在有两组数字(共4个)在镜子里看时正好相反，并且它们之间的差均为63。你知道这两组数字分别是什么吗?

268. 新学期的礼物

妈妈从商店给小丽带回了一些文具，妈妈说：“这支金笔的价钱是BBC分，那只铅笔盒的价钱是CA分，一块橡皮A分，加起来共花了ABC分，现在袋中还剩1分，A、B、C各代表一个数字，你算算看，我带去的钱是多少?”

269. 找位置

将奇数1、3、5、7、9……按下表排成五列。

	1	3	5	7
15	13	11	9	
	17	19	21	23
31	29	27	25	
	33	35	37	39
47	45	43	41	
	49	51	53	55

……

例如，13排在第2行第2列，25排在第4行第4列，43排在第6行第3列。那么1993排在第几行第几列?

270. 还原数字

在一次数学课上，老师给大家出了这样一道有趣的题：已知abcd的9倍是dcba，问a、b、c、d各代表什么数字?

271. 不同的填法

下图中已填好了6和7两个数，再从1、2、3、4、5中选出4个数填在图中空格中，要使填好的格里的数右边比左边大，下边比上边大，那么不同的填法一共有多少种?

		6
		7

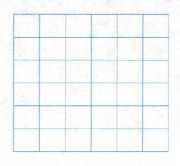

272. 三数之和相等

下面方格中每横行、每竖行、每条对角线上的三个数之和都相等,那么方格中的A、B、C、D、E各是多少?

19	A	14
10	B	C
D	18	E

273. 填数入圈

请你把1～8这八个数分别填入下图所示正方体顶点的圆圈里,使每个面的4个角上的数之和都相等。

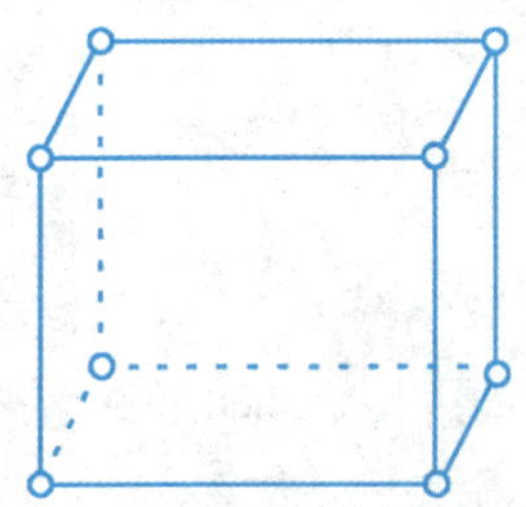

274. 填数入格

下图是一个正方形,被分成6横行,6纵列。在每个方格中,可任意填入1、2、3中的一个数字,但要使每行、每列及两条对角线上的数字之和各不相同,这可能吗?为什么?

275. 游艺晚会

建军节那天,部队举行了游艺晚会,为了增加现场气氛,首长出了这样一道题:任想九个连续自然数,依"热烈庆祝八一建军节"九个字的顺序分别填入下图各空白圆圈内,使每一条直线上的三数之和均等于"81"。

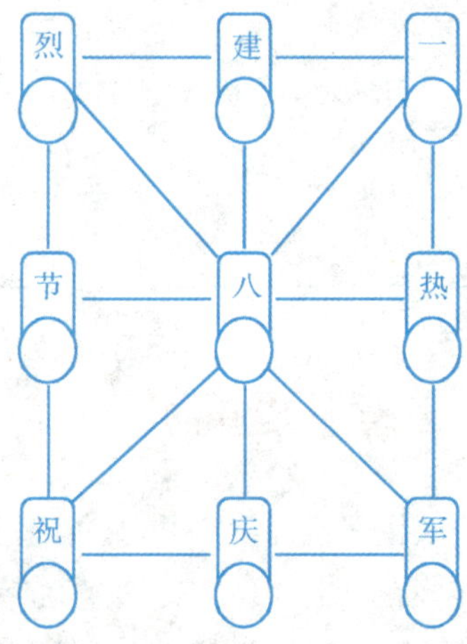

276. 算车牌号

星期天的早上,杰克早早就起来了,因为爸爸今天要带他去春游。爸爸在往车上放东西的时候,发现车牌松动了,于是便让杰克帮忙把车上的车牌重新装一遍。杰克御下来重新装好后，爸爸被逗笑了："儿子，你把车牌装倒了！现在这个数比原来的数字大了78633！"你能根据爸爸所说的话，知道车牌是哪五位数吗？

277. 填数游戏

把数字1~12分别填入图中各圆圈中，使图中四个三角形的三边六个圆圈中的数字之和都相等。

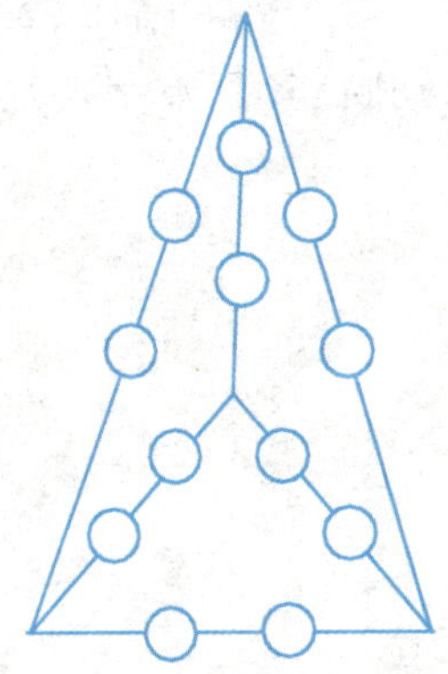

278. 古旧的纸片

在一位古代数学家的藏书中夹有一张十分古旧的纸片。纸片上的字迹已经非常模糊，只留下曾经写过字的痕迹，依稀还可以看出它是一个乘法算式。这个算式上原来的数字是什么呢？夹着这张纸片的书页上，"质数"两字被醒目地勾划了出来。有人对此作了深入的研究，果然发现这个算式中的每一个数字都是质数。请你仔细想一想，并把这个算式写出来。

279. 破译情报

某情报机构截获敌人的一份秘密情报。经过初步破译得知，下月初，敌军的三个师的兵力将分东西两路再次发动进攻。在东路集结的部队人数为"ETWQ"，从西路进的部队人数为"FEFQ"，东西两路总兵力为"AWQQQ"，但具体是多少人却是个未知数。后来，这个难解的密码竟然被一位士兵破译了。你知道这个士兵是怎么破译的吗？

$$\begin{array}{r} E\ T\ W\ Q \\ +\ F\ E\ F\ Q \\ \hline A\ W\ Q\ Q\ Q \end{array}$$

280. 算式复原

一次，数学老师在课上给大家出了道题（如图）。写上的每一个 × 原来都是数字，请大家帮助恢复原来的面目。

× × 8 × ×
× × ×) × × × × × × × ×
× × ×
× × × ×
× × ×
× × × ×
× × × ×
0

281. 真是巧啊

在一次大型的科技展览会上，观众们连声称赞，有的说："巧啊巧。"有的说："真是巧。"一位数学家听见了，补充说："这两句话加起来，答数是'真是巧啊！'"观众们惊奇地看着他，数学家说："这是一道'真是巧'的算术题。我把它写出来。"（如下图）

请你算一算，"真""是""巧""啊"各代表什么数字？

```
   巧啊巧
+ 真是巧
———————
 真是巧啊
```

282. 我们热爱科学

在学校举行的联欢晚会上，主持人出了这样一个算式：

```
  我们热爱科学
×           学
———————————————
  好好好好好好
```

算式中的每一个汉字都代表一个数。现在请你开动脑筋，用数字把这个算式表示出来。

第三部分　巧填智解答案

213. 从 1 回到 1

（1+2）÷3=1

1×2+3−4=1

〔（1+2）×3−4〕÷5=1

（1×2+3−4+5）÷6=1

{〔（1+2）×3−4〕÷5+6}÷7=1

〔（1+2）÷3×4+5+6−7〕÷8=1

（1×2+3+4−5+6+7−8）÷9=1

214. 括号里的数

表一的中间一行数都是第三行的数同第一行对应的数的差的 2 倍。所以这个表里括号中应填的数为（12−6）×2=12。

表二的第二列的各个数都是对应的第四列同第一列两数的差的 2 倍与第三列的数的和。所以这个表里括号中应填的数为（10−7）×2+4=10。

2	5	6	7	11
8	10	（12）	4	18
6	10	12	9	20

（表一）

2	13	5	6
4	11	5	7
7	（10）	4	10
7	11	1	12

（表二）

215. 把字母换成数字

(1)
$$\begin{array}{r} 89 \\ +\ \ 9 \\ \hline 98 \end{array}$$

(2)
$$\begin{array}{r} 5 \\ 5 \\ +\ 5 \\ \hline 15 \end{array}$$

(3)
$$\begin{array}{r} 23 \\ 23 \\ 23 \\ +\ 23 \\ \hline 92 \end{array}$$

(4)
$$\begin{array}{r} 999 \\ +\ \ \ 1 \\ \hline 1000 \end{array}$$

216. 调换数字

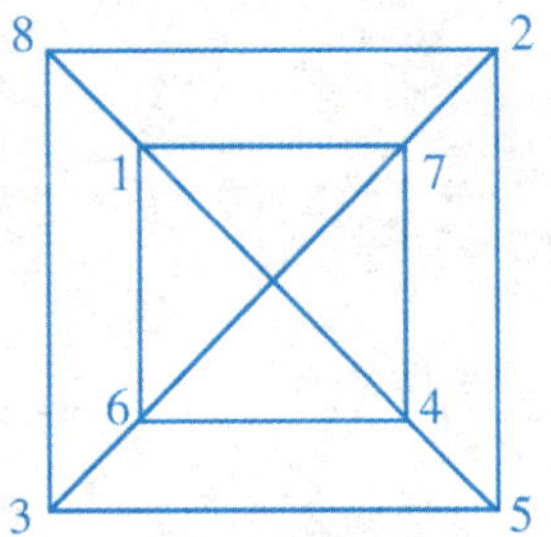

217. 布置花盆

按照下图布置的花池，就能将二十五盆花分别摆在十二条直线上，且每条直线上又均有五盆花。

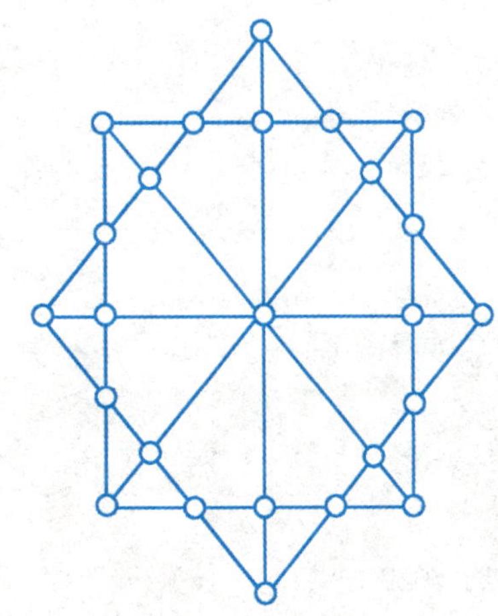

218. 数字之和等于27

6	2	9	3	7
3	7	6	2	9
2	9	3	7	6
7	6	2	9	3
9	3	7	6	2

219. 4个5

1=5×5÷5÷5

2=5÷5+5÷5

3=（5+5+5）÷5

4=（5×5–5）÷5

5=5+（5–5）×5

220. 数字A

A是5。

221. 字母等式

332+122=1233

222. 不同的组

第3组与其它组不同。在其它的几对数字之中，将组成上方数字的两个单独的数字相乘即可得到下面的数字：如，3×5=15。

223. 金字塔

问号处应填3。

（422+436）×3=2574

（719+741）×3=4380

224. 乘积与和

1×2×3=6

1+2+3=6

225. 第7个数

问号处应该是8.6。

有两个序列，分别加上1.65和1.92。如：3.65+1.65=5.3，4.92+1.92=6.84，依此类推。

226. 圆圈等式

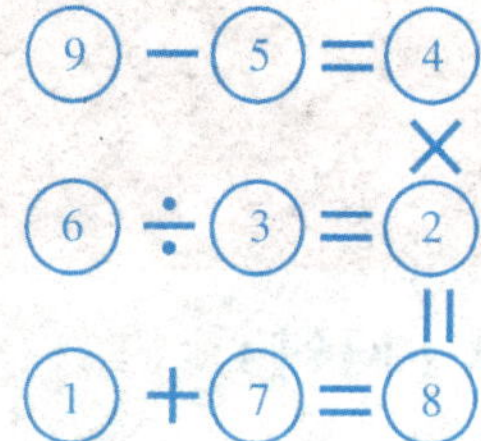

227. 变三角形

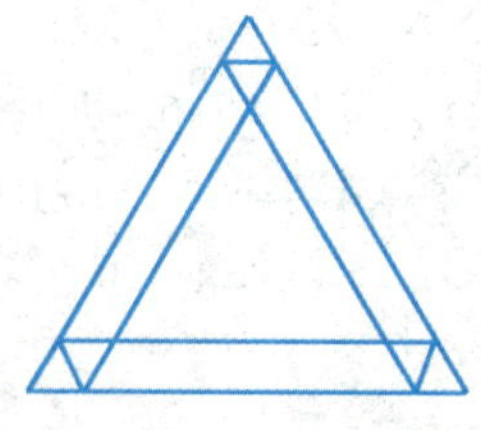

228. 三颗五角星

缺的是5。

在每个星星中，把星星角上的偶数相加，再把奇数相加，偶数和与奇数和相减就是中间的数字。

229. 八方格

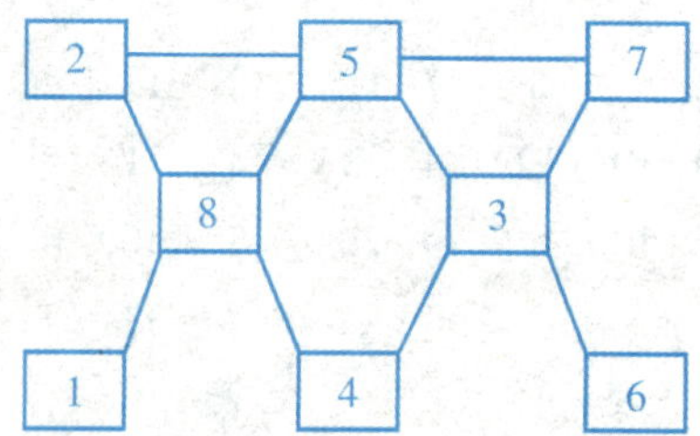

230. H形图

问号处应填5。

在每个H行图形中，先把左边的三个数字相加，再把右边的三个数字相加，两者的差就是中间的数字。

231. 特殊三角形

问号处的数字是 37。

从上向下进行，把每个数字乘以 2，再减去 5，就得到下一个数字。

232. 数字圆盘

问号处该填入 3。

互为对角部分的数字之和等于 11。

233. 数字阶梯

10。

按纵列进行计算，每列数字之和都是 23。

234. 变换数字

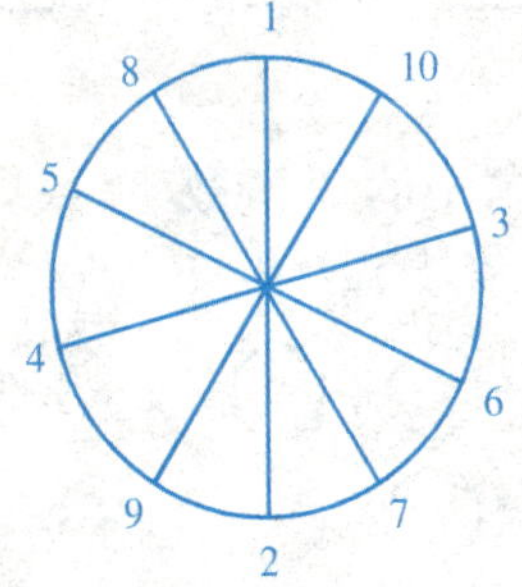

235. 数字阵

6。

把整个图形分成相等的 4 个部分，每部分都包含一个 3×3 的圆形。当你顺时针方向移动时，相同位置的数字每次都会加上 1。

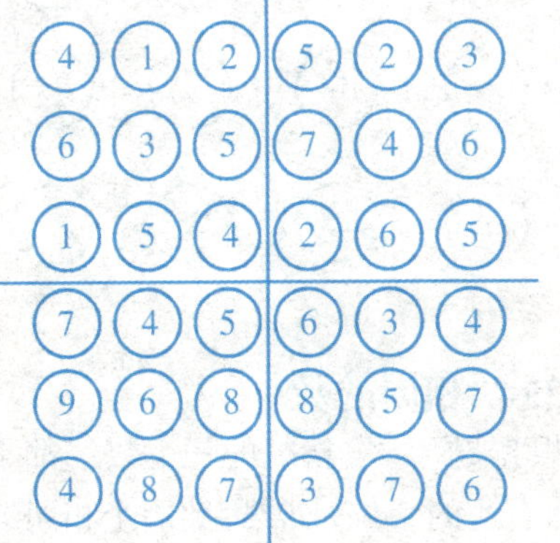

236. 1 和 3

111−11=100

33×3+3÷3=100

237. 6 个 8

88×8+8+88=800

238. 圆与三角形

3。

三角形里的数字等于它三个角上圆里数字之乘积，所以问号处应填 3。

239. 怪异的等式

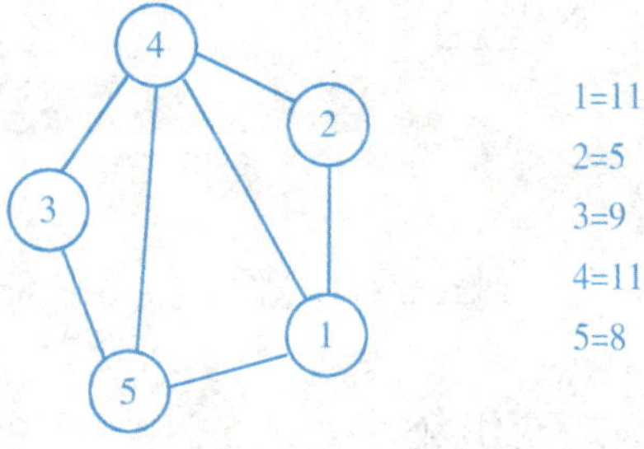

240. 数字表格

26。

每一行的第一个数乘以第二个数，再加上第三个数，等于第四个数。

241. 特殊的数

382。

除了 382 以外，其他数字都有对应的变位数字（变动数字的排列顺序而组成另一个数字），如：329——932，894——489，784——478，526——652，397——793。

242. 重叠图形

25，28，27，24，26。

243. 最大整数答案

27。

(4÷2+5−4)×9＝27

244. 数字游戏

数是69，字是91，游是86，戏是18。

245. 8个方格

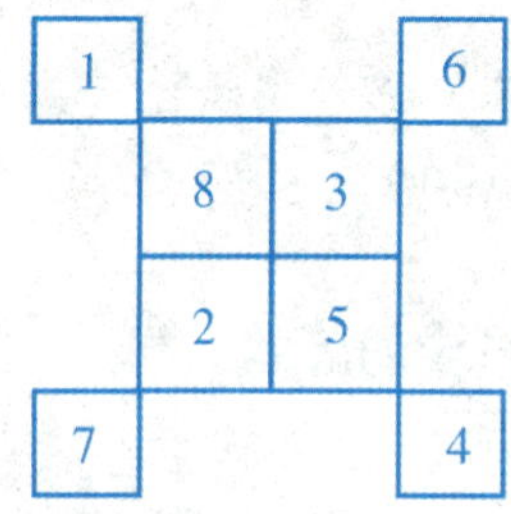

246. 缺数

6。

最后一行是上两行的平均数。

247. 两组数

7。

在每一行中，先把右边的数字乘以2，所得结果加上左边的数字，就得到中间的数字。

248. 排列数字

1、1、2、3、5、8、13、21。

仔细观察就会发现，前两个数之和等于后一个数。

249. 圆圈中的数字

34。

用图中正方形斜对角数字组成的数相减所得出的数就是圆圈内的数。

250. 不同填法

两种填法如下图：

8	−	7	=	1
÷				+
4				5
=				=
2	×	3	=	6

6	−	5	=	1
÷				+
3				7
=				=
2	×	4	=	8

251. 填数成不等式

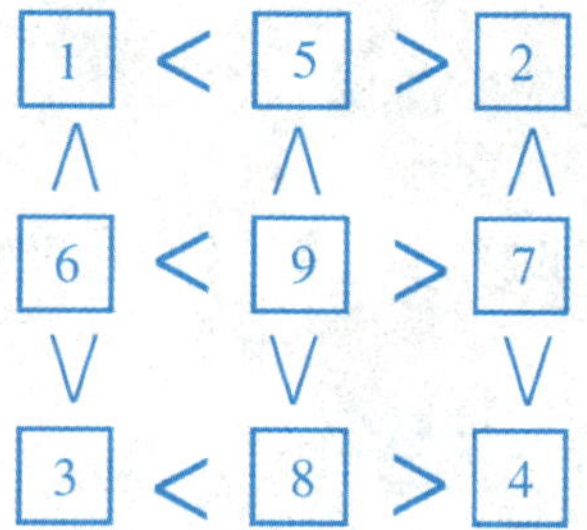

252. 余下的3个数

这3个数是5、7、9。

⑤+⑦+⑨+1+8=30

⑤×⑦×⑨×1×8=2520

253. 四个数字

删掉4个数后，图形如下：

×	28	21	21
42	×	14	14
21	14	×	35
7	28	35	×

254. 相同的数

根据题意，空格处的三个数字都是相同的，而右边的个位是9，因此两个相同的数字相乘的结果个位是 9 的只能是 3 或 7。经过检验，只有 7 符合要求。

255. 找数

3581，7162。

256. 填字母

MH。

由 AZ 开始，沿顺时针方向，跳至与其相隔的栏内。每一个字母由 A 开始，每次跳至与之相隔为 1 的字母；第二个字母由 Z 开始，每次跳至按字母表倒序排列的与之相隔为 2 的字母。

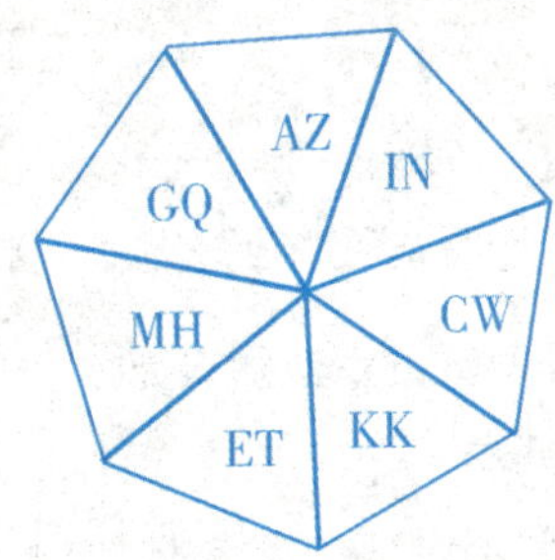

257. 台球比赛

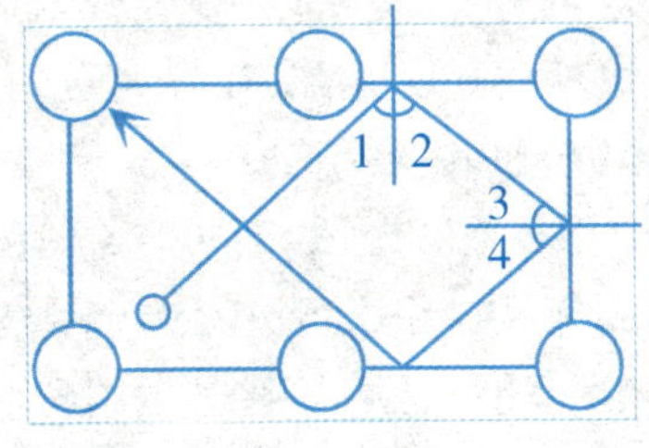

258. 调换位置

按下列顺序，把棋子移到相邻的空格中，就可以得到结果：兵、卒、炮、兵、车、马、兵、炮、卒、车、炮、兵、马、炮、车、卒、兵，总共要推动 17 次。

259. 三角形里的字母

按照 26 个字母的排列顺序，第一个三角形中的三个字母间隔为 1，第二个三角形中的三个字母间隔为 2，第三个三角形中的三个字母间隔为 3。

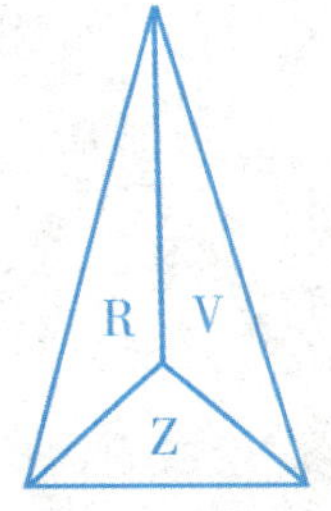

260. 巧摆棋子

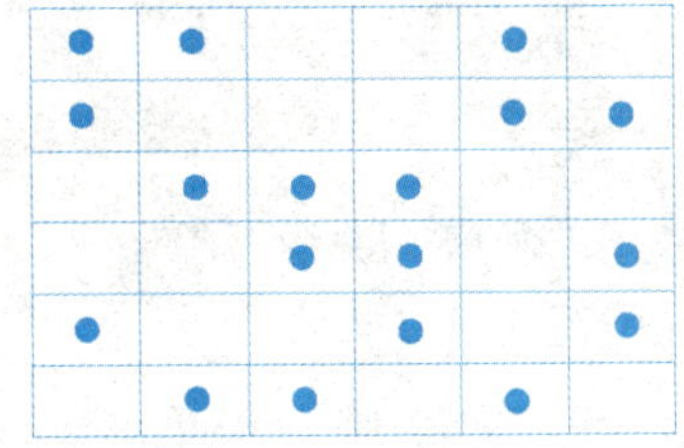

261. 放棋子

黑子确定一个位置，白子就有 6 个不同的放法。而黑子不同的位置总共有 12 个，所以不同的方法一共有：12×6 = 72（种）。

262. 折叠正方形

我们可以想象一下折叠成的正方体，如果 k 处于上面的话，3 正好与 k 相对处在下底面。那么 k = 7–3 = 4。

263. 相乘的积最小

要使乘积最小，就要使三个三位数的百位数字最小，十位数字较小，个位数字比百、十位数字要大。三个三位数的百位数字应为：1、2、3，十位数字应为：4、5、6，个位数为：7、8、9，经过验证，这三个三位数百位数字、十位数字、个位数字应这样搭配：147×258×369，它们的积最小，为13994694。

264. 读诗解数

李白的诗破解如下：

7	1	=	6	8	+	3
9	0	=	4	5	×	2
3	4	×	2	=	6	8
1	4	×	5	=	7	0

265. 被3除尽

无论你找出哪组数字，它们的总和都是3的倍数，这样，它们组合的数字也都能被3除尽。

266. 巡视房间

管理员巡视路线如下：

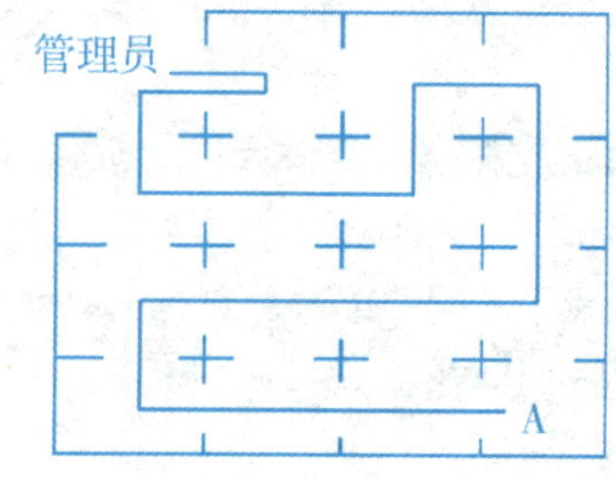

267. 镜子里的数

18和81，29和92。

268. 新学期的礼物

根据题目已知条件，可列出式子：

$$\begin{array}{r} B\ B\ C \\ C\ A \\ +\quad\quad A \\ \hline A\ B\ C \end{array}$$

通过上式可以得出，$A \neq 0$，$B \neq 0$。加数的个位数C与两个A相加还得C，说明A可能是0或5，已知$A \neq 0$，所以一定是5。还原算式：

$$\begin{array}{r} B\ B\ C \\ C\ 5 \\ +\quad\quad {}_{1}5 \\ \hline 5\ B\ C \end{array}$$

两个十位数相加，再加上进位1，等于B，说明C+1=10，C=9。

还原算式：

$$\begin{array}{r} B\ B\ 9 \\ 9\ 5 \\ +\quad {}_{1}\ {}_{1}5 \\ \hline 5\ B\ 9 \end{array}$$

我们看加数的百位数B加上进位1等于5，得出：B=4。

因此，花去的钱是549分，加上袋中剩下的1分，共带去的应是5元5角。

269. 找位置

从表中我们可以看出，1993是这列数中的第997个数［(1993+1)÷2=997］。

表中每行有4个数，而997÷4=249……1。就是说第997个数是第250行中最小的一个。偶数行的数是从小到大依次排在第4、3、2、1列的，因此1993这个数排在第250行第4列。

270. 还原数字

根据题目已知条件可以写出竖式：

$$\begin{array}{r} a\ b\ c\ d \\ \times)\quad\quad 9 \\ \hline d\ c\ b\ a \end{array}$$

这里，乘积是四位数，可见 a×9 不进位，故 a=1，乘积中的 d=9，因此上式可变为：

$$\begin{array}{r} 1\ b\ c\ 9 \\ \times)\quad\quad 9 \\ \hline 9\ c\ b\ 1 \end{array}$$

由于 b×9 不进位，可见 b=0 或 1。若 b=1，则乘积中 c=9，而且 c×9 不进位——这是不可能的，因此只有 b=0。此时 c×9+8 的个位数字 b=0，可见 c=8。于是：abcd=1089。验证：1089×9=9801。

271. 不同的填法

当空格中取 1、2、3、4 时，有 2 种填法，即：

1	2	6
3	4	7

1	3	6
2	4	7

当空格中取 1、2、3、5 时，有 2 种填法，即：

1	2	6
3	5	7

1	3	6
2	5	7

当空格中取 1、2、4、5 时，有 2 种填法，即：

1	2	6
4	5	7

1	4	6
2	5	7

当空格中取 1、3、4、5 时，有 2 种填法，即：

1	3	6
4	5	7

1	4	6
3	5	7

当空格中取 2、3、4、5 时，有 2 种填法，即：

2	3	6
4	5	7

2	4	6
3	5	7

由此得出，共有 2+2+2+2+2=10 种不同填法。

272. 三数之和相等

由题目已知条件得：19+10+D=D+18+E，E=11

19+A+14=A+B+18，B=15

19+15+11=14+15+D，D=16

三数之和是 19+10+16=45

A=45−19−14=12

C=45−14−11=20

所以 A、B、C、D、E 分别是 12、15、20、16、11。

273. 填数入圈

在计算各个面上 4 个数的和时，顶点上的数总是分属 3 个不同的面，这样，每个顶点上的数都被重复计算了 3 次。因此，各个面上 4 个数的和为 1～8 这 8 个数的和的 3 倍，即（1+2+3+……+8）×3=108。又因为正方体有 6 个面，也就是每个面上的四个数的和应是 108÷6=18。18 应是我们填数的标准。

如果在前面上填入 1、7、2、8（如图所示），那么右侧面上已有 2、8，其余两顶点只能填 3、5。依此类推，就可以将问题解决。

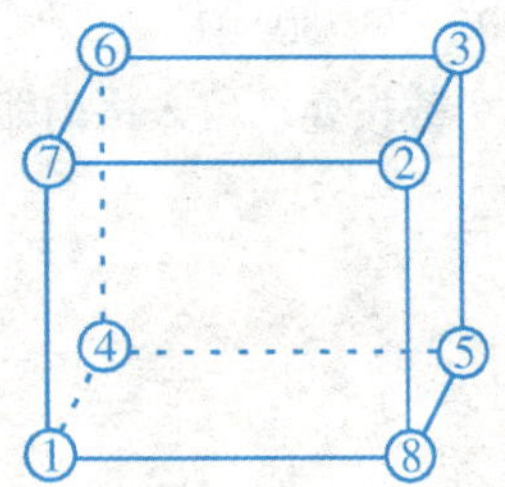

274. 填数入格

这是不可能的。

因为每行、每列和两条对角线都是由 6 个方格组成的，那么数字之和最小是 1×6=6，数字之和最大是 3×6=18。要想使各行、各列及对角线上的数字之和各不相同，只能出现 6、7、8、9……17、18 这 13 种数字和，但实际却需要 6（行）+6（列）+2（对角线）=14 种不同的数字和。

由此我们可以得知，要达到每行、每列及两条对角线上的数字和各不相同是不可能的。

275. 游艺晚会

根据题目已知条件，“每条线上的三个数之和等于 81”，则九个连续自然数之和必定等于 81 的三倍。

设这九个连续自然数中的第一个数为 x，则第二个数是 x+1，第三个数是 x+2，第四个数是 x+3，第五个数是 x+4，第六个数是 x+5，第七个数是 x+6，第八个数是 x+7，第九个数是 x+8。列方程得：

$$[(x+(x+1)+(x+2)+(x+3)+(x+4)+(x+5)+(x+6)+(x+7)+(x+8)]\div 3=81$$

$$x=23$$

即这九个连续的自然数分别是：23、24、25、26、27、28、29、30、31。

把这 9 个数按要求填入格内即可：

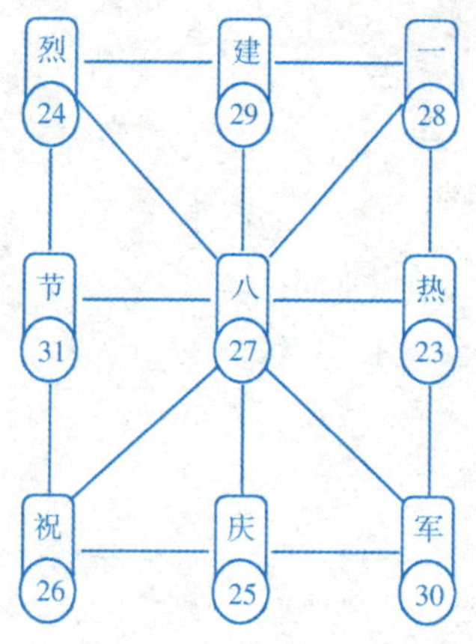

276. 算车牌号

假设原来车牌上的数字为 ABCDE，倒看数是 PQRST。可列式需要注意的是倒个以后数字的顺序，A 倒着看为 T，B 则为 S，依此类推。

另外我们必须清楚的是，在阿拉伯数字中，只有 5 个数倒看可以成为数字：0、1、6、8、9，其他的不可以，因此以上假设的字母只能在这五个数字的范围内。

先看 E，E+3=T，在同范围内，E、T 两数有可能为（0，3），（1，4），（6，9），（8，1），（9，2）几组数中的（6，9），（8，1）两组。显然 T 为 9 的话，A+7>10 不合题意，所以推出 E=8，T=1，A=1。

同样我们可以用这个办法推出 D=6，S=0，最后推出每个字母，得出这个车牌是 10968。

$$\begin{array}{r} A\ B\ C\ D\ E \\ +\ 7\ 8\ 6\ 3\ 3 \\ \hline P\ Q\ R\ S\ T \end{array}$$

$$\begin{array}{r} 1\ 0\ 9\ 6\ 8 \\ +\ 7\ 8\ 6\ 3\ 3 \\ \hline 8\ 9\ 6\ 0\ 1 \end{array}$$

277. 填数游戏

由于图中共有六条线段(每条线段都要填两个数)，而四个三角形各有三条边，4×3=12，可知在计算三角形三边数字之和时，每条线段都加过两次，也就是说每个数都加过两次。而 1+2+3+4+5+6+7+8+9+10+ 11+12=78，故四个三角形的全部数字之和加起来为 2×78=156。从而可确定每个三角形的三边六个数字之和为 156÷4=39，每条边上两个数字之和为 13。

由于(1+12)=(2+11)=(3+10)=(4+9)=(5+8)=(6+7)=13，从而就可以把数字填入十二个圆圈中。

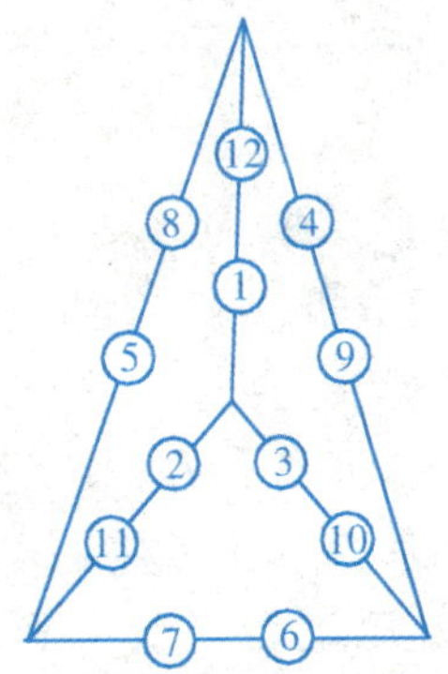

278. 古旧的纸片

根据题目条件，在每一个“●”号的地方只能填 2、3、5 或 7。由于式中第三四行都是四位数，因此首先要求一个三位数和一个一位数，使其乘积是一个四位数，并且在被乘数、乘数及乘积中只能出现上面的四个数码。经过推算，只有以下四种可能：775×3=2325，555×5=2775，755×5=3775 及 325×7=2275。

在上面这四种情形中，被乘数都不相同，因此，要满足题中的条件，乘数只能是两个数码相同的二位数，即只能是以下四种情况：775×33，555×55，755×55，325×77。

在这四种情形中，能使所得的数的数字都是质数的只有第一种情况，因此古旧纸片上的算式只能是：

```
         7   7   5
   ×)        3   3
   ---------------
     2   3   2   5
 2   3   2   5
 -----------------
 2   5   5   7   5
```

279. 破译情报

我们仔细观察题目的话，就不难发现 Q+Q=Q，故 Q=0。

同样，只能是 W+F=10，T+E+1=10，E+F+1=10+w。

所以有三个式子：

(1) W+F=10

(2) T+E=9

(3) E+F=9+W

可以推出 2W=E+1，所以 E 是单数。

另外 E+F>9，E>F，所以推算出 E=9 不符，故 E=7 是正确的。

所以 T=2，F=6，W=4，东路兵力是 7240，西路兵力是 6760，总兵力是 14000。

```
     7   2   4   0
 +   6   7   6   0
 -----------------
 1   4   0   0   0
```

280. 算式复原

这个算式中只有 8 是已知数，所以我们就从 8 开始。从算式中看出，8 乘以一个三位数的除数，积还是三位数，由此可得，除数不可能是 125 以上的数，最大只能是 124 或以下的数。因此除数“×××”≤ 124。

我们知道，除法的竖式运算，每一位商数

求出来时，都要有一次乘法和减法的运算，被除数不够除时，商的位置就添一个0。从算式中可以看出，商是五位数，而只有三次乘法和减法的运算，必定有两个位置上是0。通过仔细观察，我们不难发现：8的两边的“×”各是一个“0”。

我们再看商的个位数“×”乘以除数124等于四位数，由此可知：个位数“×”肯定要比8大，因为8×124=992，因此便是9，9×124=1116。现在我们可以用这些数字把算式变成：

```
              × 0 8 0 9
124 ) × × × × × × 1 6
        × × ×
      -----------------
          × × × ×
            9 9 2
      -----------------
              1 1 1 6
              1 1 1 6
      -----------------
                    0
```

根据上面这个算式，求其它未知数。已知一个数减去992等于11，这个数便是992+11=1003，把1003还原于算式（如图）：

```
              × 0 8 0 9
124 ) × × × × 0 3 1 6
        × × ×
      -----------------
          1 0 0 3
            9 9 2
      -----------------
              1 1 1 6
              1 1 1 6
      -----------------
                    0
```

现在我们看商的万位数“×”乘以除数124等于三位数，得知万位数“×”必须是8以下的数字，即“×”≤8；而算式中的四个未知数“××××”必定是1000以上的数，即“××××”≥1000。在这个等于或大于1000的数里，至少有8个124。根据“×”≤8和“××××”≥1000的要求，这个万位数只能是8，8×124=992。已知一个数减去992等于10，这个数便是992+10=1002。

因此，还原于算式后即是：

```
                8 0 8 0 9
124 ) 1 0 0 2 0 3 1 6
          9 9 2
      -----------------
            1 0 0 3
              9 9 2
      -----------------
                1 1 1 6
                1 1 1 6
      -----------------
                      0
```

281. 真是巧啊

根据算式分析，两个百位数“巧”“真”相加等于“真是”，可见有一进位，那么“真”一定是1，“是”可能是0，“巧”只能是8或9。如果是8，那么“啊”就应是6，因为“巧+巧”=“啊”。还原算式：

```
    巧啊巧         868
+   真是巧       + 108
----------      ------
  真是巧啊        1086
```

由上式看出，“巧”是8不成立，所以只能是9，如果是9，“啊”就应是8。因为“巧+巧”等于“啊”。还原算式：

```
    巧啊巧         989
+   真是巧       + 109
----------      ------
  真是巧啊        1098
```

由此得出："巧啊巧＋真是巧"
=989+109=1098

282. 我们热爱科学

求出"学"是解答这道题的关键。在0到9十个数字中，0×0=0，1×1=1，5×5=25，6×6=36，都跟"学×学＝好"不符，因为"学"与"好"应该代表不同的数字才对。所以要试的只剩下2、3、4、7、8、9六个数字。

如果"学"是2，"学×学"=2×2=4，"好"等于4。除了2×2=4，还有7×2=14，那么"科"只能是7，"科×学"还必须进位"1"，"爱×2"的个位数必须是3。这是不可能的。因而"学"不可能是"2"。

如果"学"是3，"学×学"=3×3=9，"好"等于9。但是除3×3外，没有哪个数字与3的乘积的个位数是9。因而"学"不可能是"3"。

如果"学"是4，"学×学"=4×4=16，"好"等于6，同时必须进位"1"。那么"科×4"的个位数必须是5，这也是不可能的。因而"学"不可能是"4"。

如果"学"是7，"学×学"=7×7=49，"好"等于9，同时必须进位4。"好"是9，进位4，那么"科×学"的个位数应该是5。而5×7=35，只要"科"是5，就是成立的，同时必须进位3。这样一步步地往上推，用算式来表示，就是：

```
  我们热爱科7        我们热爱57
×         ₄7      ×         ₃7
  999999             999999

  我们热857          我们2857
×        ₅7       ×         ₁7
  999999             999999

  我42857            142857
× ₂       7       ×          7
  999999             999999
```

由此证明，"学"是7，"我们热爱科学"应该是142857。

我们再来检测一下"学"能不能是8或9。如果"学"是8，"学×学"=8×8=64，"好"等于4。但是"我"即使是1，"我"与8的乘积也大于4，这是不可能的。用同样的方法也可以检测出"学"不可能是9。所以142857×7=999999是这道题的唯一答案。

第四部分　趣味几何

283. 改变面积

不用圆规和直尺，请你用最简单的方法，将下图中的正方形变成是原来面积一半的正方形。

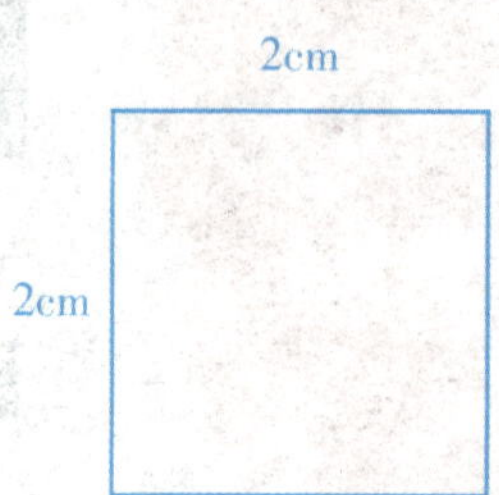

284. 小朋友做游戏

5 个小朋友在学校的操场上做游戏，其中一个小朋友闭着眼睛，另外 4 个小朋友分别是甲、乙、丙、丁。只听到甲说：乙在我的正前方；乙说：丙在我的正前方；丙说：丁在我的正前方；丁说：甲在我的正前方。请问有这种可能吗？如果有可能，那他们的位置关系是怎样的？

285. 连接五角星

下面有 4 颗摆放很不规则的五角星，你能用一个正方形将它们连在一起吗？

286. 巧移橡皮

有 12 个橡皮，排成下列图形。每个橡皮都是一个正方形的一个端点。这样的正方形共有 6 个。如何移走 3 个橡皮，使得只剩下 3 个正方形？

287. 欧拉智改羊圈

著名的数学家欧拉在数学的许多领域中都取得了很大的成就。

不过，这个伟大的数学家在小时候却一点儿也不讨老师的喜欢，他曾被学校开除回家。

他回家后就成了一个牧童，负责帮爸爸放羊。爸爸的羊群慢慢增多了，原来的羊圈就显得有些小了，爸爸打算再修建一个新的羊圈。他用尺量出了一块长 40 米、宽 15 米的长方形土地，他一算，面积刚好是 600 平方米。一切工作准备就绪的时候，他发现这些材料根本就不够用，只能够围 100 米的篱笆。如果把羊圈围成长 40 米，宽 15 米，其周长将是 110 米。父亲感到左右为难，如果按照原计划修建，就要再添 10 米长的材料；要是缩小面积，每头羊的平均居住面积就会减少。

欧拉对父亲说，不用缩小羊圈，也不用担心每头羊的占用的面积会变小，他有办法解决这个问题。起初，父亲认为欧拉是在吹牛，但经不住欧拉的再三要求，终于同意让他去试试。

欧拉很快就将他的设计方案写了出来。父亲照着欧拉设计的羊圈扎上了篱笆，长 100 米的篱笆，不多不少，正好用完，面积也足够了，而且比预想的要稍微大一些。

亲爱的读者:你知道欧拉是怎么做的吗?

288. 苏丹王的矩形

大约在公元800年前后,苏丹国年轻的国王哈里发做了一个非常奇怪的梦。在梦中,他看到了自己的祖父,祖父严肃地对他说:“你父亲是个昏庸的国君,由于他的无能,把国家弄得乌烟瘴气,真主将要降灾难给这个国家。只有一个办法能使国家免除灾难,那就是用金子做成一个矩形,这个矩形的周长数等于它的面积数,而长、宽都是3尺的整数倍,用这样的矩形供祭真主,这样才能替你父亲赎罪,免除灾祸。”

哈里发召集大臣,把自己做的梦讲给大家听。大臣们一开始以为是年轻的国王贪心,想要金子,就随便打了几块金子给国王,请国王祈求真主保佑。

国王一看,非常恼怒:“真主降灾,整个国家将要面临大的灾难,你们却不能挽救国家,还在这敷衍我,你们的胆子也太大了!如果三天之内献不出供祭真主的祭品,一律问罪。”

一眨眼的工夫,三天就过去了,大臣们只拿了很多的金银财宝向国王乞求饶命,没有人拿出国王想要的祭品。国王说:“你们平时只会享受,一到关键时候就起不了什么作用!难道我们的国家真的要灭亡吗?谁能拯救我们的国家?”

这时,走进了一个人,他对国王说:“陛下,真主要的礼品在这里。”国王一看,原来是著名的数学家花拉莫子——他可敬的老师。他献上了这样的一个矩形。

亲爱的读者,你知道这个矩形的长、宽各是多少吗?

289. 一朵莲花

古代印度数学家巴拉斯的习题集《体系的花冠》中,有这样一个问题:

一朵莲花,它的尖端在池塘水面以上四尺。它被风吹倒了,在距离原站立的地方十六尺处从水面消失。问:池塘有多深?

290. 两个“空隙”

人们知道,地球半径约有六千三百七十公里,而乒乓球的半径不过一两厘米。论体积,两者相差太大了。现在设想用铁丝沿着赤道把地球捆起来,然后将铁丝剪断增加一米长。铁丝加长后绕成的圆与地球赤道之间就要出现空隙。这个空隙有多大?

如果铁丝捆的不是地球而是一个乒乓球,也同样剪断加长一米,那么铁丝加长后绕成的圆与乒乓球之间也会出现空隙。

请问,这两个空隙哪个大?

291. 拼成正方形

你能将下面图形剪两刀后拼成一个正方形吗?

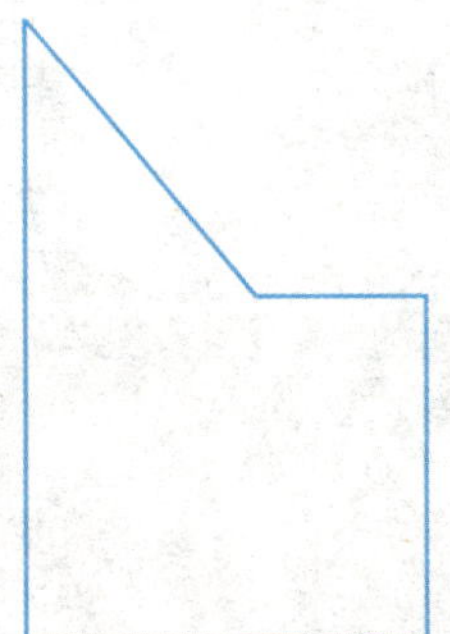

292. 拼图形

下面的图形剪两刀后，也能拼成一个正方形。应当如何剪拼？

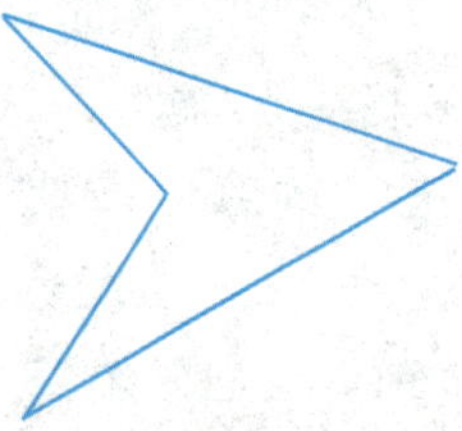

293. 化桥为方

下图好比是一座桥的图形，你能只切两刀将它拼成一个正方形吗？

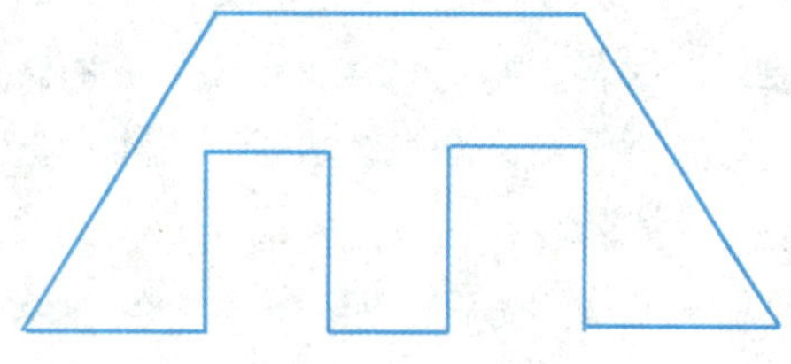

294. 分成全等的图形

将下图分成全等的两块，应当怎样分？

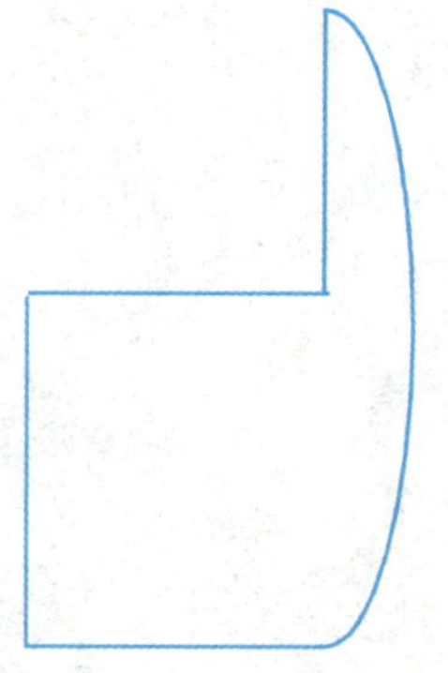

295. 六个小圆

杰克是个聪明好学的孩子，一天晚上，爸爸在纸上画了六个小圆，对他说道："你看，现在要把三个小圆连成一直线，只能连出两条直线。我要你擦掉一个小圆，把它画在别处，以便连出四条直线，每条直线上都有三个小圆。"杰克想了想，很快按照要求画出了图形。

你知道杰克是怎么画的吗？

296. 切西瓜

小明家来了客人，妈妈让小明拿出西瓜招待客人。正当小明拿刀切西瓜的时候，客人叫住了他，并给他出了一个难题：用刀切西瓜，只能切三下，要切出七块西瓜八块皮来。小明想了想，很快就按照客人的要求切好了。你知道小明是怎么切的吗？

297. 阴影部分的面积

E、F 分别是长方形宽和长的中点，不用计算，你能说出阴影部分的面积占长方形面积的几分之几吗？

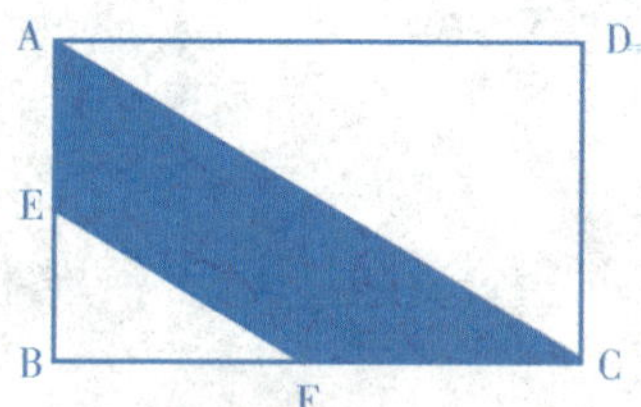

298. 书的内部对角线

一本书的尺寸如下图所示。请问，如果想知道书内部斜面的对角线 XY 的长度，应当怎样求呢?

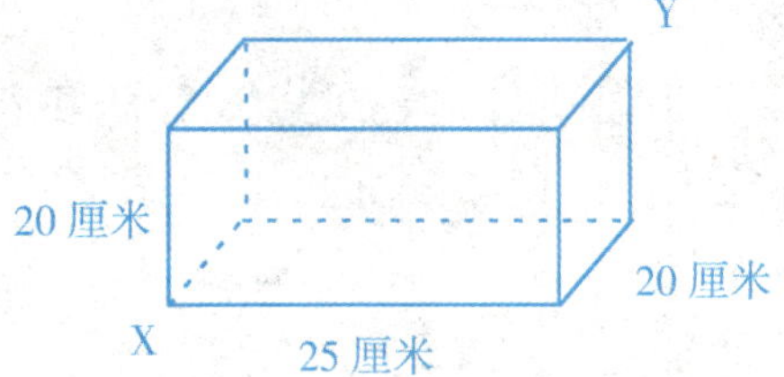

299. 小正方形的面积

如下图所示，在边长为10厘米的正方形内画其内切圆。然后再在这个圆内画出内接正方形。试求小正方形的面积。

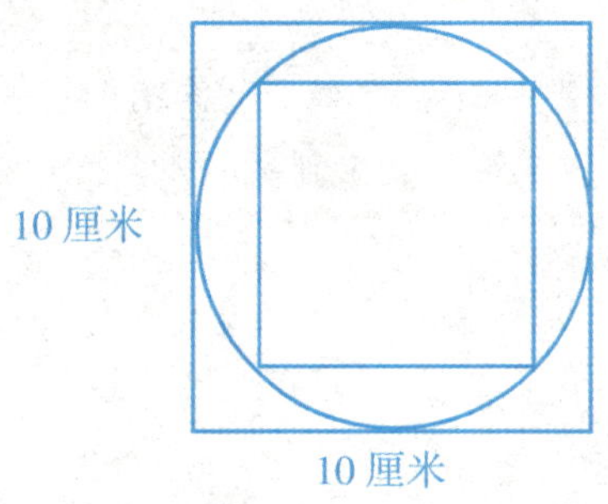

300. 挖去的面

下图是一个正方体木块，在它的每个面上挖出一个小的正方体木块。那么请问，表面小正方形的面会增加多少?

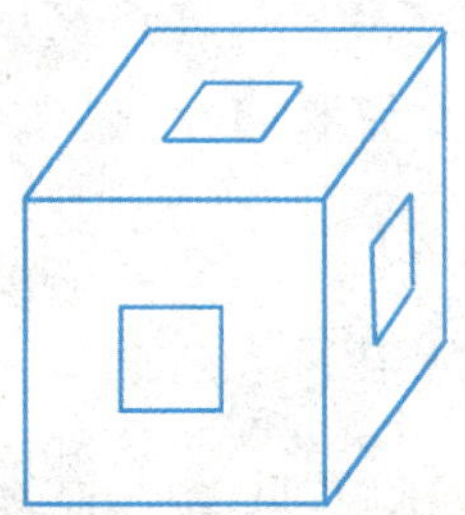

301. 涂颜色

下图是一个正方体木块，边长为4厘米。现在在它的表面涂上颜色，然后切成边长是1厘米的小立方体木块。那么请问没有涂颜色的有多少块?

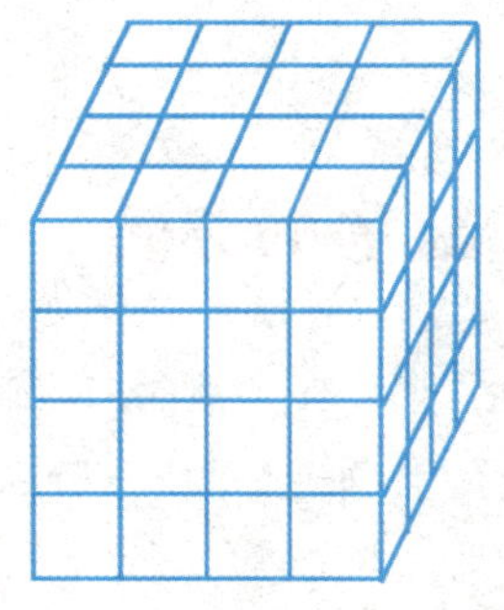

302. 圆的直径

在一张长6厘米、宽5厘米的长方形纸上，画一个最大的圆，它的直径应该是多少?

303. 判定三角形

有一个三角形，它的最小的一个角是45°，你能够判断出它是什么三角形吗?

304. 棱长之和

一个长方体截成了两个完全相同的正方体，每个正方体的棱长之和是24厘米，长方体的棱长之和是多少厘米?

305. 被切掉的盒子

下图是一个正方体的盒子，现在将盒子每个顶点处切掉相同的一块，得到一个新的立体图形，这个图形共有多少条棱？

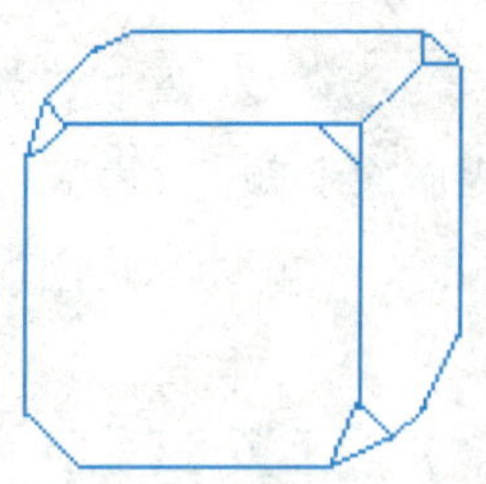

306. 缺失的方砖

下图是一个残损的地面，空白处表示的是所缺的方砖数。如果每块方砖面积是 4 平方分米，所缺方砖的面积是多少？

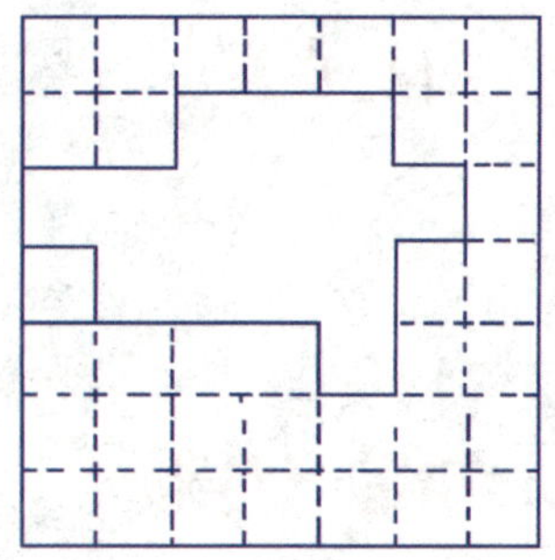

307. 模具的表面积

下图是一个正方体木块，棱长为 6 厘米，在它六个面的中心分别挖去一个棱长 2 厘米的正方体木块，做成一个模具。这个模具的表面积是多少？

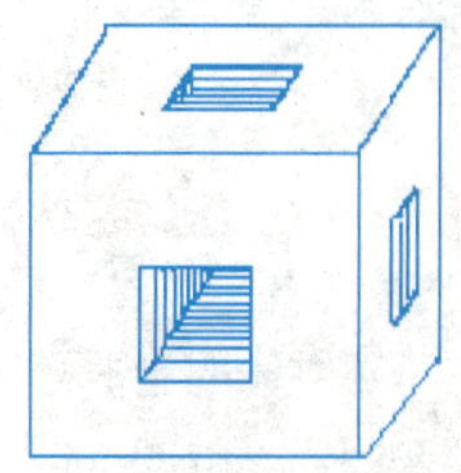

308. 木块的体积

下图是一个正方体木块，棱长为 4 厘米，在它的上面、前面、右面的中心向对面各打一个边长 2 厘米的方孔。求穿孔后木块的体积。

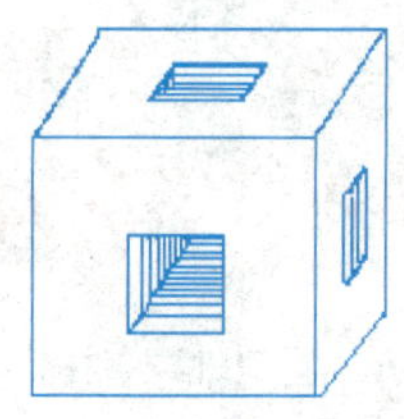

309. 堆成的正方体

下图是由 14 个小正方体组成的图形，小正方体的边长为 1 分米。求这个图形的表面积。

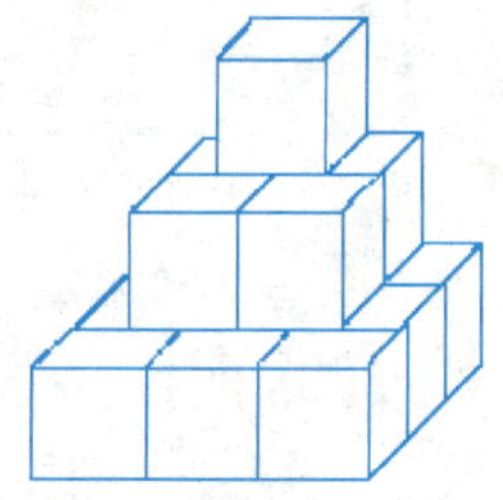

310. 正方体图形

下图是一个由 19 个小正方体组成的立体图形，边长是 2 厘米。那么这个立体图形的表面积是多少？

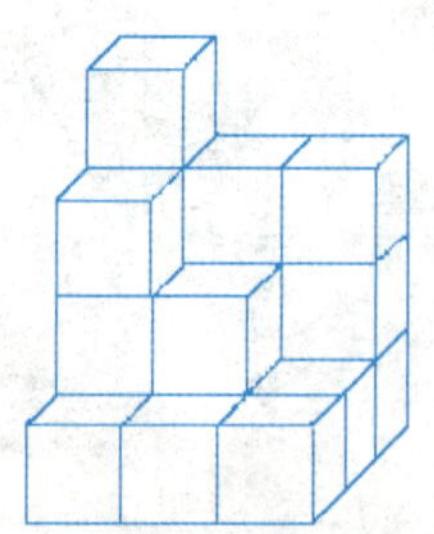

311. 横截圆柱体

有一个圆柱体，高 1.5 分米，现把它横截成两个小圆柱体，则表面积增加了 1.6 平方分米，原来圆柱体的体积是多少？

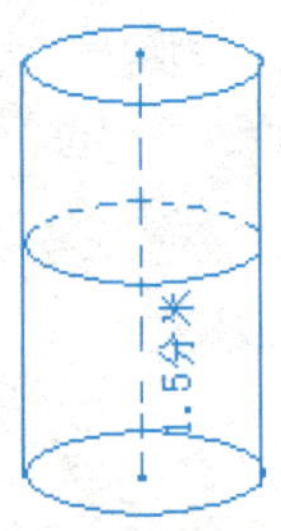

312. 无盖的铁盒

有一块长方形薄铁板，长 20 厘米，宽 14 厘米，在它的四个角上各剪去一个边长为 5 厘米的正方形。然后把它折成一个无盖的铁盒，那么请问这个铁盒的容积是多少毫升？

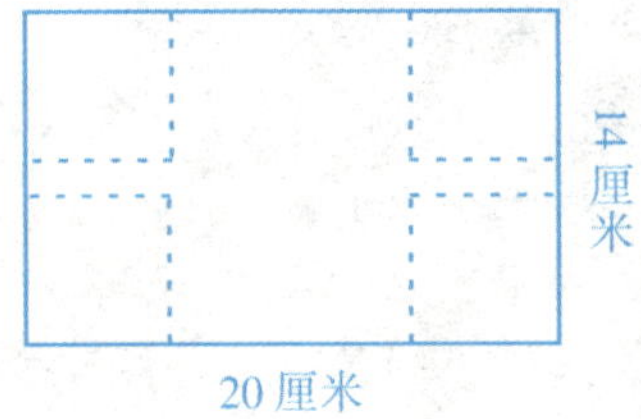

313. 爬行的蜗牛

有两只蜗牛以相同的速度同时从 A 点出发向 B 点爬行（如图所示），一只沿大圆弧爬，另一只沿三个小圆弧爬。请问哪一只蜗牛先爬到 B 点？

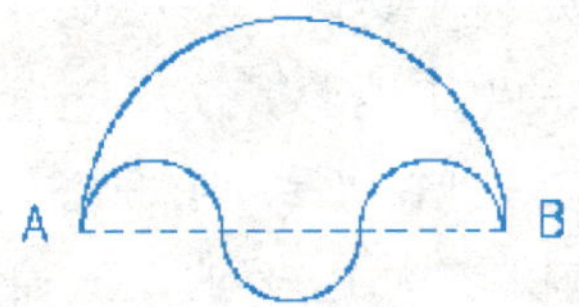

314. 不同的走法

周明住在 A 处，郑平住在 F 处（如下图所示）。现在周明要去郑平家，他行进中的每一个路口、每一条街道只许经过一次，那么周明从家到郑平家，总共有多少种不同的走法？

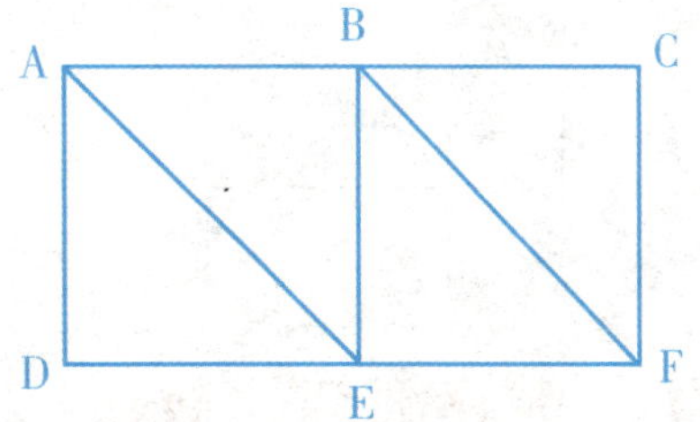

315. 折叠白纸

有一长方形白纸，现把它按下图方法折叠，求角 x 的度数。

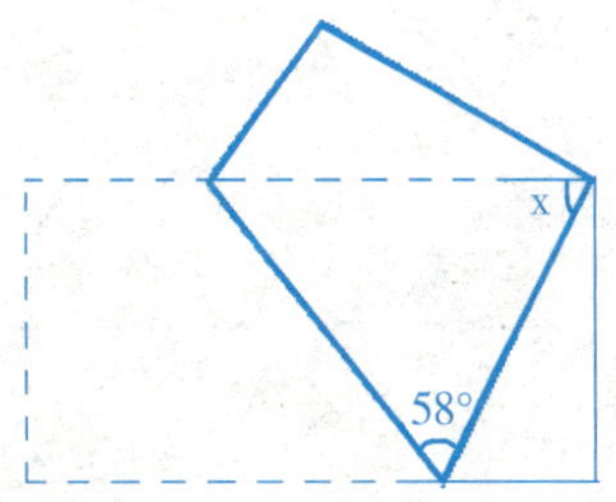

316. 三截木棍

一根木棍被人砍成了三段，现在不能用尺子去测量每一段的长度，也不能试着去组成一个三角形。你怎样很快就判断出三段木棍是否能组成三角形？

317. 扩建鱼池

下图是一个正方形鱼池。鱼池的四个角

上，栽着四棵树。现在要扩建这个鱼池，使它的面积增加一倍，但要求仍然保持正方形，而又不移动这四棵树的位置。请问，应该怎样扩建这个鱼池呢？

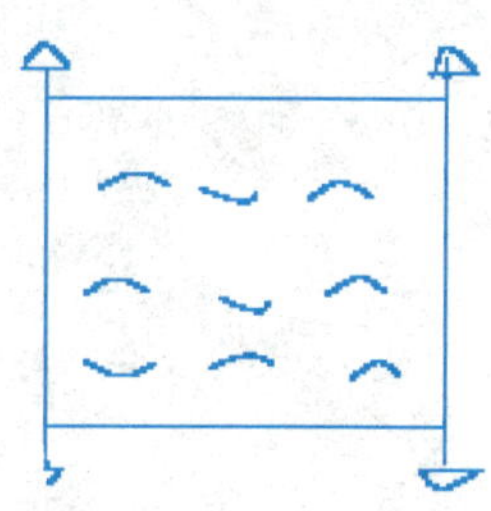

318. 重叠部分的面积

下图是两个重叠的正三角形，图中数字为长度之比。并且，两个正三角形的面积差为48平方厘米。你能求出重叠部分的面积吗？

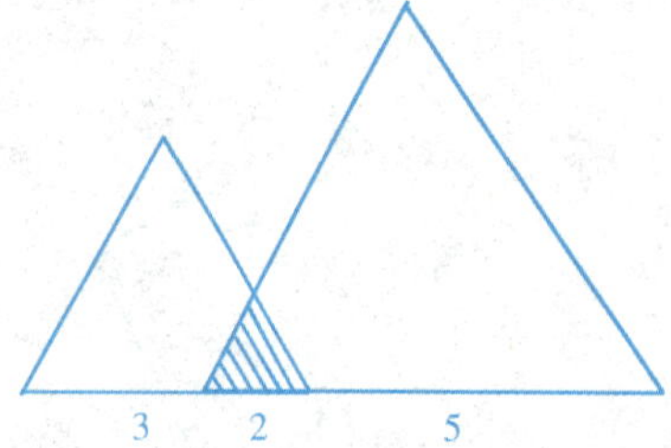

319. 蜗牛爬行

一只蜗牛从A点出发，绕圆锥一周回到原出发点A。图中圆锥上部的虚线所表示的线路是不是最近的？

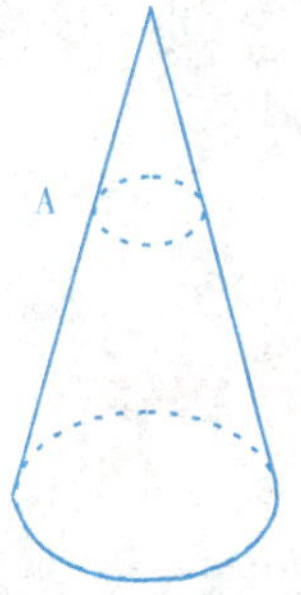

320. 怎样架桥

有一条大河，宽为100米，在河岸的两边有AB两点，AB两点的垂直距离为300米（如图所示）。请问，现在某建筑队要在这条河上架一座桥，要求从A到B走的距离最短，这里河的宽度是一定的，也不允许斜着架桥。

怎样架桥最好呢？

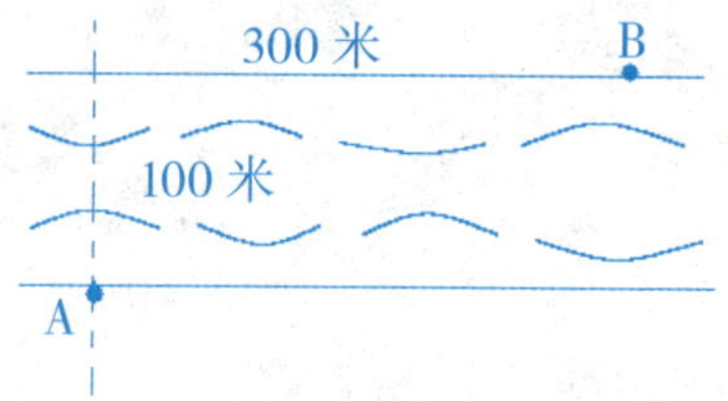

321. 两杆之间的距离

在一片空旷的场地上立着两根木杆，一支高度为15米，另一支高度为10米，两杆之间有一定的距离，如果从每支木杆的顶点拉一根绳子到另一支木杆的底部，其交点之高为6米，请计算两杆之间的距离。

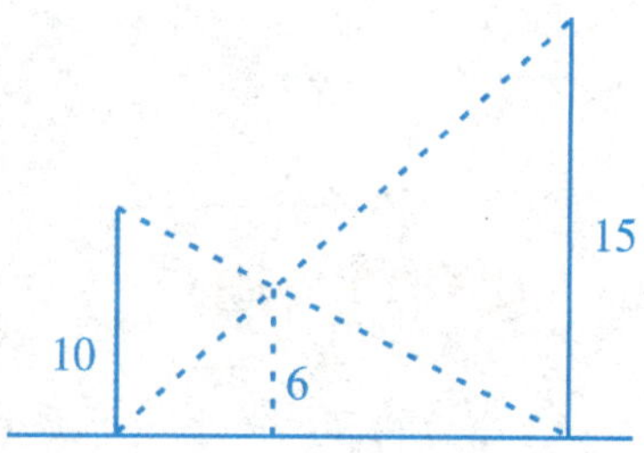

322. 巧切蛋糕

今天是小明十岁生日，爸爸妈妈买了块大蛋糕来庆祝他的生日，为了考考儿子，爸爸给小明出了个难题，要求他在切蛋糕时，只用3刀就把蛋糕切成形状相同、大小一样的8块，而且不许变换蛋糕的位置。小明思索了一下，很快就想出了办法。你知道小明是怎么切的吗？

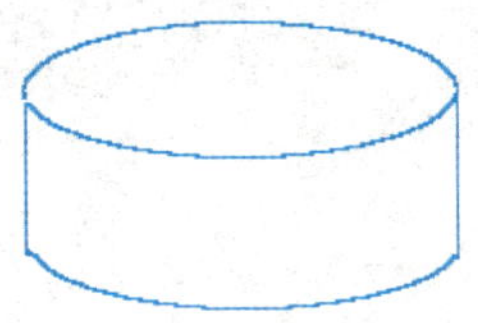

323. 切正四面体

下图是一个正四面体，现在要将它切一刀，使刀口（即截面）成为正方形。你知道怎么切吗？

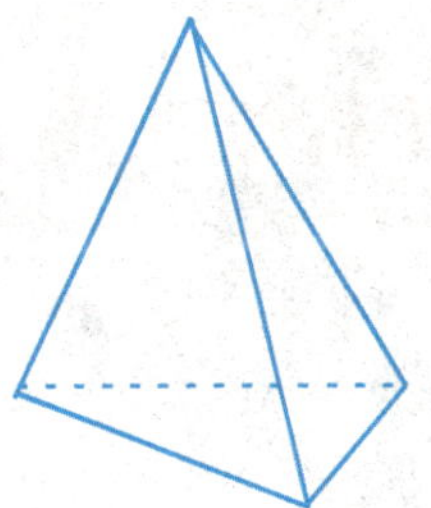

324. 剪正方形

如果剪掉正方形角上$\frac{1}{4}$的部分，你能在剩下的部分剪出四个大小形状完全相同的图形吗？

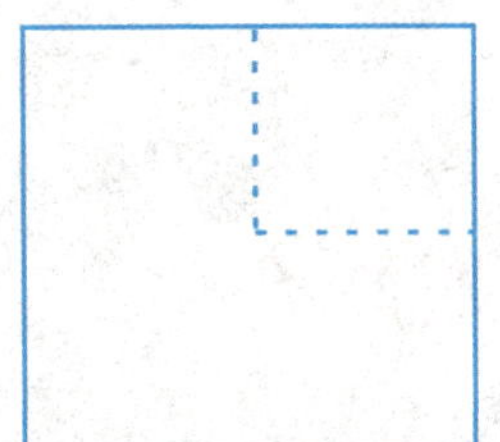

325. 摆三角形

有 3 根木棒，分别长 12 厘米、5 厘米、3 厘米，在不折断任何木棒的情况下，你能够用这 3 根木棒摆成一个三角形吗？

326. 巧增三角形

下图是三根交叉的线，你能不能在这个基础上，增加两条直线，使三角形由 1 个变成 10 个？

327. 两个三角形

图中的两个三角形都是正三角形。已知圆内的小三角形的面积为 500 平方厘米，那么，请你想一想，圆外的大三角形的面积是多少平方厘米？

328. 构制正方形

有八根木棍，现用它们组成两个正方形（如图所示），其中一个正方形的边长为 8 厘米；另一个正方形的边长为 4 厘米。现在将这两个正方形拆散，重新用八根木棍构成三个面积相等的正方形。请问，应该怎样构制？

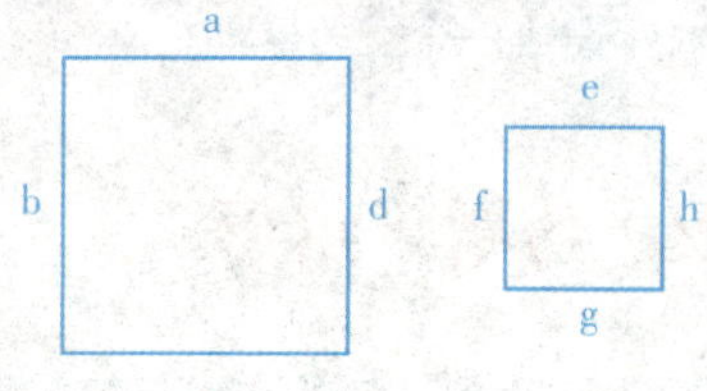

329. 纸上画圆

桌上有一张边长10厘米的正方形纸，如果在纸上画直径为5厘米的圆，共可画几个？假设圆与圆之间不可相切或重叠。

330. 挨骂的工人

有四个工人打算在一个墙面上铺满瓷砖。甲工人使用的“正三角形”瓷砖，乙工人使用的是“正方形”瓷砖，丙工人使用的是“正五角形”瓷砖，丁工人使用的是“正六角形”瓷砖，结果，其中一个工人被工头大骂了一顿。你知道挨骂的是哪个工人吗？

331. 测量金字塔

埃及金字塔是世界七大奇迹之一，其中最高的是胡夫金字塔，它的壮观和神秘吸引了许多人的目光。它的底长230.6米，由230万块重达2.5吨的巨石堆砌而成。金字塔塔身是斜的，即使有人爬到塔顶上去，也没有办法测量其高度。后来这个难题却被一个数学家解决了，你知道他是怎么做的吗？

332. 两条小路

从A点到B点中间隔着一个小花坛，花坛的两边有两条小路（如图所示）。小明和小刚同时从A点出发，小明走左侧小路，小刚走右侧小路，已知他们行走的速度相同，那么请问，谁先到达B点？

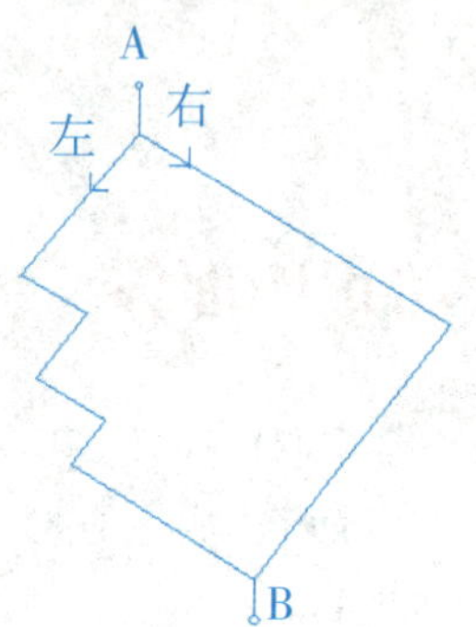

333. 平行变不平行

AB和CD是两条平行线段（如图所示）。现在要求在不变动AB、CD的情况下，画上3条线让它们不能平行。请问应该怎样画？

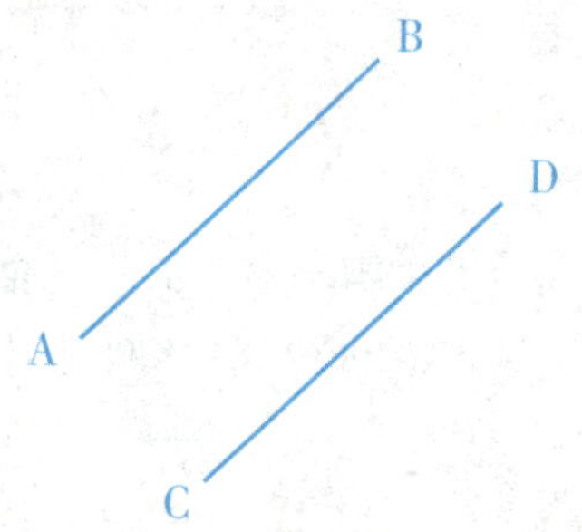

334. 摆椅子

一家宾馆准备招聘一名经理，招聘信息公布不久，便有20多人前来应聘。主考官把他们领到一个正方形的餐桌前，说道：“我给你们出道题。是这样的：请在这个正方形的餐桌周围摆上10把椅子，使桌子每一面的椅子数都相等。”应聘者都开动脑筋想这个问题，不一会儿，就有一名应聘者站了出来，完成了这道题。你知道他是怎么摆的吗？

335. 连线

请用 6 条相连的直线把图中的 16 个点连接起来。

336. 两个圆环

有半径分别是 1 和 2 的两个圆环，小圆在大圆内部绕大圆圆周转一周，问小圆自身转了几周？如果小圆在大圆的外部，那么它自身又转了几周呢？

337. 狮子与小狗

饥饿的狮子紧紧地追赶着一只小狗。就在狮子快要将小狗抓住的时候，小狗逃到了一个圆形的池塘旁边。小狗纵身往水里一跳，狮子扑了个空。狮子舍不得这顿即将到口的美餐，于是盯住小狗，在池边跟着小狗跑动，打算在小狗爬上岸来时抓住它。已知狮子奔跑的速度是小狗游水速度的 2.5 倍，问：小狗有没有办法从狮口脱险？

338. 门和竹竿

有一个门和一根竹竿。把竹竿横放，竹竿长比门宽多 4 尺；把竹竿竖放，竹竿长比门的高度多 2 尺；把竹竿斜放，竹竿长正好和门的对角线等长。问：门的高、宽、斜（即对角线）各几尺？

339. 三角形的个数

请你数一数下面这个图形中有多少个三角形。

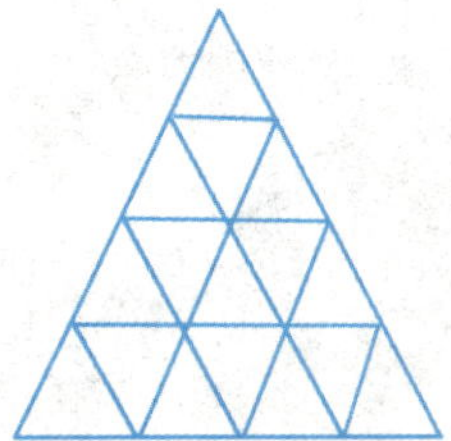

340. 分割等腰梯形

图为一个底角 60°，上底和腰相等的等腰梯形。请你将它分割成大小相等、形状相同的四个图形。

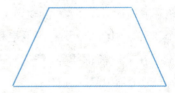

341. 线段上的点

有两个线段 AB 和 CD，AB 比 CD 长。问：这两个线段中，哪个线段上的点“多”？

C D

A B

342. 壁虎捕虫

壁虎在一座油罐的下边缘 A 处。它发现

在自己的正上方——油罐上边缘B处有一只害虫。壁虎决定将这只害虫捕获。为了不让害虫注意到自己，它故意不走直线，而是绕着油罐，沿着一条螺旋路线，从背后突袭害虫。结果，壁虎偷袭成功。

请问：壁虎沿着螺旋线至少要爬行多少路程才能捕到害虫？

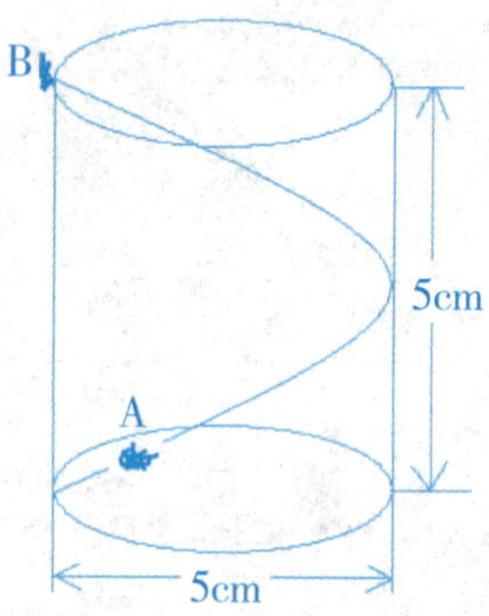

343. 四颗人造卫星

四颗人造地球卫星在各自的轨道上运行。在某一个时刻，测得每一颗人造卫星和其他三颗人造卫星的距离都相等。请你画出这个时刻四颗人造地球卫星的位置。

344. 贪婪的巴河姆

有一个叫做巴河姆的人，到一个陌生的地方去购买土地。卖地的人提出了一个非常奇怪的地价："谁出1000卢布，那么他从日出到日落走过的路所围成的土地都归他；不过，如果在日落之前，买地人回不到原来的出发点，那他就只好白出1000卢布，一点儿土地也得不到。"

巴河姆觉得有利可图，于是他付了1000卢布，等第二天太阳刚刚升起，就连忙在这块土地上大步向前走去。他走了足足有10俄里(1俄里=1.0668公里)，这才朝左拐弯；接着又走了很长时间，才再向左拐弯；这样又走了2俄里。这时，他发现天色已经不早，夜幕即将降临，而自己离清晨出发点却足足还有15俄里的路程，于是只得马上改变方向，径直朝出发点拼命跑去。经过一番努力，最后巴河姆总算在日落之前赶回到了出发点。可是他还没有停稳，就两腿一软，倒在地上晕了过去。请问，巴河姆这天一共走了多少路？他走过的路所围成的土地有多大？

345. 偶数个钱币

一个正方形里有16个小方格，在里面放上16个钱币，每个小方格放一个，如图所示。现在要求从正方形里取出6个钱币，使在每横行与每竖行中剩下偶数个钱币。由于取法不同，剩下钱币的分布也不相同。想一想，有几种不同的情况。

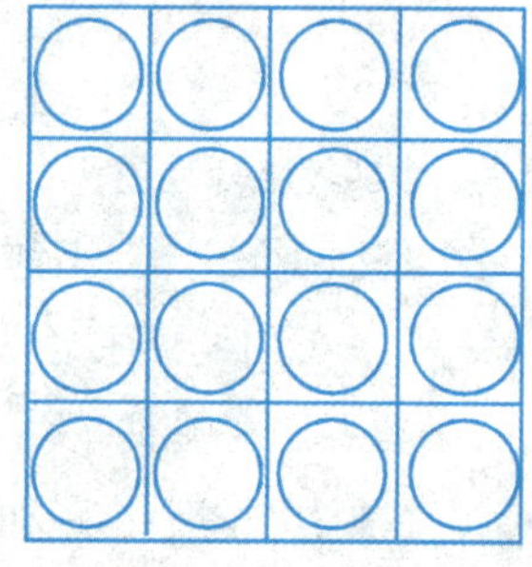

346. 分等积图形

下面是一个由13个小正方形组成的图形。每个小正方形的边长等于1个单位。通过A点做一条直线，把图形分成面积相等的两部分，并使线段的长度是有理数。做图时只能用圆规和直尺。你能分出来吗？

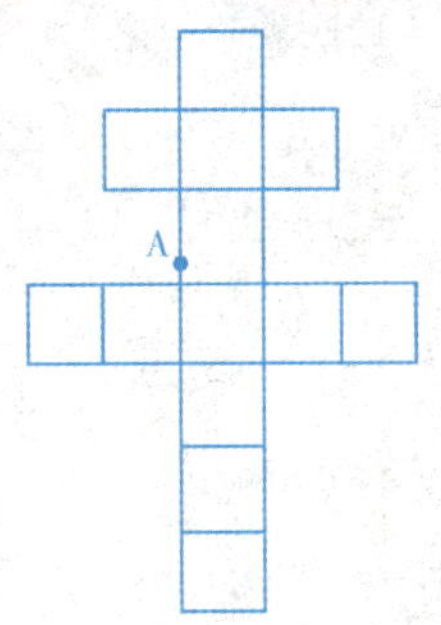

347. 拼正方形

图中是五个小正方形。认真考虑一下，需要把这个图形切几刀，才能拼成一个大正方形。我们现在把这个图形只切两刀，分成三部分，这三部分可以拼成一个正方形。但是不能把切出的部分拼到切口上，只能把原图形的边拼在一起。

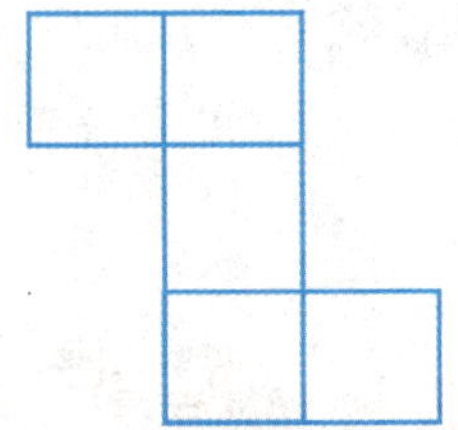

348. 分圆

试试看，用六条直线把一个圆分成最多的份数。如图所示，图中的圆被分成了16份。但是，这种分法不是最多的份数。能分的最多份数，由公式$\frac{n^2+n+2}{2}$确定，其中n是割线数（在解题时，力求做到直线位置的对称性）。

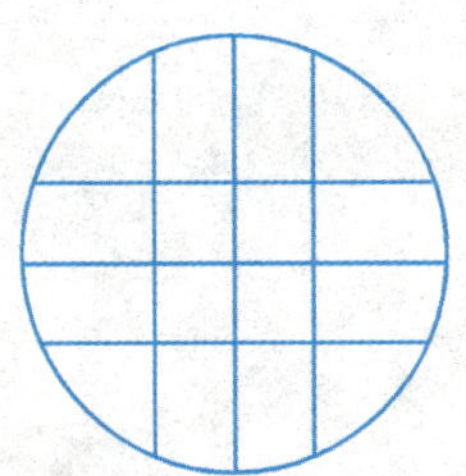

349. 怎样排列

（1）怎样把12只灯泡排成6行，每一行有4只灯泡。

（2）怎样把13只花盆摆成12行，每一行有3只花盆。

（3）怎样把25棵树栽成12行，每一行有5棵树。

请你开动脑筋好好想一想。

350. 找圆心

只用一块没有刻度的三角板和一枝铅笔，此外没有其他的作图工具。请你将圆心找出来。

351. 含“数”的长方形

下图中含有“数”的长方形有多少个？

352. 足球比赛

有五个足球队参加足球比赛，他们分别是A、B、C、D、E，到现在为止，A队赛了4场，B队赛了3场，C队赛了2场，D队赛了1场。那么E队赛了几场？

353. 对应面

一个正方体有 A、B、C、D、E、F 六个面。下图是从三个不同角度看到的这个正方体的部分面的字母。那么这个正方体到底哪个面与哪个面相对？

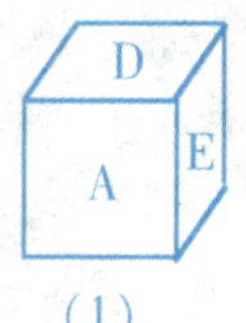

(1)

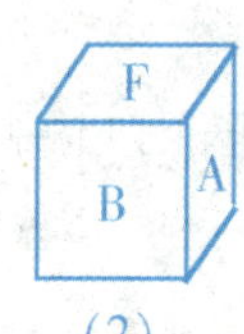

(2)

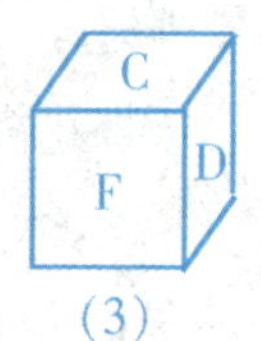

(3)

354. 分月饼

三个智叟动脑筋，平分一个大月饼。
仅有圆规和直尺，尺上刻度不分明。
正在为难愚公至，帮助分得均又平。

355. 等分五个圆

下面是由五个大小相等的圆组成的图形。P 点是最左侧的圆心，你能通过 P 点作一条直线，二等分这五个圆的总面积吗？

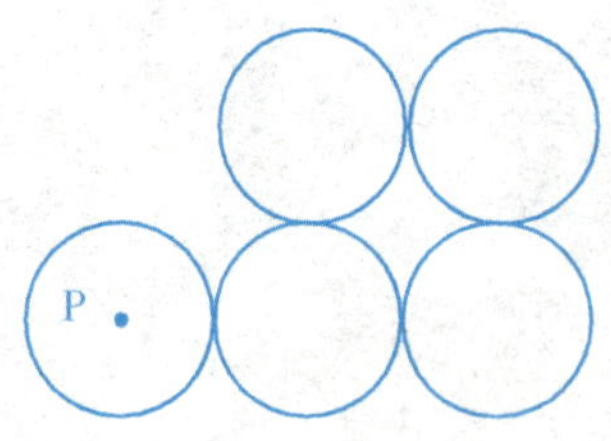

356. 精炼的数学语言

数学语言的特点是：简短、准确、严密。

(1) 从下面大家熟悉的数学语言的句子中，找出多余的字：

①一直角三角形的两锐角之和等于 90°。

②如果直角三角形的直角边等于斜边的一半，那么它对应的锐角是 30°。

(2) 用适当的数学术语将下面的短语进行简化：

①割线在圆周内的部分。

②边数最少的多边形。

③通过圆心的弦。

④底与侧边相等的等腰三角形。

⑤两个同心而不同半径的圆。

(3) 在三角形 ABC 中，AB=BC，AD=DC，试找出至少五个表示线段 BD 的术语。

(4) 现在有七个同类的术语：平行四边形、几何图形、正方形、多边形、平面图形、棱形、凸四边形，试把这些名称排成一个次序，使前面名称的概念里包含着后面的名称。

(5) 已知任何凸多边形的全部外角之和等于四个直角，那么请问，凸多边形中内锐角最多可以有几个。

357. 走过的路线

一个人站在旗杆（点 P）东面 1 米远的地方，向正北方向走；走到与旗杆成北东方向时，再向北西方向走；走到与旗杆成正北方向时，再向西走；走到与旗杆成北西方向时，又向西南方向走；走到与旗杆成正西方向时，再向南走……请你画出这个人走过的路线，并且解答下列问题。

这个人走到旗杆的正东方向时，他离旗杆的距离有多远？用 d（离开旗杆 P 的距离）和 n（走过的线段数）将计算人与旗杆距离的一般公式导出。

358. 钱币的重量

一位古币学家有一张特制的台子。在台上有一个供放墨水瓶之用的直圆柱形的洞。古币学家有两个厚度相同纯金的古钱币，其中大的钱币正好能放进洞里；而小的钱币放在洞口有以下现象，如果轻轻地推一下小钱币，小钱币向洞中心移动，当小钱币的边达到洞的中心时才开始倾斜而下。大的钱币重 6 盎司，小的钱币重多少？

359. 自行车掉头的地点

A、B 两地相距 36 公里，三个学生从 A 出发向 B 方向行走。他们有一辆自行车，但自行车只能乘两人。自行车的速度是步行速度的 3 倍。甲、乙、丙三人行走的方法是：首先甲、乙两人乘自行车，丙步行。自行车行驶到某点 C 时，乙下车向前步行。甲骑自行车马上返回，去接丙。在点 D 碰到了丙，丙乘上自行车后，两人到达目的地 B。如果要求三个人同时到达目的地，那么自行车改变方向的地点 C、D，应该离出发点 A 的距离是多少？（假定自行车的速度不变，两个人步行的速度相同。）

第四部分 趣味几何答案

283. 改变面积

只要在 2 上面加上根号后，面积就会减半，如下图所示：

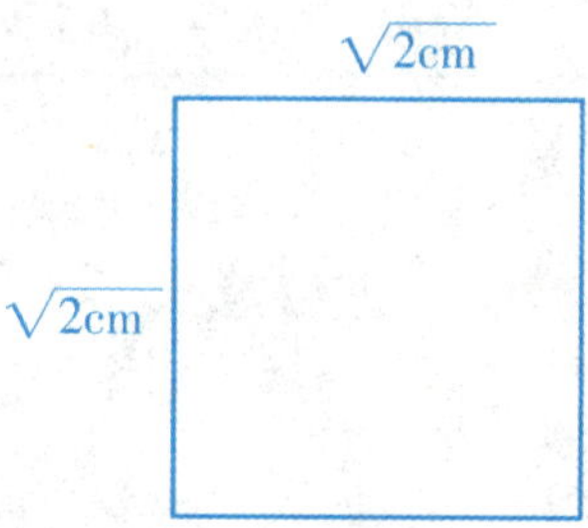

284. 小朋友做游戏

有这种可能。4 个人分别站在正方形的 4 个角处。按顺序分别是甲、乙、丙、丁。

285. 连接五角星

如下图所示，这 4 颗五角星连在正方形的三条边上。

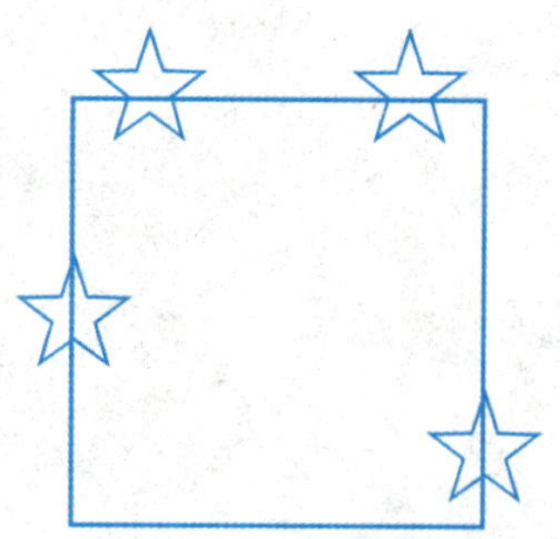

286. 巧移橡皮

答案如下图所示：

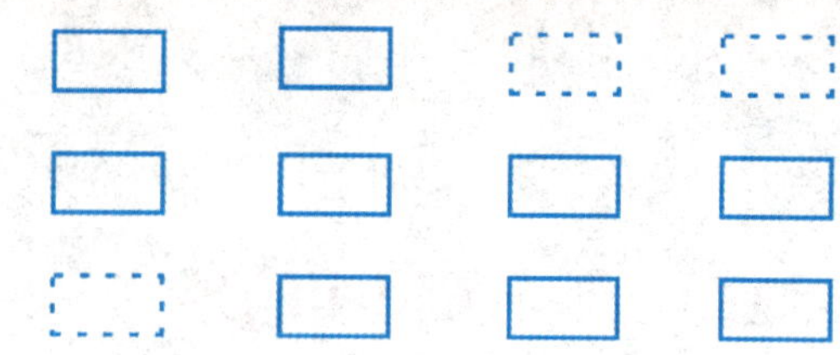

287. 欧拉智改羊圈

将原来 15 米的边长延长到了 25 米；又将原来的 40 米边长缩短到 25 米。这样，原来计划中的羊圈变成了一个 25 米边长的正方形。

288. 苏丹王的矩形

这个矩形是：长 6 尺，宽 3 尺，长、宽都是 3 的整数倍，面积 18 尺，周长也是 18 平方尺。

289. 一朵莲花

用勾股定理可以解答这个问题（如图）。

设水深为 x，则两个直角边长便是 x 和 16。因为水上还露 4 尺，所以斜边应是 x+4。根据勾股定理可列方程式如下：

x2+162=（x+4）2

x=30（尺）

即水深 30 尺。

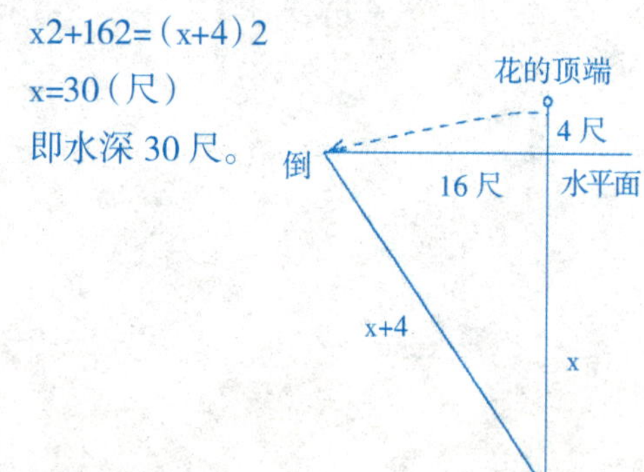

290. 两个“空隙”

设铁丝加长后绕成的圆半径是 R 米，地球赤道半径是 r 米。空隙则为：

$$
\begin{aligned}
R-r&=\frac{2\pi r+1}{2\pi}-r\\
&=\frac{2\times3.14r+1}{2\times3.14}-r\\
&=\frac{6.28r}{6.28}+\frac{1}{6.28}-r\\
&=r+\frac{1}{6.28}-r=15.9\text{（厘米）}
\end{aligned}
$$

根据同样的解法，可知铁丝圆周与乒乓球之间的空隙也是 15.9 厘米。这说明，不论相差多大的两个圆，若分别对其周长增加或减少相同的长度，所形成的空隙是相同的。

291. 拼成正方形

按虚线剪开。

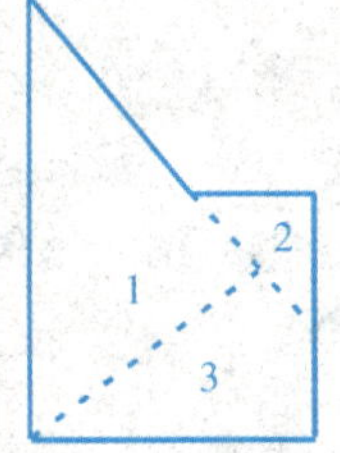

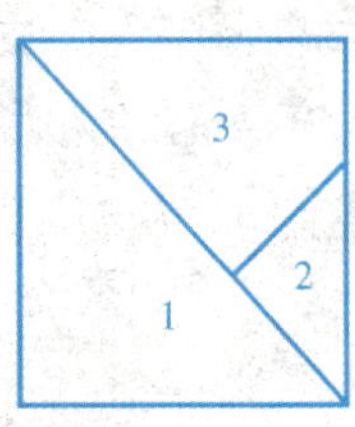

292. 拼图形

按虚线剪开。

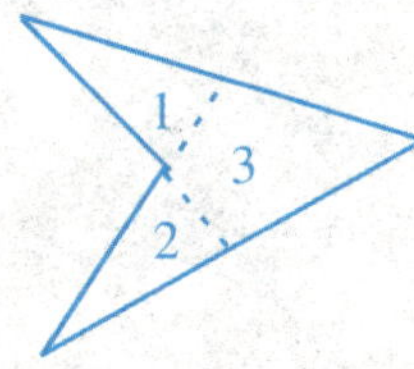

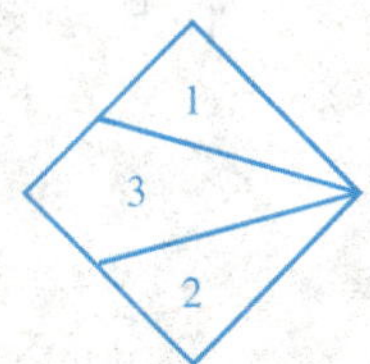

293. 化桥为方

按虚线剪开。

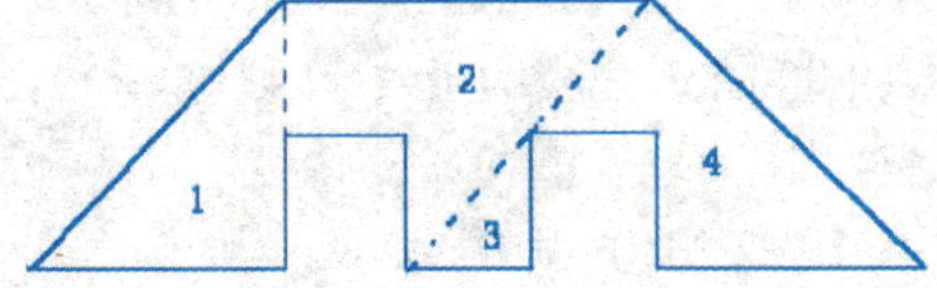

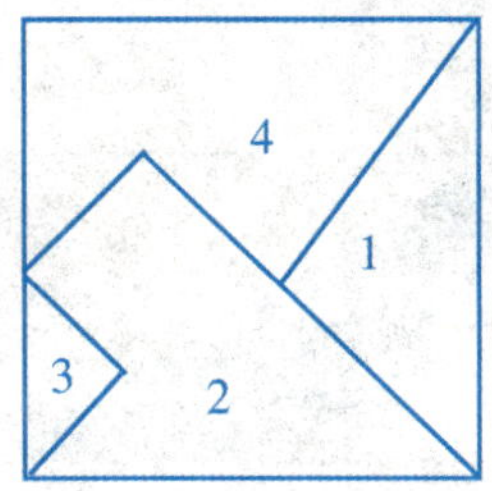

294. 分成全等的图形

按虚线剪开后，即可分成两块全等形。

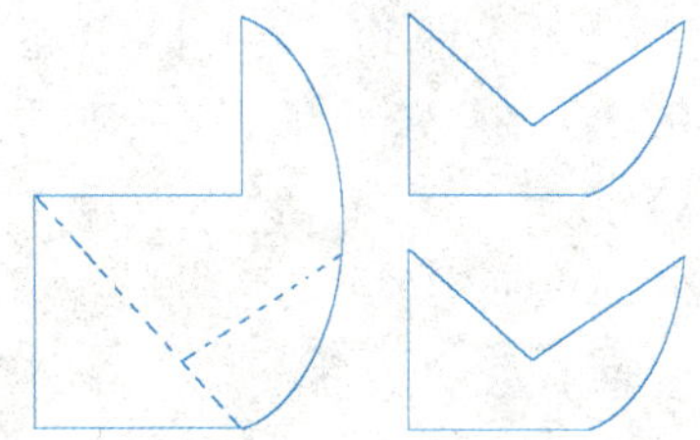

295. 六个小圆

杰克的办法是把左边的小圆圈移到极远的右方，如下图所示。

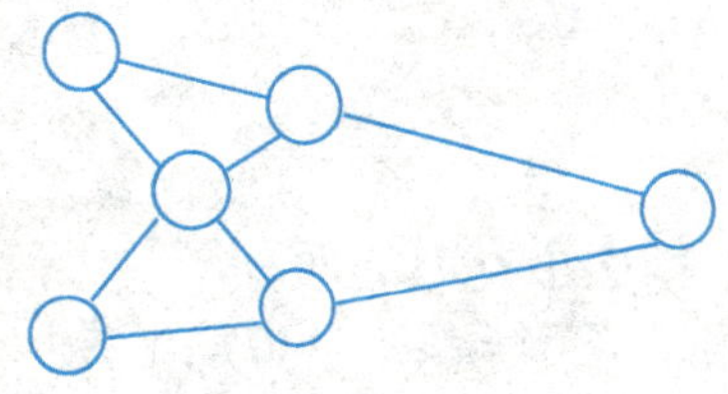

296. 切西瓜

只要按照下面图形的三条直线切开就行了。

297. 阴影部分的面积

可以在对角线 AC 上取中点 G，连接 EG、FG，则有△ ABC 被四等分，阴影部分占△ ABC

的 3/4，则占长方形面积的 3/8。

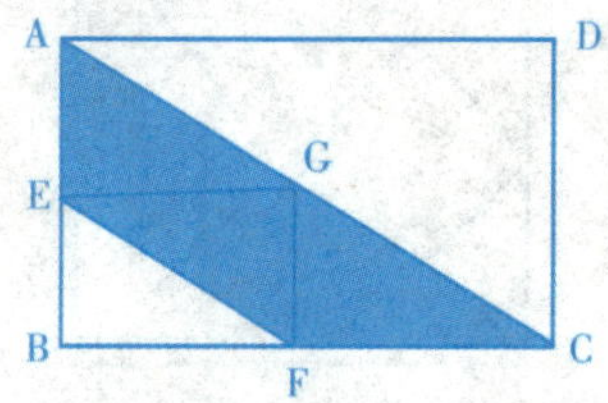

298. 书的内部对角线

方法一：如下图所示，在 Y 点处垂直立一根长 20 厘米的小棍 YB，量一下 AB 就行了。因为 ABYX 连接起来正好是平行四边形，所以 AB=XY。

方法二：勾股定理

$\sqrt{25^2+20^2+20^2}=5\sqrt{57}$

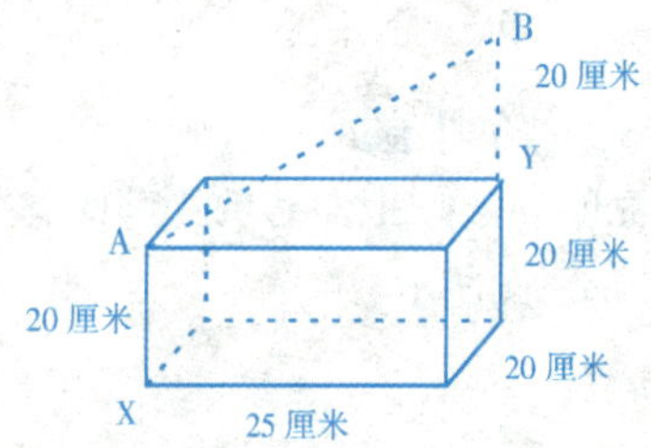

299. 小正方形的面积

直接计算对角线长为 10 厘米的正方形的面积。即 $\frac{10\times10}{2}=50\text{cm}^2$。

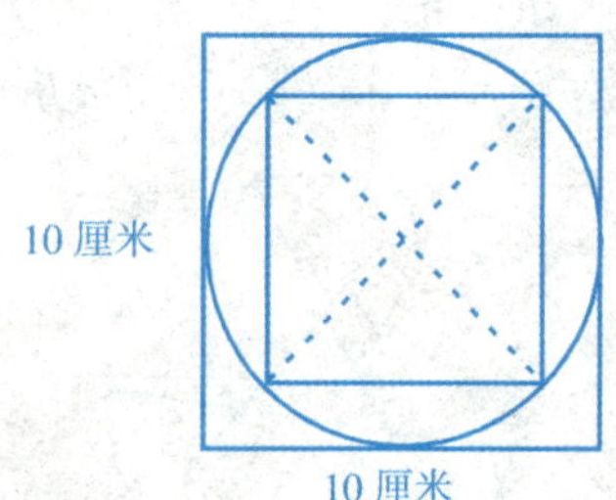

300. 挖去的面

挖去一个小正方体就增加 5 个小正方形的面，一共挖去 6 个小正方体，那么表面小正方形的面会增加 5×6 = 30（个）。

301. 涂颜色

一共分成的块数：4×4×4 = 64（块）

涂色的块数：(4×4+8+4)×2 = 56（块）

则没有涂颜色的木块为 64−56 = 8（块）

302. 圆的直径

在这张纸上画最大的圆，圆周应完全贴近长方形纸相邻的三个边。如下图所示，它的直径就是长方形纸的宽。

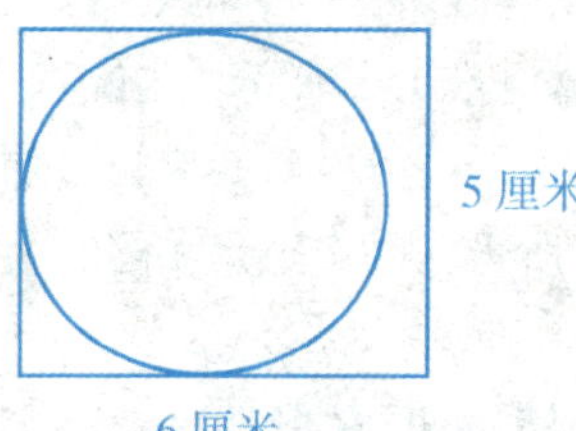

303. 判定三角形

如果这个三角形中还有一个角是 45°，这个三角形恰好是直角三角形。但题意说 45° 是最小角，则另一个角大于45°，那么第三个角肯定不够90°。因此，这个三角形是锐角三角形。

304. 棱长之和

截成正方体棱长：24÷12=2（厘米）

长方体的长：2×2=4（厘米）

长方体棱长之和：2×8+4×4=16+16=32（厘米）

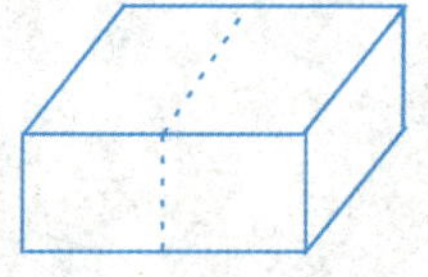

305. 被切掉的盒子

正方体原有 12 条棱，每切掉一块就增加 3 条棱，每个顶点处都切掉一块，一共切掉 8 块。由此可推算出棱的条数：12+3×8 = 12+24 = 36（条）

所以这个图形共有 36 条棱。

306. 缺失的方砖

求缺少方砖的面积，必须知道缺少方砖的块数。

未缺少方砖块数：7×3+4+1+3+6 = 35（块）

缺少方砖块数：7×7−35 = 49−35 = 14（块）

缺少方砖的面积：14×4 = 56（平方分米）

307. 模具的表面积

每挖一个方孔就增加 4 个 2×2=4（平方厘米）的表面积。

那么挖方孔共增加的表面积：2×2×4×6=96（平方厘米）

这个模具的表面积：6×6×6+96=216+96=312（平方厘米）

308. 木块的体积

打一个孔去掉的体积：2×2×4=16（立方厘米）

打 3 个孔去掉的体积：16×3−2×2×2×2=32（立方厘米）

打孔后钢块的体积：4×4×4−32=32（立方厘米）

309. 堆成的正方体

要求它的表面积，实际就是数出这个图形中小正方体露在外面正方形面的个数。则前后左右小正方形面的个数：12+8+4=24（个），上下小正方形面的个数：9×2=18（个），所以图形表面积：24+18=42（平方分米）。

310. 正方体图形

要求它的表面积，实际是数清楚它露在外面有多少个小正方形的面，再计算出这些面的总面积。上下各有 9 个小正方形面，前后各有 10 个小正方形的面；左右各有 8 个小正方形的面。那么大立方体表面包含小正方形面的个数是 9×2+10×2+8×2=54（个）。则大立方体的表面积是 2×2×54=216（平方厘米）。

311. 横截圆柱体

横截成两个小圆柱体，表面积实际增加了两个底面的面积。由此可求出原来圆柱体的底面积，进而可求出它的体积：1.6÷2×1.5=1.2（立方分米）。

原来圆柱体的体积是 1.2 立方分米。

312. 无盖的铁盒

根据题目已知条件得知，折成铁盒后里面的长是 20−5×2=10 厘米，宽是 14−5×2=4 厘米，高是 5 厘米。由此便可求出铁盒的容积是：10×4×5=200（立方厘米）=200（毫升）。

313. 爬行的蜗牛

由题意可知，此题就是比较大圆弧和三个小圆弧的长短，因此想办法表示出它们的长度，然后比较就可以了。

我们可以设小半圆弧直径为 d，那么三个小半圆弧的总长是：

$\frac{\pi d}{2}\times 3=\frac{3\pi d}{2}$

大半圆弧的直径为 3d，它的长度是：$\frac{\pi\cdot 3d}{2}=\frac{3\pi d}{2}$

从上面的计算结果看，两条路一样长。

所以两只蜗牛同时到达 B 点。

314. 不同的走法

9 种。

A—B—C—F；A—B—F；A—B—E—F；A—E—B—C—F；A—E—B—F；A—E—F；A—D—E—F；A—D—E—B—F；A—D—E—B—C—F。

315. 折叠白纸

如下图所示，纸张的折叠角也是 58°。而根据平行线内错角定理可知，另一个角也是 58°。

所以我们很快求出 $x=180°-58°\times2=64°$。

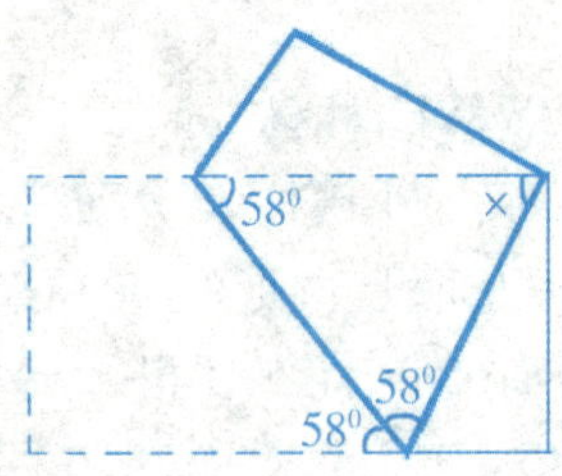

316. 三截木棍

因为三角形的两边之和大于第三边，所以只需要把两截稍短的木棍首尾相连，如果它们的长度大于最长的那截，那么就能组成一个三角形。

317. 扩建鱼池

扩建方案如图所示：

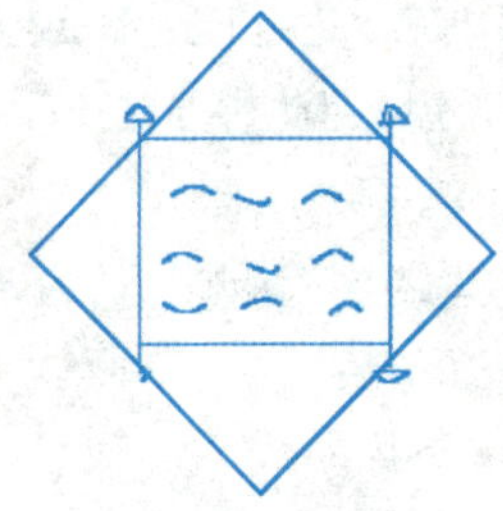

318. 重叠部分的面积

大的正三角形与小的正三角形边长之比为（5+2）:（3+2），即 7 : 5。

两者的面积之比为其平方比，即 49 : 25。做到这一步，问题就明朗了。

与 49–25=24 相当的实际面积为 48 平方厘米，而重叠部分的面积相当于 2 的平方即 4，所以，实际面积为 8 平方厘米。

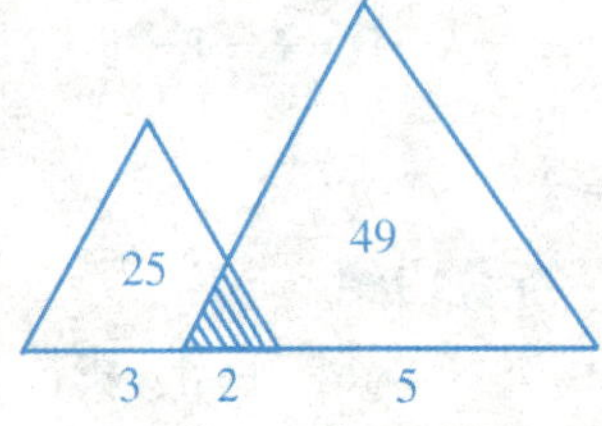

319. 蜗牛爬行

圆锥上部的虚线所表示的线路不是最近的。如下图中所示的直线 AA' 才是最近的路线。

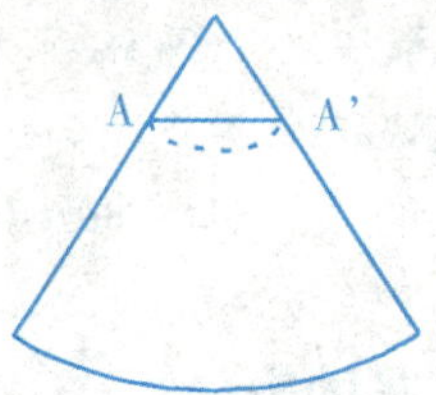

320. 怎样架桥

如下图所示，架一个宽 300 米的大桥，从桥上斜着走过去，就是 A 到 B 的最短距离。

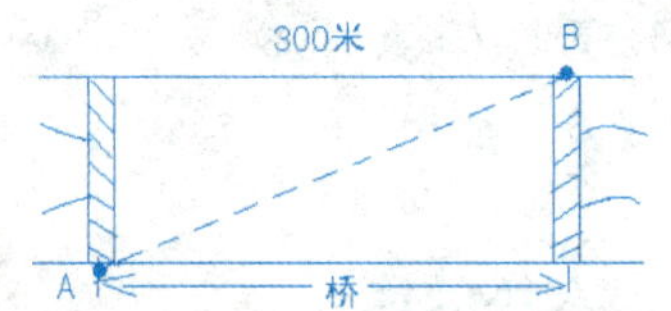

321. 两杆之间的距离

相交点的高度等于两根杆子高度的乘积除以高度之和，与两杆之间的距离根本无关，所以两杆之间的距离可以是任何长度。

322. 巧切蛋糕

切法如下：

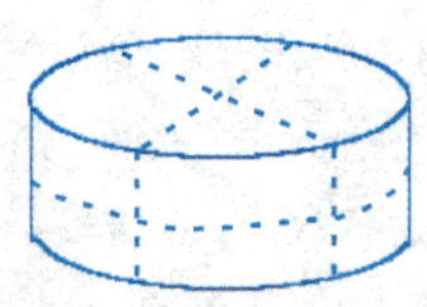

323. 切正四面体

沿着某些边的中点处切即可，切口为六角形。

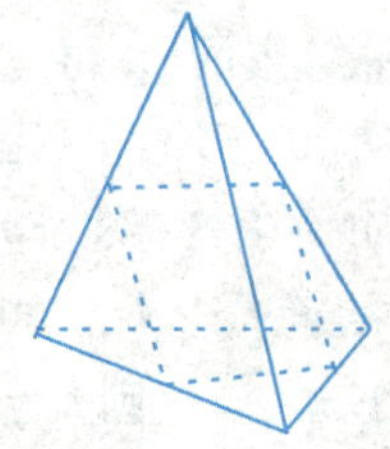

324. 剪正方形

剪出的图形如图所示：

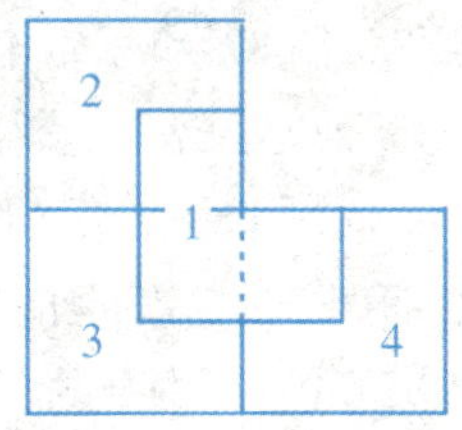

325. 摆三角形

题目并没有要求 3 根木棒必须首尾相应，所以就很容易摆成一个三角形，如下图所示：

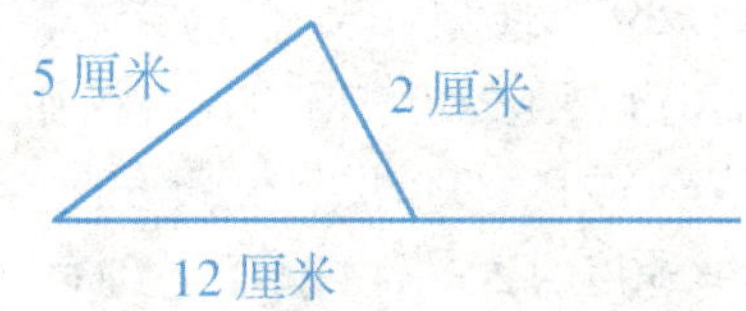

326. 巧增三角形

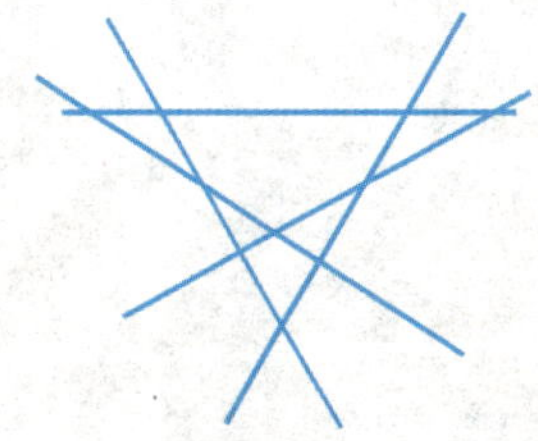

327. 两个三角形

我们可以将圆内的小三角形绕圆心旋转 60°，得到如下图所示的图形，这样就很容易看出，圆外的正三角形正好被平均分成 4 个小正三角形，也就是说，圆外正三角形面积是园内正三角形面积的 4 倍，所以圆外正三角形的面积是：500×4=2000 平方厘米。

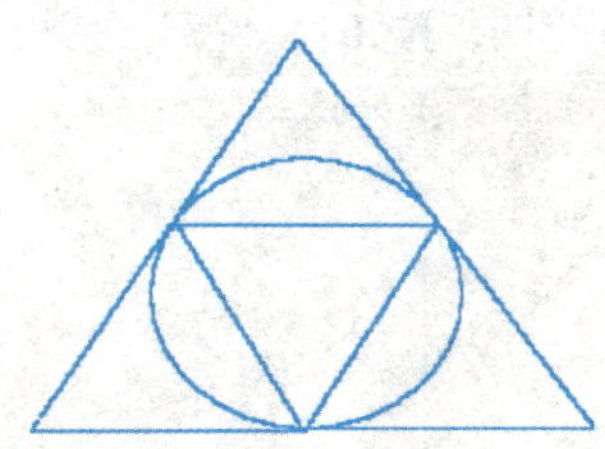

328. 构制正方形

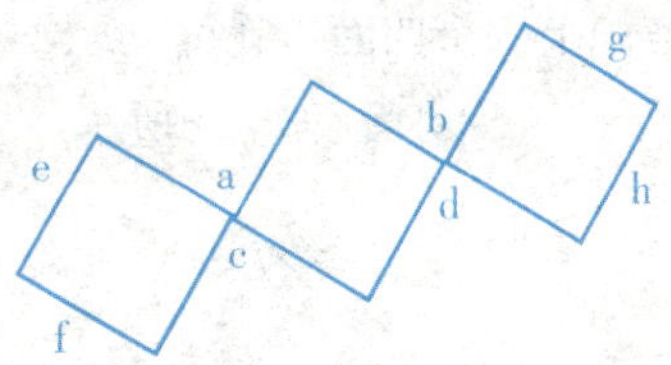

329. 纸上画圆

可以画 6 个圆。因为纸有正反两面，每面可以画 3 个。

330. 挨骂的工人

挨骂的是丙工人。

正三角形、正方形、正六角形都能把墙面完全铺满，而丙工人使用正五角形铺墙，完全是徒劳的做法。

331. 测量金字塔

这个数学家挑了一个晴朗的日子，从中午一直等到下午，当太阳的光线给每个人和金字塔投下长影时，就开始行动，在测量者的影子和身高相等的时候，将金字塔阴影的长度测量出来，这就是金字塔的高度，因为测量者的影子和身高相等的时候，太阳光射向地面的角度正好是 45°。

332. 两条小路

他们两人同时到达 B 点。如图所示，左边线路的各分段距离之和，正好等于右边线路的距离。

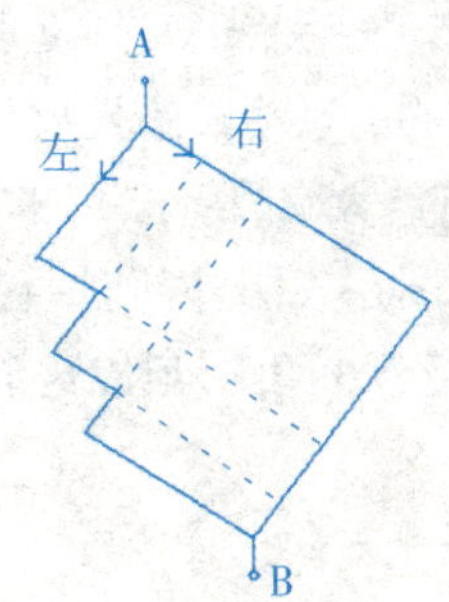

333. 平行变不平行

只要画出一个四面体就可以了，四面体以B为顶点，ACD为底面，如下图所示

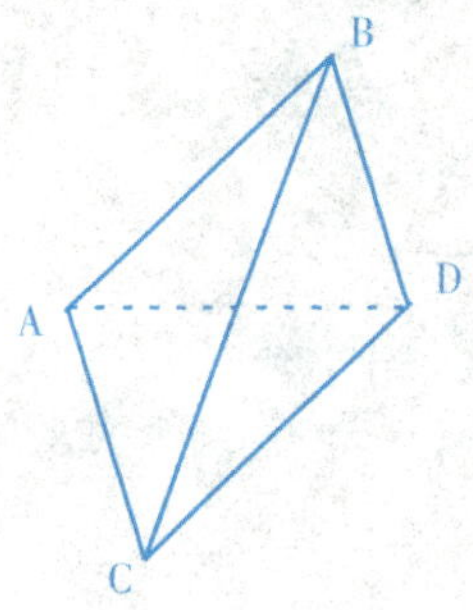

334. 摆椅子

正确的摆法如图所示：

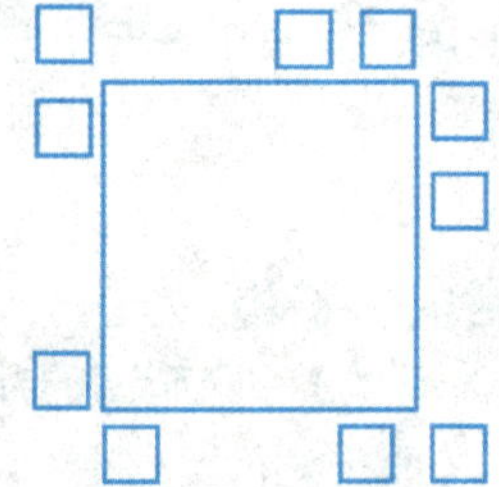

335. 连线

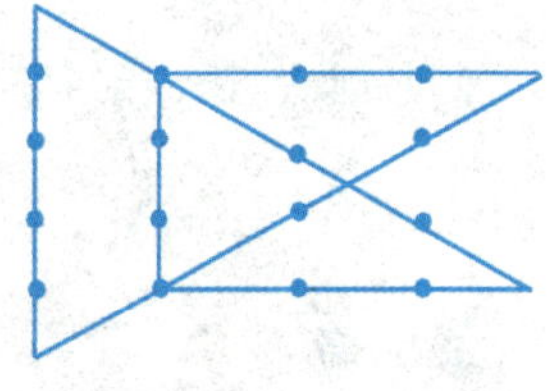

336. 两个圆环

小圆的自转周数只和它本身圆心的运动轨迹与它的半径有关。也就是说小圆在大圆内部时，它的圆心的运动轨迹是半径为1的圆，所以此时小圆绕大圆圆周转1周时自身也是转1周。而当小圆在大圆外部时，它的圆心的运动轨迹是半径为3的圆，所以这个时候应该是3周。

337. 狮子与小狗

如果小狗在圆形池塘中沿着圆周游，那么不管它游到哪里，都会被狮子牢牢盯住。

如果小狗跳下池塘后就沿着直径笔直往前游，那么狮子就要跑半个圆周。由于半圆长是直径的$\pi\div2\approx1.57$倍，而狮子的速度是小狗的2.5倍，因此小狗还是逃脱不了被狮子抓住的命运。

所以，小狗要能逃出狮口，就必须利用狮子沿着圆周跑这个特点，在跳下池塘后就游向圆形池塘的圆心。到达圆心后，看准狮子当时所在的位置例如P，马上沿着和狮子连线的相反方向游去。这时，小狗要上岸（B点）只需游池塘的半径的长，而狮子要跑的距离仍是半个圆周长，也就是半径的π（约3.14）倍长。可是狮子的速度仅为小狗游水速度的2.5倍，当狮子跑到时，小狗已经上岸，并早已逃掉了。

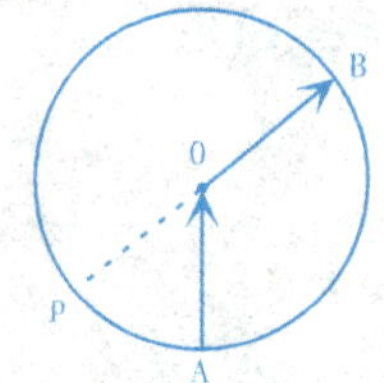

338. 门和竹竿

设竹竿长为x尺，那么门宽AC=x–4（尺），门高AB=x–2（尺），而门的对角线长刚好为x尺。

根据勾股定理有：

$x^2=(x-2)^2+(x-4)^2$

整理得：

$x^2-12x+20=0$

对于这个方程有解x1=10，x2=2。但在这个问题中，x等于2不符合题意，因此x=10。

由此可得知：门宽6尺，高8尺，斜长为10尺。

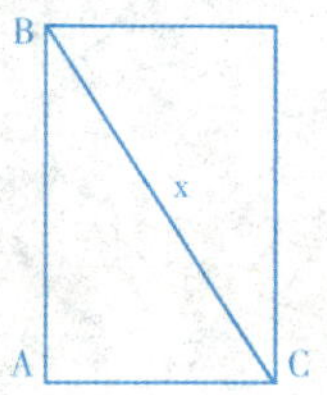

339. 三角形的个数

一共包含有27个大小不同的三角形。其中，以一个单位长为边的三角形16个；以两个单位长为边的三角形7个；以三个单位长为边的三角形3个；以四个单位长为边的三角形1个。

340. 分割等腰梯形

首先，我们很容易将这个梯形分成三个形状相同、大小相等的等边三角形，如图1。

其次，三化为四，把这三块的相邻部分都切出一块形状相同、大小相等的图形，并且使拼起来的图形同其他三块形状相同、大小相等。显然，这只要如图2把每个等边三角形的两个边的中点连起来就行了。

图1　　　　图2

341. 线段上的点

延长AC、BD交于P，在AB上任意取不同的两点M、N，连接PM、PN交CD于M'、N'。由于MP、NP交于P，因此M'、N是CD上不同的两个点。这就可以看到，AB上的点并不比CD上的点"多"。反过来，CD上的点也不比AB上的"多"。所以我们说，AB和CD上的点是一样多的。

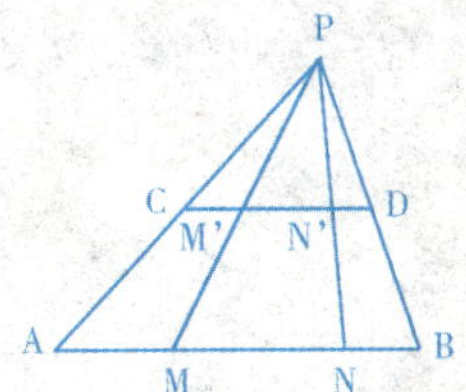

342. 壁虎捕虫

把油罐沿着母线切割开来，再摊平，就成为一个矩形，而壁虎爬行的路程就是这个矩形的对角线AB的长。应用求圆周长公式及勾股定理，可很方便地计算出壁虎爬行的路程为16.48米，它是壁虎绕着油罐到达害虫那里的最短路线。

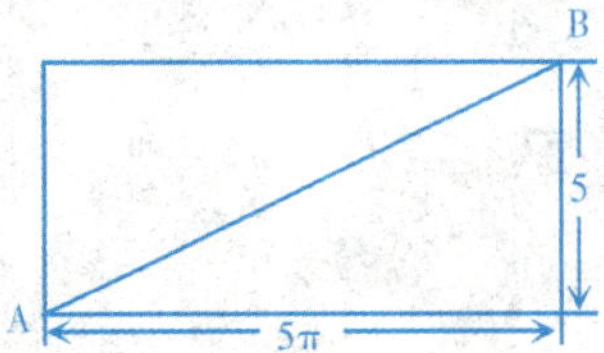

343. 四颗人造卫星

因为四颗人造地球卫星两两之间的距离都相等，所以这时它们应正好位于一个正四面体的四个顶点上。

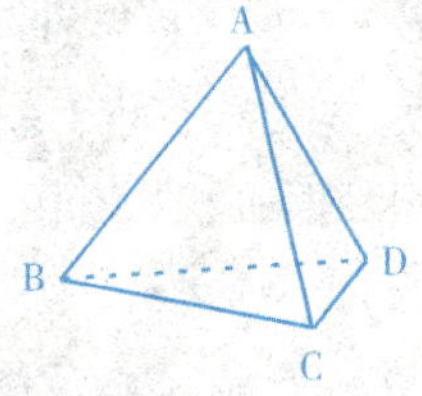

344. 贪婪的巴河姆

根据题目已知条件可知，巴河姆这一天行走的路线构成如图所示的梯形ABCD。

由于他所走的路程为AB+BC+CD+DA，而BC=DE= $\sqrt{15^2-(10-2)^2}$ =12.7俄里。因此巴河姆这一天共走了：10+12.7+2+15=39.7（俄里）。

根据梯形面积公式：

S= $\frac{1}{2}$ ×（上底+下底）×高 = $\frac{1}{2}$ ×（10+2）×12.7=76.2（平方俄里）

也就是说，巴河姆走过的路所围成的土地面积为76.2平方俄里。

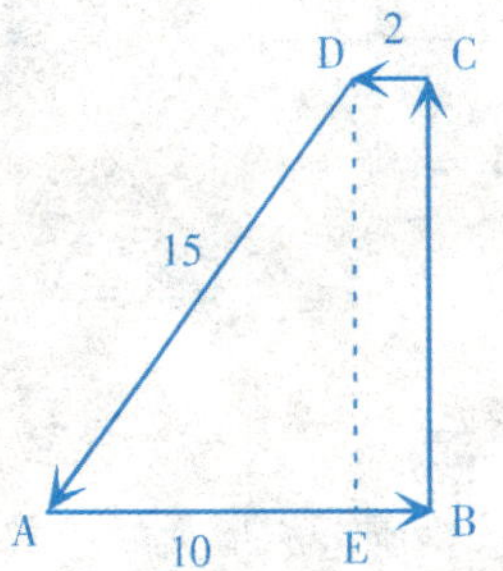

345. 偶数个钱币

有两种可能情况，如图所示。

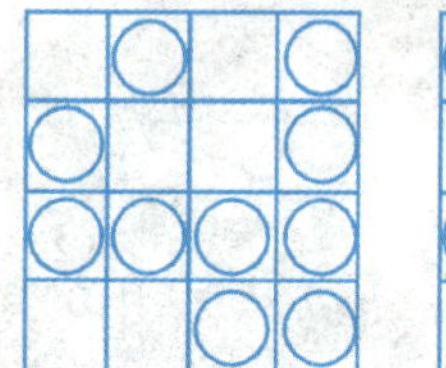

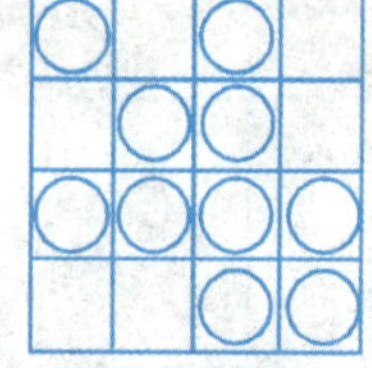

346. 分等积图形

过 C 点做平行于 AD 的辅助线 BC（C 点是正方形 S 下面一条边的中点），那么三角形 ADC 的面积是矩形 ABCD 面积的一半。因为 AB=1$\frac{1}{2}$，AD=2，所以 ABCD 的面积等于 3。这样，三角形 ADC 的面积等于 1$\frac{1}{2}$个正方形。编上号码的正方形，再加上三角形 ADC，正好是总面积的一半（6$\frac{1}{2}$个正方形）。

直线 AC 过 A 点把原来的图形分成面积相等的两部份。

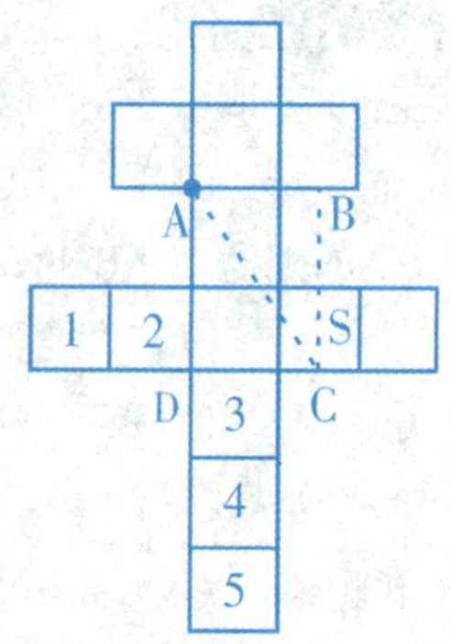

347. 拼正方形

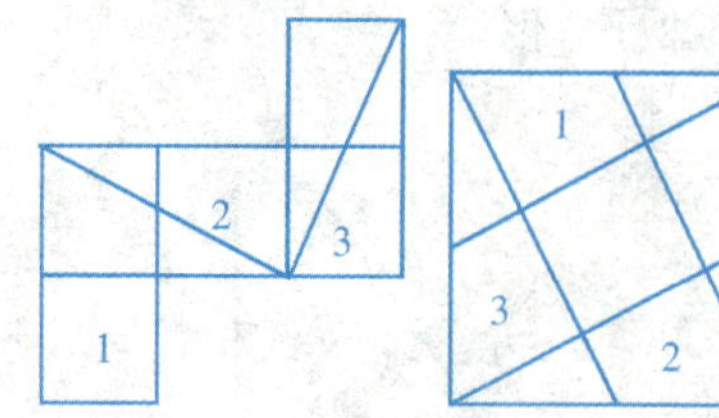

348. 分圆

为了能够把圆分成最大的份数，应该使每一条直线与其余所有直线相交，并且不在同一点上与第三条直线相交。

其中一种解法如图所示。

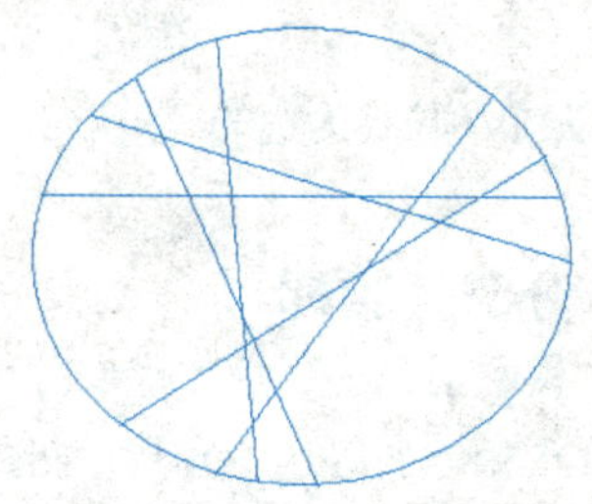

349. 怎样排列

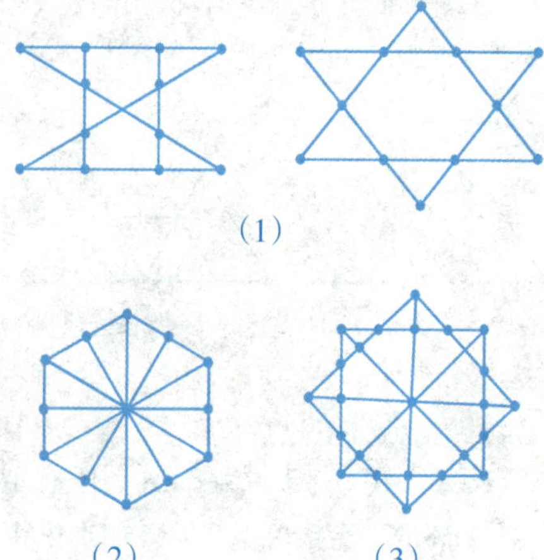

350. 找圆心

把三角板放在圆上，使三角板的顶点 C 与圆周上任意一点重合，三角板的两条直角边与圆分别相交于点 D 和 E，线段 DE 就是圆的直径。用类似的方法做圆的第二条直径，两条直径的交点就是圆心。

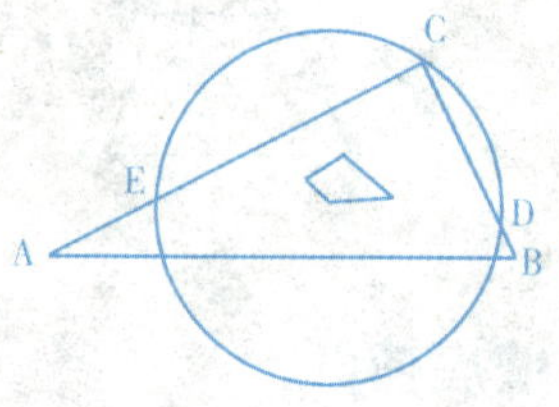

351. 含“数”的长方形

为了不重复不遗漏，可由小到大，由内向

外数。

中间竖着数 4 个，中间横着数 3 个，拐角数 4 个，上下左右各大半部的 4 个，最大的 1 个。

合起来是 4+3+4+4+1 = 16（个）。

所以符合条件的长方形有 16 个。

352. 足球比赛

把参赛的五个球队看成平面上不在同一条直线上的五个点，并且没有 3 个点在一条直线上。这样每两队比赛了 1 场，就可以用相应的两点间连一条线段来表示。各队比赛过的场次可用下图表示。从图中我们很容易看出，E 队赛了 2 场。

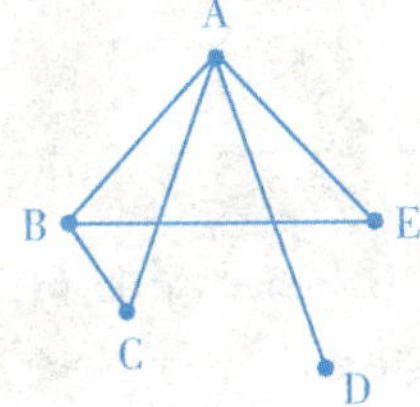

353. 对应面

观察图（1）可知，A 面不与 D 面、E 面相对；观察图（2）可知，A 面不与 B 面、F 面相对。由此可以得出，A 面一定与 C 面相对。

再观察图（2），可以知道，F 面不与 A 面、B 面相对；观察图（3）可以知道，F 面不与 C 面、D 面相对。那么 F 面一定与 E 面相对。

这样剩下的 B 面一定与 D 面相对。

所以这个正方体的 A 面与 C 面相对；B 面与 D 面相对；E 面与 F 面相对。

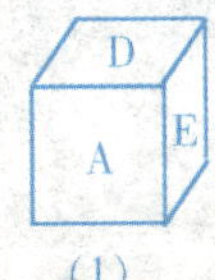

（1）

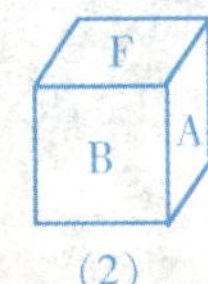

（2）

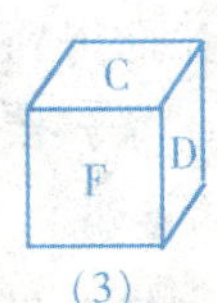

（3）

354. 分月饼

把月饼看作一个圆，以它的中心 O 当作圆心，通过圆心任意作一直径 AB（图 1），再以 A 点为圆心，AO 长为半径画弧交圆于 C 和 D（图 2），连接 CO 延长到 F，连接 DO 延长到 E（图 3）。沿 AB、CF、DE 三条直径切开，即得六块大小相等的饼，每人分得两块。

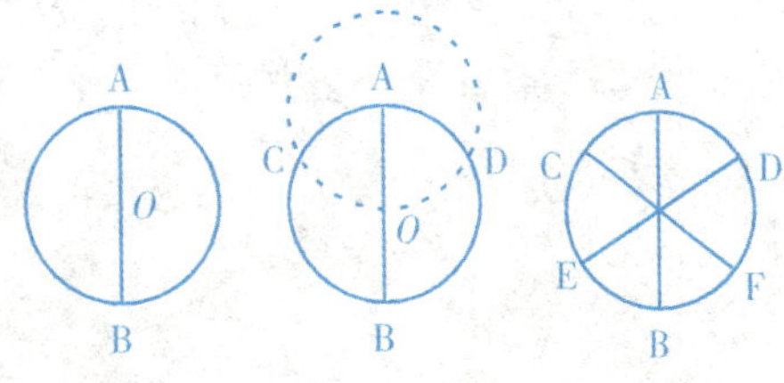

355. 等分五个圆

要等分这五个圆，首先做出一个补充圆（如下图用虚线表示的圆）。通过联结 P 与补充圆的圆心 O 所成的直线，就能把六个圆的面积二等分，五个圆的面积也就随之二等分了。用此方法还可将由七个、九个圆组成的这种形式的图形二等分。

356. 精炼的数学语言

（1）在①中，“两”是多余的。在②中，“直角三角形的”和“锐”都是多余的。

（2）①弦。②三角形。③直径。④等边三角形。⑤同心圆。

（3）高、中线、角平分线、对称轴、离线段 AC 两端等距离的点的轨迹。

（4）几何图形—平面图形—多边形—凸四边形—平行四边形—菱形—正方形。

（5）凸多边形的全部外角之和等于四直角，所以任何凸多边形都不可能有三个以上的外角是钝角。由此可知，任何凸多边形的内锐角也不可能超过三个，只有三角形才有三个内锐角。

357. 走过的路线

首先画出正确的示意图。从下图中不难看出：人走过的每一条线段，都是相应的等腰直角三角形的一条直角边。由此可导出一般公式：

$d=\sqrt{2^n}$

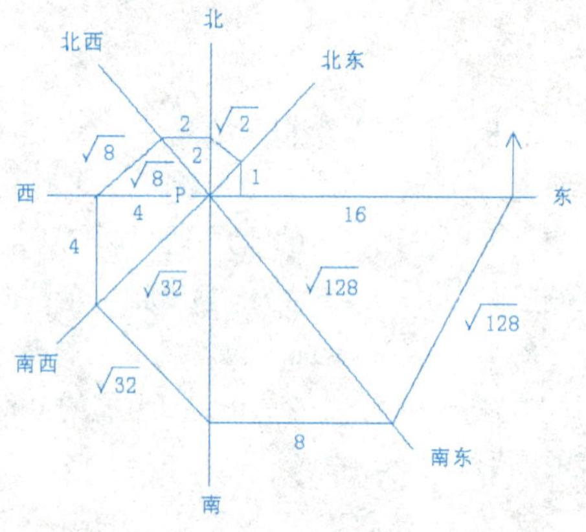

式中 d 表示人与旗杆的距离，n 表示人向不同方向走过的次数。人走到旗杆的正东方向时：

n=8

$d=\sqrt{2^n}$

所以 d=16。

358. 钱币的重量

当小钱币开始倾斜时，它的直径 AD 应该与圆洞的弦重合，如图。这时钱币的边与洞的中心 C 相切，连结 CB，点 B 是小钱币的中心。因为 AC、DC 都是洞的半径，AC=DC，所以 CB ⊥ AD。因为 AB、CB 是钱币的半径，所以它们相等。设钱币的半径等于 1，那么 AC= $\sqrt{2}$。因为两个钱币的厚度是一样的，所以两个钱币的重量与面积之比，等于两圆半径的平方比。因此，大钱币的重量是小钱币的 2 倍，小的钱币重 3 盎司。

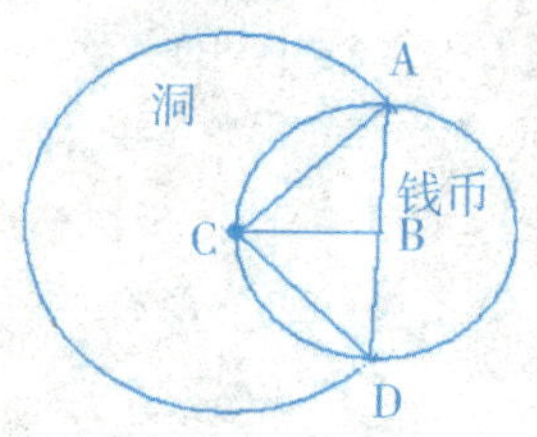

359. 自行车掉头的地点

根据题目条件，乙步行走完 CB 这段路程的时间，与自行车走了 CD+DC+CB 的路程所用的时间相等。因为自行车的速度是步行的 3 倍，所以：

CD+DC+CB=3CB

因为：CD+DC=2DC，由此得：

2DC+CB=3CB

2DC=2CB

DC=CB

在丙走完 AD 这段路程的时间内，自行车走了 AD+DC+CD 的路程，根据题目的条件，这段路程等于 AD 的 3 倍，即：

AD+DC+CD=3AD

由此得到与上面一样的推论：

DC+CD=2DC

AD+2DC=3AD

2DC=2AD

DC=AD。

由此得到 DC=CB，DC=AD。两条线段 CB 与 AD 等于第三条线段 DC，因此这三条线段都相等，即：

AD=DC=CB

自行车的调头地点 D 与 C 把 AB 分成三等分，即：

AD=12，AC=24

第五部分　玩转思维

360. 一次旅行

某人在A和B之间进行一次往返旅行，希望在整个旅行中能够达到每小时60千米的平均速度，但是当他从A到达B的时候发现平均速度只有每小时30千米，问：他应当怎样做才能使这次往返旅行的平均速度达到每小时60千米？

361. 两个空心球

有两个大小及重量相同的空心球，它们的材料不一样。一个是金的，一个是铅的。空心球表面涂有相同颜色的油漆。你能用简易的方法判断出哪个是金的，哪个是铅的吗（不能破坏表面油漆）？

362. 分金币

桌子上有23枚金币，10枚正面朝上。假设你的眼睛被别人蒙住了，而你的手又不能摸出金币的正反面。在这样的情况下，要求你把这些金币分成两堆，每堆正面朝上的金币个数相同。

363. 分油

桌子上放着三个容器，容量分别是5斤、11斤和13斤，现有24斤油，问：怎样才能将这些油分成三等份？

364. 今天是星期几

一个人忘了今天是星期几，于是就去问自己的朋友，朋友想考考他，于是就说："当'后天'变成'昨天'的时候，那么'今天'距离星期天的日子，将和当'前天'变成'明天'时的那个'今天'距离星期天的日子相同。"

请问：今天到底是星期几？

365. 三个孩子

一家有甲、乙、丙3个孩子，其中甲和乙的年龄差3岁；乙和丙的年龄差2岁，并且甲不是长子。那么这三个孩子年龄的排列应该是怎样的呢？

366. 还钱

有甲、乙、丙、丁四人，他们都相互认识，甲向乙借了10元钱，乙向丙借了20元，丙向丁借了30元，丁向甲借了40元。有一次，4个人在路上相遇了，他们决定借这个机会把钱还清，并且想在动用最少钱以及钱移动的次数也最少的情况下结算，请问他们应该如何还钱？

367. 羊的数量

欢欢和露露家都养了羊。这天，欢欢跟露露商量放学后一起放羊。放学后，欢欢先带着一群羊出发了，露露因为临时有事，所以后来赶了上来。露露抱着一只羊追上欢欢，对欢欢说："你这群羊有100只吗？"欢欢想了想回答说："如果再有这么一群羊，再加半群，又加上1/4群，再把你的一只羊凑进来，就凑满100只了。"

那么你知道欢欢原来有多少只羊吗？

368. 粮食问题

9 个农民在一个深山中迷了路，他们身上带的粮食只够吃 5 天。第二天，这 9 人又遇到了另外一队迷路的人，两队人合在了一起，同吃这些粮食，只够吃 3 天。问：第二队迷路的人有多少个？

369. 鸡和鸭的只数

一个小孩赶着一群鸡和鸭在路上走，一个人从此路过看见了他，就好奇地问他鸡和鸭各有多少只。小孩想考考这个人，于是就说：把鸡的只数乘以鸭的只数，这个乘积放在镜子里照一下，得到的数正好是鸡的只数和鸭的只数的总和。过路人一听愣了，不知该从何下手。

亲爱的读者，你知道结果吗？

370. 诸葛田巧取银环

从前，有个财主叫贾善仁，他对长工非常刻薄、狠毒。长工们吃尽了苦头，谁也不愿再给他干活。贾善仁为了让长工们给他干活，绞尽脑汁想办法。

诸葛田也是贾善仁的长工，他是个聪明机灵的人。这天，财主拿出 7 个连在一起的无缝银环，指了指这串亮闪闪的东西对长工们说：“谁给我干活，每个月就可以从这串银环里拿走一个。但有个条件，干一个月后拿一个环，在这个环链上只能用斧头剁开一条缝。”

长工们都知道财主想以此来坑骗他们，所以都无动于衷。诸葛田转了转眼珠，然后对财主说他愿意，于是便和财主立下了字据。其他的长工们都摇头，说诸葛田让银子迷了心窍。

贾善仁露出得意地笑容，他想：“字据上只写了‘剁开一条缝’，你至多也就只能拿走一个环，剩下的六个环连在一起，你只能干瞪眼，就是拿不走哇，还得乖乖地给我白干六个月！”

然而七个月过后，诸葛田按照财主的要求把七个银环都取走了。

贾善仁眼睁睁地看着诸葛田把银环全都拿走了，气得发晕，却又一点儿办法没有。

亲爱的读者，你知道诸葛田是怎么做的吗？

371. 挂反的门牌

小丽家的门牌号是一个从左到右、用阿拉伯数字写的四位数字。一天，门牌掉了下来，小丽重新挂上去的时候却把它挂反了。当她意识到错误，正准备挂正的时候，突然发现被她挂反的门牌号仍然是一个四位的阿拉伯数字，但是比原来的数字多了 7875。请问小丽家的门牌号是多少？

372. 刘小姐的表

刘小姐在商场买了一块表，表的款式非常新颖，刘小姐非常喜欢它。可是用了没多久，有人告诉她，这块表有毛病——它的时针和分针要 65 分钟才重合一次。刘小姐对此非常恼火，决定去商场理论。

你说，这表有毛病吗？是快还是慢？

373. 试验顺序

有一个班要分批进实验室做试验，规定每次只能进四个人，而且，每个女生旁边必须至少有另外一个女生。那么，你知道这种排法共有多少种吗?

374. 放乒乓球

桌上有4种不同颜色的乒乓球，现在要把这些球放入4个不同的盒子里，请问有多少种放法?

375. 王子与公主

一位以智慧著称的王子向一位美丽的公主求婚。公主并没有马上答应他，而是想先考考他，于是就让仆人端来两个盆，其中一个装着10枚金币，另一个装着10枚同样大小的银币。然后仆人把王子的眼睛蒙上，并随意调换两个盆的位置，请王子随意选一个盆，从里面挑选出1枚硬币。如果选中的是金币，公主就嫁给他；如果选中的是银币，那么王子就再也没有机会了。王子听了以后，说:“那能不能在蒙上眼睛之前，任意调换盆里的硬币组合呢?”公主答应了他的要求。

请问:王子该怎么调换盆里的硬币组合才能确保他的胜率要高些?

376. 摸黑装信

萍萍有4位笔友，她经常用书信与她们交流。

有一天晚上，萍萍分别给4位朋友写信。她刚写好信正准备分装的时候，突然停电了。萍萍摸黑把信纸装进信封里，因为要赶着明天寄出去。爸爸说她这样摸黑装信一定会出错，萍萍却不以为然，她说最多只有一封信会装错。

你觉得萍萍说得正确吗?

377. 贴错的标签

有三个盒子，外形完全相同，每个盒子里都放有两个球。其中的一个盒子里是两个白球，一个盒子里是两个黑球，一个盒子里是一个白球和一个黑球。盒子外面都贴有一张标签，标明“白白””黑黑”“白黑”。但由于贴标签的人一时大意，每个盒子的标签都贴错了。

问:从哪个盒子中任意取出一个球，就可以区分每个盒子里装的是什么球?

378. 分葡萄

现在有一串葡萄，总共有100颗，要求分放在12个盘子里，并且每个盘子里的数字中必须有一个“3”。请你好好想一想，该怎么分?

379. 拔河比赛

甲、乙、丙、丁四个小组进行了一次拔河比赛。比赛结果是:当甲、乙两组为一方，丙、丁两组为另一方的时候，双方势均力敌，不相上下。但当甲组与丙组对调以后，甲、丁一方不费吹灰之力就打败了乙、丙一方。

然而，乙组的学生并不气馁，他们自己同甲、丙两组分别较量，结果都胜了。

请问，甲、乙、丙、丁四个小组中，哪组力气最大，哪组第二，哪组第三，哪组最小?

380. 扩招

有一所重点高中，每年级为300名学生，共900名。该校制订了一个比现有900名学生翻一番的扩大招生计划，决定从明年新生入学开始，每年招生要比前一年多 100 名。已知每年的毕业生一个也不少，请问几年后才能完成这个扩大招生计划呢？

381. 小明沏茶

一天，小明家来了客人，爸爸安排小明给客人烧水沏茶。洗水壶并冲水要用 2 分钟，烧开水要用 12 分钟，洗茶壶要用 2 分钟，洗茶杯要用 3 分钟，拿茶叶要用 2 分钟。小明粗略算了一下，要完成这些工作需用 21 分钟。为了让客人早点喝上茶，按最合理的安排，要用多长时间才能沏茶？

382. 钓鱼

一位神枪手跟朋友一起去钓鱼，由于运气不佳，钓了半天也没钓上，他见鱼在清澈的湖水中游着，于是干脆丢掉钓竿，拿起枪对准水中的鱼射击。谁知他一连射了好几枪，却连一条鱼也没打中。你知道这是为什么吗？

383. 小朱的风铃

小朱是一个心灵手巧的孩子，她最喜欢做的就是风铃。这一天，她折了 6 朵风铃花，用一根 1 米长的绳子每隔 0.12 米拴 1 个正好。现在她由于疏忽大意用剪刀剪坏了一个，重新折的话又没有多余的塑料膜了。现在还要求 0.2 米拴 1 个，绳子不能剩。请问：小朱该怎么拴？

384. 找错误

娟娟在一个超市里做收银员。有一天，她在晚上下班前查帐的时候，发现现金比账面少 153 元。她知道实际收的钱是不会错的，只能是记帐时有一个数字点错了小数点。那么，她如何从那么多笔账中找到这个错数呢？

385. 白鹅和羊

一位老人赶着一群羊和白鹅往集市上走，已知白鹅和羊有 44 只，它们共有 100 条腿。请问白鹅和羊各有几只？

386. 带来的钱

妈妈带着两个儿子到新华书店买书。到了书店后，妈妈问哥哥：“你身上带了多少钱？”哥哥说：“我和弟弟一共带了 240 元，如果弟弟给我 5 元，那么我的钱数就比弟弟的钱数多一倍了。”妈妈又问弟弟：“你带了多少钱呢？”弟弟回答说：“如果哥哥给我 35 元钱，那么我的钱数就和哥哥的一样多了。”妈妈听了以后，还是弄不清他们身上到底带了多少钱。那么你知道哥哥和弟弟各带了多少钱吗？

387. 放硬币

小文和小霞准备玩一个游戏。他们拿来了一张纸，1 分硬币若干枚。游戏规则是：2 人轮流把硬币放在纸上，每人每次只放一枚；放在桌上的硬币不能重叠；最后在纸上无处可放者为负。

为了保证最后取得胜利，你知道怎么放吗？

388. 车站的钟声

约翰家住在火车站附近，他每天都可以根据车站大楼的钟声起床。车站大楼的钟，每敲响一下延时 3 秒，间隔 1 秒后再敲第二下。假如从第一下钟声响起，约翰就醒了，那么到约翰确切判断出已是清晨 6 点，那么这之间前后共经过了几秒钟？

389. 牧场的牛

牧场上有一片青草，每天生长的速度都一样。这片青草供给 10 头牛吃，可以吃 22 天，或者供给 16 头牛吃，可以吃 10 天，如果供给 25 头牛吃，可以吃几天？

390. 兄弟分银

10 个兄弟分 100 两银子，从小到大，每两人相差的数量都一样。又知第八个兄弟分到 6 两银子，每两个人相差的银子是多少？

391. 心算题

老师给小敏出了一道心算题：

1000 加上 30，再加 1000，再加 10，再加 1000，再加 20，再加 1000，最后再加 40。

要求只可以进行心算，不准使用笔、纸或计算器，而且必须在 4 秒钟内说出答案。

小敏不假思索就给出了答案：5000。

亲爱的读者，你算出来了吗？

392. 青蛙和松鼠的比赛

夏日的森林充满了生机和活力。松鼠闲来无事，于是找到了青蛙，想和它进行一场跳跃比赛，青蛙同意了。比赛规则是它们各跳 100 米后再返回到出发点。松鼠一次跳 3 米，青蛙一次跳 2 米，但松鼠跳 2 次的时间青蛙能跳 3 次。

那么你来预测一下，在这次比赛中谁将获胜？

393. 三种颜色的球

桌上放着 130 个球，按 1 个红球，2 个白球，3 个黄球的顺序排列，那么你知道最后一个球是什么颜色的吗？三种颜色的球各有几个？

394. 电话号码

某市开通了号码是 7 位数的程控电话，前三位号码是 623 或 625。问这个城市电话号码不出现重复数字的电话有多少部？

395. 合适的位置

有一个中尉在训练的时无意中听到了这么一个消息，就是将军要从 36 个表现突出的中尉中提升 6 个人为上尉，但是将军都很看好这 36 个人，并不会有意偏袒谁，所以决定让 36 个人站成一个圆圈，然后从第一人报数，从一数到十，报十的人就是能升职的人。这个中尉正好有 5 个好朋友在名单之中，为了能让自己和 5 个朋友都能升为上尉，他和他的好朋友应该站在什么位置？

396. 锄草人

一个富翁有两块草地，他雇了一些人来替他锄草。大的一块比小的一块大一倍；上午全部人都在大的那一块草地锄草。下午一半人仍留在大草地上，到傍晚时把草锄完。另一半人去锄小草地的草，到傍晚还剩下一块，这一块由一个锄草人再用一天时间刚好割完。问这组锄草人共有多少人？

397. 不同金额

王红钱包中共有人民币14元8角，其中5元纸币2张，1元纸币4张，1角、2角、5角纸币各有1张。在不用商店找钱的情况下，王红用钱包中的这些人民币任意付款，问可以付出多少种不同金额的款？

398. 彩色灯泡

圣诞节即将来临，某大商场为增添节日气氛，吸引顾客眼球，就在门口放了一颗圣诞树，树上挂了一排彩色灯泡。这样一来，彩灯一闪一闪的，看上去的确非常喜庆，商场的生意也好了许多。商场经理非常高兴，他想考考自己的员工，于是指着彩灯说："我们的彩灯是按"三红、四黄、五绿"的次序排列。那么你们知道第54只和第158只灯泡分别是什么颜色的呢？

399. 滚来的乒乓球

有一个凹槽，深2米；大小只能通过一个乒乓球，现在凹槽的两端各滚来了一个乒乓球1、2，为了交错通过，凹槽壁上恰好有一个乒乓球大小的凹洞，可是很不凑巧，那个洞里居然还有一个乒乓球3，怎么样让乒乓球1、2顺着它原来的方向到达终点呢？

400. 三年内的星期天

1903年10月，在美国纽约的一次数学学术会议上，科尔教授做学术报告。他默默地走到黑板前，用粉笔写出267–1，这个数是合数而不是质数。接着他又写出两组数字，用竖式连乘，两种计算结果相同。回到座位上，全场听众向他报以热烈的掌声。两百年来，人们一直怀疑267–1是质数，而科尔教授却证明了267–1是个合数。

有人问他论证这个问题，用了多长时间，他说："三年内的全部星期天。"

亲爱的读者，你能用最快的速度回答出他至少用了多少天吗？

401. 青蛙王子和青蛙公主

森林旁边有一个大池塘，池塘的周围是10块等距离排列的露出水面的石头（如图所示）。青蛙公主和青蛙王子蹲在相邻的两块石头上。青蛙王子看上了青蛙公主，他希望自己能和她蹲在同一块石头上。王子一次能蹦过两块石头，落在第三块石头上，公主一次只能蹦过一块石头，落在第二块石头上。假设他们同时起跳，并且只能始终按一个方向蹦跳，而青蛙公主的蹦跳方向是逆时针，那么，为了尽快地和青蛙公主跳到同一块石头上，王子应该选择什么方向蹦跳，顺时针还是逆时针？

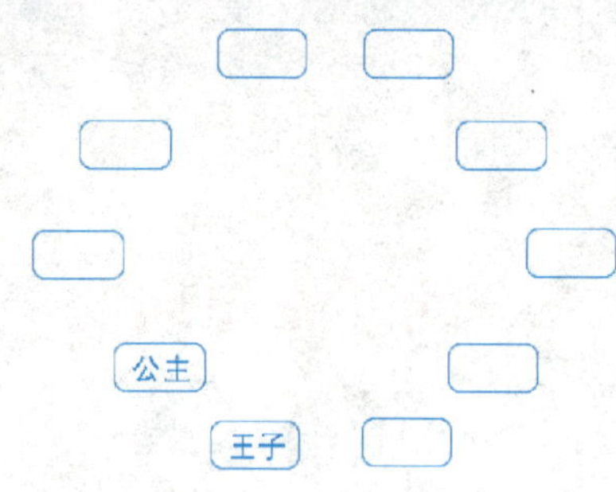

402. 爬楼梯

一栋大厦有 10 层，黄先生要到大厦的 8 楼，可是很不巧停了电，所以没办法搭乘电梯。黄先生只能爬楼梯上楼。已知他从 1 楼爬到 4 楼需要 48 秒，那么请问他从 4 楼爬到 8 楼需要多少时间？（假设爬每层楼所需的时间相同）。

403. 代数和的奇偶性

在 1，2，3 …… 1992 前面任意添上一个正号和负号，它们的代数和是奇数还是偶数？

404. 小兔的萝卜

小兔有 4 个盘子，其中一个盘子里有 3 根萝卜，另外一个盘子里有 1 根萝卜，还有两个盘子没有萝卜。小兔尽力克制住自己想吃的欲望，把萝卜集中到一个盘子里一起吃，但是它每次只会从两个盘子里分别拿出一根萝卜放到第三个盘子里。

请问：小兔要搬运几次，才能把所有萝卜都集中到一个盘子里面去？

405. 出价

甲、乙两人各出 5000 元买下了一张售价 1 万元的彩票。这两人决定互相拍卖这张彩票。两人各把自己的出价写在纸条上，然后给对方看。出价高就能拥有这张彩票，但要按对方的出价付给对方钱。如两人的出价相同，则两人平分这张彩票权。那么怎样出价最为有利？

406. 计票

英语系正在推选学习部长，候选人是杨海和王艳，有 1~8 的 8 个计票处，每个计票处的结果如下表所示。

从表中我们可以看出，杨海以多 7 票的优势当选，可是，有一个计票处把 2 人的票数弄反了，如果改正过来，结果就变成王艳以 27 票的优势胜出。

那么，你知道错误出在哪个计票处吗？

计票处	王艳的选票	杨海的选票
1	132	65
2	83	90
3	25	40
4	110	144
5	129	146
6	97	108
7	141	113
8	71	89
总计	788	795

407. 差错出在哪

两个农夫挑着苹果去集市卖，A 的卖价是 3 个要卖 100 日元（品质稍次）；B 是 2 个要卖

100 日元（品质稍好）。当两人正好各剩下 30 个的时候，因为有事要离开货摊，就委托 C 替他们卖。他们走后，C 就把他们二人的苹果都合起来，分堆卖。每堆好苹果 2 个，次苹果 3 个（共 5 个），卖 200 日元。两个人的苹果合起来共剩 60 个，12 堆，共卖 2400 日元。

卖完后，A、B 回来了。A 说："我的 3 个卖 100 日元，30 个就该卖 1000 日元。" B 说："我的 2 个卖 100 日元，30 个就该卖 1500 日元。"A、B 合起来应该是 2500 日元。但 C 却只卖得 2400 日元，少了 100 日元，请问 C 的差错出在哪儿？

408. 黄强的错误

有这样一个问题：

拿两个五分硬币往下扔，会出现几种情况呢？

黄强的解答是：

情况只有三种：可能两个都是正面，可能一个是正面、一个是背面，也可能两个都是背面。因此，两个都出现正面的概率是 1∶3。

请你仔细想想，黄强错在哪里？

409. 黄金的纯度

黄金的 24k 是指 100% 的纯金，所以 12k 黄金的纯度为 50%，18k 是 75%。当你在珠宝店买金制品的时候，上面的纯度记号是：375 表示 9k，583 表示 14k，750 表示 18k。那么你知道 946 表示多少 k 吗？

410. 猜扑克牌

甲和乙一起玩扑克牌。甲手上拿了 13 张牌，其中黑桃、红心、梅花、方块和这四种图案的牌都至少有一张以上。不过，每种图案的张数各不相同。黑桃和红心共 6 张，黑桃和方块共 5 张。请问：甲先生手中有两张同一种花色的扑克牌，这两张牌是什么花色的？

411. 化缘的小和尚

在一座深山的山顶上，有一座庙，从山上的庙到山脚下只有一条路，每周一早上 8 点，庙里的一个小和尚会去山下化缘，周二早上 8 点从山脚回山上的庙里，小和尚上下山的速度是任意的，在每个往返中，他总是能在周一和周二的同一时刻到达山路上的同一点。比如，有一次他发现星期一的 8 点 30 和星期二的 8 点 30 他都到了山路靠山脚$\frac{3}{4}$的地方。请问：这是什么原因？

412. 移动火柴游戏

在桌子上放三堆火柴，共 24 根，第一堆是 11 根，第二堆是 7 根，第三堆是 6 根。现在需要移动火柴，使三堆火柴的根数相同，即每堆 8 根。

现在的规定是：把火柴从一堆移到另一堆时，取出的火柴根数应当与要放到那一堆的火柴根数相同。例如，有一堆是 6 根，放到这堆上的火柴也应该是 6 根。如果这堆火柴是 4 根，那么放上去的火柴也应该是 4 根。规定三步完成。

413. 取苹果

一只大筐里放有若干只苹果，分为三个

等级，从这只箱子里至少要取出几只苹果（取的时候不看苹果），才能使取出的苹果中：（1）同一等级的至少有两只；（2）同一等级的至少有3只。

414. 黄雀和知更鸟

夏令营结束的那天，同学们决定放飞捉来的鸟。一共有20个鸟笼，每一个笼子关一只小鸟。老师建议，把鸟笼排成一排，从左至右数1、2、3、4、5，每次数到5的鸟笼就打开笼门放鸟，数到排尾后再接排头数，已经打开的鸟笼就不再数了。一直数到最后剩两个鸟笼为止，这两个鸟笼里的鸟可以带回去。同学们都赞成老师的建议。小军和小威希望能把一只黄雀和一只知更鸟带回去。那么请问，关黄雀和知更鸟的那两个笼子，应该放在什么位置上呢？

415. 聪明的小弟弟

家里有24只苹果，分给了兄弟三人，并且每个人分到的苹果只数是自己三年前的年龄数。最小的弟弟非常聪明。他提议要用下面的方法与两个哥哥交换苹果。他说，我拿分给我的苹果的一半平均分给大哥和二哥。然后二哥也同样拿出自己的一半（包括弟弟分给他的在内），平均分给我和大哥。最后大哥同样也拿出自己的一半（包括别人分给他的在内），平均分给我和二哥。两个哥哥都十分信任自己的弟弟，所以就同意了他的这个提议。但是，这样分的结果，兄弟三人得到的苹果只数都相同。问：他们三兄弟的岁数各是多少？

416. 怎样分装盘子

有一个聪明人，把1000只盘子分装在10只箱子里。他分装得十分巧妙，无论你要向他借多少只（1000以内）盘子，他总是拿几只箱子给你，从来不会将箱子打开来数，而这几只箱子里的盘子，正好跟你要借的数目一样多。你知道他是怎么分装的吗？

417. 谁先拾到救生圈

两艘轮船同时离开码头。甲船顺水航行，乙船逆水航行。两艘轮船的速度相同。在启航时，从甲船上丢下一个救生圈，随水漂移。在离开码头正好1小时的时候，两艘船同时都收到用无线电发来的命令，要它们马上改变航行的方向，即原来顺流航行的船改为逆流航行，原来逆流航行的改为顺流航行，去打捞在启航时甲船丢下的随水漂移的救生圈，你知道这个救生圈会被哪一只船先拾起吗？

418. 飞行的飞机

一架飞机从甲地沿直线飞往乙地，然后从乙地沿原航线返回甲地。飞机在飞行的过程中，没有风速，且飞机的速度保持不变。如果在整个航程中有一定量的不变风速从甲地刮向乙地，而其他的条件保持不变，那么，这架飞机往返航程所需要的时间和原来无风速时相比，情况会怎样？

419. 植树苗

某学校学生去郊外植树，辅导员给一小队十六株树苗、二小队十二株树苗、三小队十株树苗，要求他们分别植成十行、六行、五行，每行要有四株，请问应当怎样植？

420. 乞讨者

有一位非常富有的商人，每星期都要对一些穷人进行施舍。一天，他暗示这些穷人，如果伸手要钱的人能减少5名，那么每人就可以多得2美元。于是每个人尽力劝说别人走开。然而，在下一次碰头时，人数不但没有减少，还新来了4个乞讨者。结果，他们每人都少拿了1美元。假定这位商人每星期都布施同样数量的金钱，你能否猜出这笔钱有多少？乞讨者原有多少个？

421. 两只手表

小明在同一时间开了两只手表，后来发现有一只手表每小时要慢2分钟，而另一只手表每小时要快1分钟。过了一段时间小明再去看表时，发现走得快的那一只表要比走得慢的那只表整整超前了1小时。请问：手表已经走了多少时间？

422. 名次与分数

A、B、C、D、E五名学生参加乒乓球比赛，每两个人都要赛一盘，并且只赛一盘。规定胜者得2分，负者得0分。现在知道比赛结果是：A和B并列第一名，C是第三名，D和E并列第四名。那么C得了多少分？

423. 拿棋子

暑假的一天，小红做完作业后，就去找爸爸下跳棋。打开装棋子的盒子前，爸爸忽然用大手捂着盒子对小红说："爸爸想出道题考考你。"小红毫不犹豫地说："行，您出吧！"爸爸微笑着说道："这盒跳棋有红、绿、蓝色棋子各15个，你闭着眼睛往外拿，每次只能拿1个棋子，问你至少拿几次才能保证拿出的棋子中有3个是同一颜色的？"聪明的小红想了想，很快就将答案说了出来。

亲爱的读者，你知道这道题的答案吗？

424. 从甲地走到乙地

甲乙两地相距300公里，在这一段路程里没有饭店，小刚吃饱后可走100公里，并且他一次最多可带4个盒饭，它们又可以使他再走100公里。如果在甲、乙两地之间不再建饭馆，请问小刚能不能从甲地走到乙地？

425. 棋盘上的麦子

古时候，印度有个国王爱玩，经常要大臣们为他想一些新奇的玩法，谁发明的玩具有意思，国王就会给他奖赏。

一次，一个聪明的大臣发明了一种棋，这种棋变幻无穷，国王久玩不厌。国王十分高兴，要大赏那个大臣，便对他说："你想要什么奖赏，我都可以满足你。"

那个大臣没有要金银珠宝之类的，也没有要城堡土地。他对国王说："我只要一些麦粒。"

"麦粒？哈！"国王觉得好笑，"你要多少呢？"

"国王陛下，你在第一个方格棋盘上放一粒，第二个放2粒，第三个放4粒，第四个放8粒……照这样放下去，每格比前一格多放一倍，把 64 个格的棋盘放满就行了。”

国王想：这能放多少呢？最多几百斤吧，小意思！就对粮食大臣说：“你去拿几麻袋的麦子，赏给他吧。”

粮食大臣计算出棋盘上应该放多少麦粒后，大惊失色。

请问，64 个格棋盘放满后有多少粮食呢？

426. 亮亮的手表

亮亮买了一只机械手表，每小时比家里的闹钟快 30 秒，可是家里的闹钟每小时比标准时间慢 30 秒。那么亮亮的手表准不准？

如果在早上 8 点钟的时候，手表和闹钟都对准了标准时间，那么到了中午 12 点的时候，手表的时间是多少？

427. 老鼠的繁殖

正月里，鼠爸爸和鼠妈妈生了 12 只小老鼠，这样鼠爸爸和鼠妈妈加上它们的孩子总共有 14 只。

这些小老鼠到 2 月里，也当爸爸妈妈了。它们每一对又各生了 12 只老鼠，小老鼠一共是 6 对，和它们的爸爸妈妈合起来一共生了 84 只，这样这一家就有 98 只老鼠了。

这样一直往下繁殖下去，每一对都生 12 只小老鼠。那么 12 个月将会有多少只老鼠呢？

428. 装桔子

爸爸让小威帮忙把桔子分装在篮子里。爸爸给了他 100 个桔子，要求分装在 6 个篮子里，每只篮子里所装的桔子数都要含有数字 6，你知道小威是怎么分装的吗？

429. 分花生

从前，有位富裕的商人，他有三个儿子。为了让他们养成良好的品质，他常常教育儿子们要学习孔融，懂礼貌，懂得谦让。三个儿子也很听话，生活中都表现得很谦让。

有一年秋天，庄稼丰收了。商人从新收的花生中数出了 770 颗拿给儿子们吃。儿子们非常高兴。父亲让他们自己根据年龄的大小按比例进行分配。以往，分糖果的时候，当二哥拿 4 颗糖果的时候，大哥拿 3 颗；当二哥得到 6 颗的时候，小弟弟可以拿 7 颗。那么，如果还这样分花生的话，你知道每个孩子可以分到多少颗花生吗？

430. 比枪法

从前，有三个喜欢射击的兄弟，他们平时特别喜欢去射击场比赛射击。时间一长，他们中百发百中的那个人被大家称之为“枪神”，而其中 3 枪能命中 2 枪的人称之为“枪圣”。三个人中，枪法最差的是汤姆，一般只能保证 3 枪命中 1 枪。

邻居家有个聪明可爱的女孩，他们三人同时喜欢上了她。但是现在女孩很为难，因为三个兄弟在她眼里都是一样的优秀，她不知道该怎么办。三个兄弟中的老大说：“我觉得这样下去对我们都没什么好处，让我们来一场决斗吧。胜了的人可以娶那个美丽的女孩。”另外两个兄弟都同意这么做。于是三个人来到了射击场。

决斗开始了，三个兄弟站着的位置正好构

成了一个三角形。现在3人要轮流射击，汤姆先开枪，"枪神"最后开枪。那么，如果你是汤姆，怎样做才能胜算最大呢？

431. 分苹果

学校开展社会实践活动，老师带领同学们到附近果园采摘苹果，最后满载而归，但后来分苹果的时候才发现很难把苹果平均分给大家，老师于是结合这个问题给大家出了个题目：

一筐苹果，如果分成10个一袋，有一袋只有9个；如果分成9个一袋，有一袋只能有8个；分成8个一袋，结果又多了7个；分成7个一袋多出6个；分成6个一袋多出5个……不管怎样分配，总是不能均匀分配。请问你有什么办法将这些苹果均匀分配？

大家想了很久，还是想不出来，后来老师只拿走了一个苹果，结果就分均匀了。

但同学们还是一头雾水，这些苹果到底有多少个呢？为什么拿走一个就可以均匀分配了呢？

432. 农夫分油

从前，有个勤劳的老夫，他种了一些花生。到了秋天，花生获得了丰收。他把花生一半储存起来，一半磨成了花生油。

这天，风和日丽，农夫用一个大桶装了12千克油到市场上去卖。到了市场上，农夫摆好牌子，等着顾客来买他的油。这时，两个家庭主妇分别只带了5千克和9千克的两个小桶来买油。她们一胖一瘦。农夫突然发现他没有带称油的秤，但他还是卖给了两个主妇6千克的油，而且胖的家庭主妇买了1千克，瘦的家庭主妇买了5千克。你知道农夫是怎样给他们分的吗？

433. 盗墓者被抓

有个盗墓手段很高明的盗墓者，他有25个手下，盗墓经验都非常丰富。警察追踪他们多年，但一直没有收获。

一天，有人报案说古墓中的埃及法老壁画不见了。警长立刻带人对现场进行勘查，根据做案手法，他们判断出就是他们追踪多年的那个盗墓者所盗。正当研究抓捕方案时，盗墓者突然前来自首了。他称他偷来的100块法老壁画被他的25个手下偷走了。这些人中最多的偷了9块，最少的偷了1块。而这25人各自偷了多少块壁画，他说自己也不是很清楚，但有一点是肯定的，他们都偷走了单数块壁画，没人偷走双数块的。他为警方提供了那25个人的名字，条件是不能判他的刑。警长答应了他的要求。但当天下午，警长就下令逮捕自首的盗墓者。这是为什么呢？

434. 老人分水

某地区水资源极度匮乏，因此当地人用水都非常节约。一天，一个老人拿出了一只装满8斤水的水瓶，另外还有两个瓶子，一个装满刚好是5斤，一个装满是3斤。老人用这两个水瓶作为量器，把8斤水平分为两个4斤，应该如何分呢？

435. 同一个属相

"十二生肖"是指代表十二地支且用来记人的出生年份的十二种动物，即鼠、牛、虎、兔、龙、蛇、马、羊、猴、鸡、狗、猪。如子年出生的人属鼠，丑年出生的人属牛。生肖又叫属相。

假设每个人的出生在各属相上的几率相等，那么至少要在几个人以上的群体中，其中有两个人出生在同一个属相上的几率，要高于每个人的属相都不同的几率？你能算出来吗？

436. 安排劳动力

某运输公司负责为各个施工工地运送建筑材料。早上接到一家建筑公司的送货要求，让运输公司送一批石子到工地上。运输公司派 10 名工人，用 2 辆自动卸货汽车运送这批石子。

开工前，他们讨论怎样合理高效地安排劳动力。有人建议把 10 个人分成两组，每 5 个人装一车；还有人主张 10 个人一起装车，装好第一辆后再装第二辆。

你认为哪种方法更好？

437. 店老板的难题

小林和小花是一对非常要好的朋友，他们常常一起去街道的商店买东西。

一个周末的下午，小林和小花准备一起去买牛奶。他们来到一家商店，商店老板很热情地招待了他们。小林带来一个容量是 5 升的装牛奶的瓶子，而小花带来的是容量 4 升的装牛奶的瓶子，但她只想买 3 升牛奶。恰巧今天商店老板的电子秤坏了，他只有一个容量是 30 升的圆柱形的牛奶桶，他已经卖给客人 8 升了。他应该怎么做才能使这两个顾客得到各自想要的重量，而且又能使果汁不溢出容器呢？老板感到很难办，牛奶很新鲜，如果今天不卖出去就不新鲜了，该怎么办呢？如果你是老板你会怎么做呢？

438. 酒精和水

从这一学期开始，小明开始学习化学了，化学中的计算题大部分是关于混合溶液的计算。小明感到很伤脑筋，但他还是决心学好化学。

每天放学后，小明都要抽出一定的时间学习化学，他专门找关于混合溶液的计算题做。但是只写在书本上的东西是不容易弄明白的，小明仍然是一头雾水，很是苦恼。爸爸了解了这一情况后，准备给小明现场操作一道题，以增加他的信心。爸爸拿来同样大小的两个瓶子，一瓶装着酒精，一瓶装着水，两个瓶子里的液体一样多。小明的爸爸把第一个瓶子的酒精倒入杯中，倒满。然后再把杯子中的酒倒入第二个瓶子中，搅匀。然后再从第二个瓶子中倒出一杯混合后的溶液，倒回第一个瓶子。爸爸问小明：“这时是酒精中的水多呢？还是水中的酒精多？”小明思考了很长时间，终于明白了，你知道小明是怎么计算的吗？

439. 交友舞会

有一对夫妇组织了一次交友舞会，前来参加这次舞会的有 30 位客人，加上男女主人一共 32 人。

在整场舞会中，有人发现参与者如果随意组成舞伴（总共有 16 对），那么，无论怎样分配，总能保证每对舞伴中，至少有一位是女性。

那么在这次舞会上，男性有多少人呢？

440. 分中药

有一堆中药，总共20公斤，准备分成10包，每包2公斤，但是手中的工具只有一架天平和5公斤、9公斤两个砝码，怎样才能用简便的方法将中药均匀分成10份？

441. 巧取药粉

在化学实验课上，同学们需要从一瓶70克的药粉中取出5克来做实验。而化学老师想考考同学们，于是只给他们一架天平和一只20克的砝码。你知道该怎样取得适量的药粉吗？

442. 杰米的儿子

一个阳光明媚的午后，杰米和吉米各自带着他们的一个儿子去钓鱼。他们每个人的兴致都很高，准备进行一场钓鱼比赛。

经过一天的比赛，结果出来了：杰米钓的条数的个位数字是2。他儿子钓的条数的个位数字是3；吉米钓的条数的个位数字也是3，他的儿子所钓的条数的个位数字是4。而他们所钓鱼的和是某个数的平方。你能够根据上面提供的信息，判断出杰米的儿子是谁吗？

443. 外星人的手指

爸爸为了锻炼儿子小辉的思维，就给他出了一道百科全书上的趣味思维题：假设一群外星人来到了我们生活的地球上，他们和地球人长得非常相似，但有一点区别，就是他们的手和地球人不一样。已知每个外星人的每一只手上，都有不止一个手指，但他们每个人的手指总数一致；又已知任意一个外星人每只手上的手指数量也不相同。现在如果告诉你房间里外星人的手指总数，你就可以知道外星人一共有几个了。

假设这个房间里外星人的手指总数在200~300之间，请问房间里共有多少外星人？

444. 妙招数人

某公司招聘了一百名员工，加上中层管理人员8人，总共有108人。总经理规定：每天早晨由人事经理清点员工人数，并带领大家做早操。

人事经理是个很精明的人，他觉得每天一个个去数人数是很麻烦的事情，于是他想到一个好办法。每天早上让大家先排好队。然后他让大家改变两次队形，就知道有多少人了。开始时，大家都主动排成3行，这时队尾会多出2人，然后他又要求大家把队列改成5行，这时队尾仍然会余出2人，最后他要求大家把队列改成7行，如果发现仍余2人，他就会知道人数齐了，可以做早操了。这样既方便又快捷。那么，他是怎么考虑的呢？

445. 豆豆和小小

豆豆和小小在院子里玩猜拳的游戏，谁赢了就往前走一步。在他们面前的地上有一条直线，谁先走到谁跟前谁就胜利了。

住在他们院子里有一个受人尊敬的老教师，他现在已经退休了，当他看见豆豆和小小在做游戏，于是也过来凑热闹，听完豆豆和小小的介绍，老教师笑了起来，他说豆豆和小小是永远不会真正走到一起的。你知道这是为什么吗？

446. 霞霞的奶糖

霞霞是个非常喜欢吃奶糖的小朋友，爸爸妈妈为了保护霞霞的牙齿，规定她只准每天吃一颗奶糖，而霞霞却不同意这样做，她想每天吃两颗，而且一直缠着爸爸妈妈要。于是，霞霞的爸爸妈妈给了霞霞 10 枚硬币，要求霞霞把这 10 枚硬币排列成“十”字的形状，而且不管是横着数还是竖着数，总数加起来都是 6 枚，如果霞霞能够完成这道题，爸爸妈妈就答应她的要求。霞霞想了好久，都不知道怎么排，你能帮她完成每天吃两颗奶糖的愿望吗？

447. 买邮票

这天，小军做完作业后，闲来无事，妈妈便派给他一任务，说：“我给你 9 元钱，你到邮局买些邮票回来，只要 3 毛、4 毛和 8 毛的这三种。但有一个要求，就是每种张数要一样多！”按照妈妈的要求，小军最多可以买回多少张邮票呢？

448. 过桥方案

学校组织夏令营活动，主题是进山探险。小露、鹏鹏、小宁、娟娟四个人都报了名。他们四人结为一组，在一个漆黑的夜晚，他们四个人走到了一座没有护拦的狭窄的桥边，按照地图，他们必须穿过这座桥才能继续探险。可是这座桥非常危险，没有手电筒根本过不了桥。但不巧的是，他们四个人只带了一只手电筒，而桥很窄只能容纳两个人同时通过。他们每人单独过桥的时间是 3 分钟、4 分钟、6 分钟和 9 分钟；而如果两人同时过桥，所需要的时间就是走得比较慢的那个人单独行走时所需要的时间。那么，为了在最短的时间过桥，这四个人要设计一个怎样的过桥方案呢？

449. 登台阶

周末，小强和小虎相约到公园玩耍。他们很快来到一个假山旁，登上了假山的台阶，并玩起了剪刀、石头、布的游戏，每次必须分出胜负。他俩规定：每次胜者上 5 个台阶，负者下 3 个台阶。小强、小虎二人同时在第 50 个台阶上开始玩，玩了 25 次后，小强的位置比小虎高 40 个台阶。那么请问，此时的小强和小虎各站在第几级台阶上？

450. 测时间

现在有 10 分钟和 7 分钟的沙漏计时器（翻转沙漏计时器的时间忽略不计）。如果用两个小计时器测量 18 分钟的时间，要怎么办呢？

451. 数学考试

一次数学考试只有 20 道题，做对一题加 5 分，做错一题倒扣 3 分。小王这次没考及格，不过她发现，只要她少错一道题就能及格。

那么请你根据上面提供的信息，判断小王做对了多少道题？

452. 盐水浓度

有一只杯子，容积为 100 毫升，现在杯中装满了浓度（质量 / 体积）为 80% 的盐水，从中取出 40 毫升盐水，再倒入清水将杯盛满，这样反复三次。杯中盐水的浓度是多少？

453. 步行时间

老刘在乙市上班，但家住甲市，每个工作日，他都乘火车往返于甲乙两市之间。每天下午五点，他都会准时在甲市火车站出口处出现，老刘的夫人驾着车在那儿等他，然后开车一起回家。一次老刘的公司提前下班，下午四点他已经走出甲市火车站。于是他就自己沿着夫人来接他的路线步行回家。步行一段时间后，他遇到了开车来接他的夫人，然后坐上车一起回家，结果比以往早 10 分钟到家。

假设刘夫人的驾车速度不变，并且这天也是准时出发去接通常五点钟到火车站的丈夫。你能不能算出老刘在坐上汽车之前已经走了多久？

454. 古董商的钱币

有一位古董商从一农夫家里收购了两枚古钱币，后来又以每枚 60 元的价格出售了这两枚古钱币。其中的一枚赚了 20%，另一枚赔了 20%。那么请问，这位古董商在这笔交易中是赔还是赚？

455. 分钟和时钟

小明因为有事，在 6 点多一点儿出去了，这时分钟和时钟为 110 度角，在不到 7 点他又回来了，此时分钟和时针刚好又成 110 度角。

请问：小明出去多长时间？

456. 水桶里的水

有一个空水桶，深 25 米，每天从半夜零点起向这个水桶里灌水，一直灌到午后 6 点，在这 18 小时时间里，水上升到 6 米。在这以后，到夜间 12 点的 6 个小时内，水流出了 2 米，还剩下 4 米。这样，如以每天上升 4 米的速度增加下去，请问，水从桶边最初溢出的时间，是在第几天？

457. 硬币数量

小陈喜欢收藏硬币。他把 1 分、2 分、5 分的硬币分别放在 5 个一样的盒子里，并且每个盒子里所放的 1 分的、2 分的、5 分的硬币数量都相等。

小陈闲暇之余都会拿出来清点，把 5 盒硬币都倒在桌子上，分成 4 堆，每一堆的同种面值的硬币的数量都相等。然后把其中两堆混起来，又分成 3 堆，同样每一堆里的同种面值的硬币的数量相等。那么，根据上面提供的信息，你能判断出他至少有多少个 1 分、2 分和 5 分的硬币吗？

458. 做数学题

新学期开学，数学课代表向罗老师汇报说：“我们四年级 100 个同学，在暑假里一共做了数学题 1600 道。”罗老师听了非常高兴，马上对他们进行了表扬。接着罗老师问课代表：“你知道这 100 个同学中，至少有几个人做的数学题一样多吗？”课代表想了又想，还是答不上来。

亲爱的读者，你能解答这个问题吗？

459. 长跑训练

学校的环形跑道长 400 米，小明在跑道上进行一项特殊的长跑练习。从上午 8 点 20 分开始，小明按逆时针方向出发，1 分钟后，小明掉头按顺时针方向跑，又过了 2 分钟，小明又掉头按逆时针方向跑。如此，按 1、2、3、4 ……分钟掉头往回跑。当小明按逆时针方向跑到起点，又恰好该往回跑时，他的练习正好停止。如果小明每分钟跑 120 米，那么他停止练习时是什么时间？他一共跑了多少米？

460. 铅笔的数量

小明和小华到商店买了一些铅笔，两人的铅笔合起来共有 72 支。现在小华从自己所有的铅笔中，取出小明所有的支数送给小明，然后小明又从自己现在所有的铅笔中，取出小华现有的支数送给小华，接着小华又从自己现在所有的铅笔中，取出小明现在所有的支数送给小明。这时，小明手中的铅笔支数正好是小华手中铅笔支数的 8 倍，那么小明和小华最初各有多少支铅笔？

461. 白球黑球

桌上有甲、乙两个盒子，甲盒放有 P 个白球和 Q 个黑球，乙盒中放有足够的黑球。现每次从甲盒中随意取出 2 个球放在外面。当被取出的 2 球颜色相同时，需再从乙盒中取一个黑球放回甲盒；当取出的 2 球颜色不同时，将取出的白球再放回甲盒。最后，甲盒中只剩两个球，问剩下一白一黑有多大几率？

462. 最后一本

班级里发到一张市博物馆的参观券，小辉和小敏都争着要去。老师犹豫不决，不知道该让谁去。于是，决定让他俩来一次智力竞赛，由胜者去参加。桌上有一叠作业本，老师就把这张入场券夹在最下面一本里面，对他俩说：“这是 54 本作业本，你俩轮流取，每次要取而且只能取 1 至 5 本，谁拿到最后一本，里面的这张券就给谁。”他俩努力地思索着，都不敢轻易下手。如果要你参加这样的竞赛，你准备怎样取？

463. 红铅笔与黑铅笔

一天，教数学的李老师给同学们做了一个数学游戏：

他先拿出三只铅笔盒子，将两支红铅笔放进一只盒子里，将一支红铅笔和一支黑铅笔放进另一只盒子里，将两支黑铅笔放进第三只盒子里，并且在每一只盒子的外面都贴上一张小纸片。装两支红的，就在纸片上写“红、红”，装一支红、一支黑的就写“红、黑”，装两支黑的，就写“黑、黑”。接着，李老师把身子转了过去，不让同学们看见，把三只盒子里的铅笔相互作了调整。然后他又转回身来，把三只关上盖子的铅笔盒子放在大家面前，说道：“现在三只铅笔盒子里每只仍然装有两支铅笔，但是没有一只是与纸片上的说明相符合的。你们能否选定其中的一只，将眼睛蒙住，从中摸出一支铅笔，看一下它的颜色，从而确定每一只铅笔盒子里装的两支铅笔分别是什么颜色？”

根据李老师的要求，你能确定三只铅笔盒子里分别装的是哪两种铅笔吗？

464. 粗心的钟表师傅

下午，老张家的一只时钟的针不小心被折断了。一位钟表师傅到老张家调换了针，这时正好六点，他就将长针拨到12，短针拨到6。

这位钟表师傅回到店铺，正准备吃饭，老张匆匆赶来，说："你刚才修的钟还是有毛病！"钟表师傅只好再次来到老张家，他拿出表，禁不住眉头一皱："你看，八点十分刚过，你的钟一分不差！"老张一看，感到非常奇怪！现在钟走得确实很准。

第二天早上，老张又找到了这位钟表师傅，当然还是因为钟有毛病！当钟表师傅第三次来到老张家里，拿出表来一对，七点多一点，并没有什么问题！

这时老张请这位钟表师傅坐下来，喝杯茶。工夫不大，钟表师傅就发现这只钟果然还有毛病。

第五部分　玩转思维答案

360. 一次旅行

此人从 A 到 B 的平均速度为每小时 30 千米，而要想让全程的平均速度达到每小时 60 千米，也就是 30 千米的 2 倍，这样一来，它从 B 返回 A 的时候不能用时间，显然这是不可能的。所以，无论怎样也不能使全程的平均速度为每小时 60 千米。

361. 两个空心球

将两个空心球加热到相同的温度，然后将它们一起放到质量相等的水里，测水的温度，比热容大的温度升得高，铅的比热容比金大，所以水温高的就是铅球。

362. 分金币

将这些球分为一堆 13 个，另一堆 10 个，然后将 10 个那一堆所有的金币翻转就可以了。

363. 分油

先将 13 斤的容器倒满，然后用 13 斤的把 5 斤的倒满，这时 13 斤中还剩 8 斤，即总油量的$\frac{1}{3}$，把这些油倒入 11 斤容器中。再用剩余的和 5 斤的将 13 斤的倒满，重新做一次就可以完成任务了。

364. 今天是星期几

你把题目中的那段话认真看一遍，就不难发现，两个假设是相对的，也就是说今天是星期天。

365. 三个孩子

答案有四种：乙>丙>甲，丙>乙>甲，甲>乙>丙（甲为女儿的情况不能忽视），甲>丙>乙。

366. 还钱

乙、丙、丁各拿出 10 元还给甲即可。

367. 羊的数量

假设欢欢原来有 A 只羊，那么根据欢欢所说，我们可以得出：$A+A+\frac{1}{2}A+\frac{1}{4}A+1=100$，由此算出，A=36。所以欢欢原来有 36 只羊。

368. 粮食问题

第一队碰到第二队时，第一队已经把 1 天的粮食吃完了，剩下的粮食只够第一队吃 4 天；但第二队加入之后只能吃三天，这也就是说第二队在 3 天里吃的粮食等于第一队 9 个人一天吃的粮食，由此我们可以推断出第二队有 3 个人。

369. 鸡和鸭的只数

镜子中照出的物体是和原物体左右相反的，而在阿拉伯数字中，除了 0 以外，只有 1 和 8 是符合条件的。所以知道它们的乘积是 81，而和就是 18，所以可以很快得出鸡和鸭的只数都是 9 只。

370. 诸葛田巧取银环

转眼一个月到头，诸葛田用斧子在第三个银环上剁了一道缝，把它取走了。剩下的是一串两个环的，一串四个环的。

待干完第二个月，诸葛田用上次拿走的那个银环，换了那两个串在一起的银环。

干完了第三个月时，诸葛田又拿走了上个月放回的那个银环。

第四个月，诸葛田再用两个银环和一个银环换走了那连成一串的四个银环。

第五个月，诸葛田又来把那一个银环拿走。

第六个月，诸葛田重又用那一个银环换回了两个银环。

第七个月，诸葛田拿走了最后一个银环，也就是剁过一条缝的那个银环。

371. 挂反的门牌

小丽家的门牌号是1986。

372. 刘小姐的表

正常情况下，每当12点时，时针与分针重合，题目中说65分钟时（即1点5分）重合一次，如果走得准，时针的位置应比分针靠前一点。今时针同分针恰好每65分钟重合一次，那么它每小时大约快27秒。

373. 试验顺序

根据题意共有7种排法：1.女女女女；2.女女男男；3.女女女男；4.男男女女；5.男女女男；6.男女女女；7.男男男男。

374. 放乒乓球

第一个盒子可以放4个球中的任意一个，第二个盒子可以放其他3个球中的任意一个，第三个盒子可以放余下2个球中的任意一个，最后一个盒子只能放余下的最后一个球，所有一共有4×3×2×1=24种放法。

375. 王子与公主

王子可以将1枚金币留在金币盆里，把另外9枚金币倒入另一个盆里，这样一个盆里就只有1枚金币，另一个盆里就有10枚银币和9枚金币。如果他选中那个放1枚金币的盆，选中金币的几率是100%；如果选中那个放19枚钱币的盆，选中金币的几率最大是$\frac{9}{19}$。王子选中两个盆的几率都是$\frac{1}{2}$，所以，把前面的两项结果加起来，得出选中金币总的几率是：$100\%\times\frac{1}{2}+\frac{9}{19}\times\frac{1}{2}=\frac{14}{19}$，这样远远大于原来未调换前的$\frac{1}{2}$。

376. 摸黑装信

萍萍说得不正确。如果出错的话，至少有2封信出错。

377. 贴错的标签

从贴有“白黑”标签的盒子里任意取一个球，就能够分辨出每个盒子中所装的分别是什么球了。

378. 分葡萄

在第1、第2、第3个盘子里分别各放13颗葡萄，第4至第11个盘子中各放3颗葡萄，在第12个盘子中放余下的37颗葡萄。

379. 拔河比赛

根据题意有甲+乙=丙+丁，丙+乙<甲+丁，甲<乙，丙<乙；可得：甲+乙−丙=丁，丁>乙+丙−甲；所以甲>丙，乙<丁。因此，丁组力气最大，乙组第二，甲组第三，丙组力气最小。

380. 扩招

4年。

根据题意，扩招后第一年的新生入学人数是400人，第二年是500人，第三年是600人。第四年的新生是700人。而在第四年，二年级学生为600人，三年级学生为500人，共计1800人，增加了900人。

381. 小明沏茶

14 分钟。

如果把沏茶前准备的所有时间加在一起，确如小明估算的那样，需用：2+12+2+3+2=21 分钟。但是，我们可以在烧水的同时，还可以做洗茶壶、洗茶杯、拿茶叶等工作，如果这样，就只需要 14 分钟就可以沏茶了。

382. 钓鱼

因为光线通过空气进入水中时，在水面会发生折射，使物体偏离原方向，所以神枪手射了几次都没射中。

383. 小朱的风铃

我们可以仔细分析题意，因为题目并没有要求绳子是直的，所以可以用 5 个风铃花连成一个圈。

384. 找错误

错数是 170。如果是小数点的错，那么账上多出的钱数是实收的 9 倍，所以 153÷9=17，那么错账应该是 17 的 10 倍。找到 170 元改成 17 元就行了。

385. 白鹅和羊

设白鹅为 x 只，羊则为（44–x）只。依题意可列方程

2x+4×（44–x）=100

x=38

即有白鹅 38 只，羊 44–38=6（只）。

386. 带来的钱

哥哥给弟弟 35 元后各有钱：240÷2=120（元）

哥哥带的钱数：120+35=155（元）

弟弟带的钱数：120–35=85（元）

387. 放硬币

可以利用平面几何中的中心对称原理玩这个游戏。先放者，首先抢占“对称中心”，即纸的中心。然后，不论对方把硬币放在什么位置，你每次都根据中心对称原理，把硬币放到对方硬币的对称位置上。这样，只要对方有地方放，你也一定会有地方放，直到你占满最后一处空白，逼得对方无处可放，你就取得了胜利。

388. 车站的钟声

从第一下钟声响起，到敲响第 6 下共有 5 个“延时”、5 个“间隔”，共计（3+1）×5=20 秒。当敲响第 6 下后，约翰要判断是否为清晨 6 点，他一定要等到“延时 3 秒”和“间隔 1 秒”都结束后而没有第 7 下敲响，才能准确判断是清晨 6 点。因此，答案应是：（3+1）×6=24（秒）。

389. 牧场的牛

把 10 头牛 22 天吃的总量与 16 头牛 10 天吃的总量相比较，得到的 10×22–16×10=60，是 60 头牛一天吃的草，平均分到（22–10）天里，便知是 5 头牛一天吃的草，也就是每天新长出的草。求出了这个条件，把 25 头牛分成两部分来研究，用 5 头吃掉新长出的草，用 20 头吃掉原有的草，即可求出 25 头牛吃的天数：（10–5）×22÷（25–5）=5.5（天）。

390. 兄弟分银

因为每两个人相差的数量相等，第一与第十、第二与第九、第三与第八……每两个兄弟分到银子的数量和都是 20 两，这样可求出第三个兄弟分到银子的数量：20–6=14（两）。又可推想出，从第三个兄弟到第八个兄弟包含 5 个两人的差。由此便可求出两人相差的银子：（14–6）÷（8–3）=8÷5=1.8 两。

391. 心算题

正确答案是4100。

其实这道题很容易受心理影响。得到5000这个答案的人都是受到了题目中最大的数字——1000的影响，将原来总和为100的四个两位数的和也误认为是1000。

392. 青蛙和松鼠的比赛

你可能会这么想，松鼠跳得远但是频率慢，青蛙跳得近但是频率快，它们跳6米所用的时间是相同的，所以应该打成平手。但其实这场比赛的胜利者是青蛙。

因为当青蛙跳完第一个100米时，刚好跳了50次，所以往返的全程一共需要跳100次。

松鼠跳第一个100米时，前33次跳了99米，为了最后1米，不得不多跳一次；而在返回时也同样需要跳34次。所以在200米的全程中，松鼠总共需要跳68次，等于青蛙跳102次所用的时间。

393. 三种颜色的球

把1个红球，2个白球，3个黄球看作一组，这一组共有球1+2+3=6（个），那么有130÷（1+2+3）=130÷6=21（组）……4（个）。由1红、2白确定第4个是黄色的。

红球有：1×21+1=22（个）

白球有：2×21+2=44（个）

黄球有：3×21+1=64（个）

所以最后一个是黄色球。红色球有22个，白色球有44个，黄色球有64个。

394. 电话号码

可以将这个城市的电话号码表示为：623□□□□或625□□□□。要使每一部电话号码不出现重复数字，那么0～9剩余的数字在最左边方框可出现7个，顺次为6个，5个，4个。

那么前三位是623的电话部数：

7×6×5×4=840（部）

前三位是623和625的电话部数共有：

840×2=1680（部）

所以这个城市不出现重复数字的电话是1680部。

395. 合适的位置

他和他的5个好友应该站在4、10、15、20、26、30的位置上。

396. 锄草人

根据题意大块草地上午的工作量是下午的2倍，半组人的日工作效率是大块草地的$\frac{1}{1+2}\div\frac{1}{2}=\frac{2}{3}$，是小草地的$\frac{4}{3}$，那么半组人在小草地工作半天可以完成小草地的$\frac{4}{3}\times\frac{1}{2}=\frac{2}{3}$，也就是剩余的一小块是小草地的$1-\frac{2}{3}=\frac{1}{3}$，恰好是一个人的日工作效率，$\frac{4}{3}\div\frac{1}{3}\times2=8$人。

这组锄草人总共有8个。

397. 不同金额

用4张一元纸币和2张5元纸币，可以付出1元、2元、3元……13元、14元共14种不同的整元款。

用1角、2角、5角纸币各一张，可以付出1角、2角、3角、5角、6角、7角、8角共7种不同的整角款。

14种整元付款方法中的每一种，都可以和7种整角付款中的每一种结合，又可以付出7×14=98（种）不同的款。

因此，可以付出14+7+98=119（种）不同金额的款。

398. 彩色灯泡

3+4+5=12。按每排12只为一轮。54÷12，商4余6，即按规律排了4轮。再排第5轮到第6只，第6只是黄色灯泡。

158÷12，商 13 余 2，排了 13 轮后，再排，第 2 只是红色灯泡。

所以第 54 只灯泡是黄色的，第 158 只是红色的。

399. 滚来的乒乓球

找一根细长的棍过来，将乒乓球 3 从洞里挑出，顺着 1 的方向向前滑行，然后 1 进入洞中。再将 2 和 3 一同顺着 3 的方向滑行，越过沿口。然后 1 可以出来继续按照原来的方向滚动。2 和 3 沿这 3 的逆方向滑行，经过洞口，让 3 仍然进入洞中。最后 2 沿着它原来的方向继续前行。

400. 三年内的星期天

至少用了 156 天。

401. 青蛙王子和青蛙公主

青蛙王子应该选择逆时针方向蹦跳，他们分别蹦跳 9 次以后就能跳在同一块石头上。

402. 爬楼梯

64 秒。

因为黄先生从 1 楼爬到 4 楼是 48 秒，所以很多人在看到这个题目后，认为从 4 楼爬到 8 楼也需要相同的时间：48 秒。其实这是不对的。因为从 1 楼爬到 4 楼实际上只爬了 3 层楼，所以，每爬一层楼所需要的时间应该是 16 秒，如此可以推算，从 4 楼爬到 8 楼的时间是 64 秒。

403. 代数和的奇偶性

偶数。

两个整数之和与这两个整数之差的奇偶性相同，所以在每个数字之前添上正号和负号都不改变其奇偶性，那么我就可以用全部加号这一种情况来得出结论，而 1+2+3……+1992=(1+1992)+(2+1991)+……=996×1993，是偶数。

404. 小兔的萝卜

把盘子分别编号为 A（有 3 根萝卜）、B（有一根萝卜）、C、D。先从 A、B 盘中各取出一根萝卜放到 C 盘中，然后从 A、C 盘中各取出一根萝卜放到 B 盘中，再从 A、C 盘中各取出一根萝卜放到 D 盘中，接着从 B、D 盘中各取出一根萝卜放到 A 盘中。最后，再把 B、D 盘中各剩下的一根萝卜都放到 A 盘中。

405. 出价

出价 5001 元最为有利。

如果你出价 5002 元，对方出价 5001 元，你就必须付给他 5001 元，这样一来你买下这张一万元的彩票就花了 10001 元，多花了 1 元钱。也就是说，出价超过 5001 元不利，反过来出价少于 5000 元也不利。如果你出价 4999 元，在对方出价比你高的情况下，你就亏了 1 元。

406. 计票

错误出在第 5 个计票处。

订正前和订正后票数合计为 7+27=34，是订正过程中移动的票数，所以就认为第 4 个计票处 144–110=34，如果这样想那就错了。

我们应该清楚的是，票的移动有正有反，所以实际上真正移动的票数应该是 34÷2=17。

所以 146–129=17，错误出在第 5 个计票处。把第 5 个计票处的数字订正后再算一下，王艳 805 票，杨海 778 票，这样就正确了。

407. 差错出在哪

需要清楚的是，苹果为 2 种，不能够把 60 个简单地用 5 除，试想 60÷5=12，也就是把 60 个苹果分成 12 堆去卖，而 30 个次苹果只能分成 10 堆。好苹果分完 10 堆后还剩 10 个，还可以分成 2 堆，这 2 堆的价钱不应该是 200 日元，而应该是 250 日元，现在 C 只管 5 个一堆，一堆 200 日元，以这种方式去卖，一堆少卖 50 日元，两堆自然就少卖了 100 日元。

408. 黄强的错误

两个五分硬币可能出现四种情况：(1) 正正；(2) 正反；(3) 反正；(4) 反反。

所以两个都出现正面的概率是 1 ∶ 4。

409. 黄金的纯度

22k。因为 24k 是纯金，所以 9k 黄金的纯度为 9÷24=37.5%=0.375。结合题目已知条件，我们可以很快得出答案：0.946×24=22.704，即 22k。

410. 猜扑克牌

红心。

411. 化缘的小和尚

我们可以假想在周一早上 8 点，小和尚下山时，有另一个小和尚同时从山脚下开始往山上走，这样的话，不论两人用怎样的速度行走，总会在山脚和山顶中间的某个位置相遇。当他们相遇时，时间、地点肯定是相同的，也就是说他俩同一时刻到达了山路上的同一点。我们可以把第二个小和尚想象成题目中的那个小和尚，这样，问题就很容易解决了。

412. 移动火柴游戏

按照下列方法移动：

	原来火柴根数	第一步	第二步	第三步
第一堆	11	11 − 7=4	4（不变）	4 + 4=8
第二堆	7	7 + 7=14	14 − 6=8	8（不变）
第三堆	6	6（不变）	6 + 6=12	12 − 4=8

413. 取苹果

(1) 至少要取 4 只，因为苹果一共有三个等级，取 4 只苹果就一定有两只是同一等级的。

(2) 至少要取 7 只，就能保证有 3 只同一等级的苹果。

414. 黄雀和知更鸟

关黄雀和知更鸟的笼子放在从左至右第七和第十四个位置上。

415. 聪明的小弟弟

在最后一次交换苹果时，每个人有 8 只苹果。因此大哥在把自己的一半苹果平均分给两个弟弟之前，他有 16 只苹果，而二哥与小弟各有 4 只苹果。其次，二哥在分自己的苹果之前有 8 只，大哥有 14 只，小弟弟有 2 只。由此我们可以得出，小弟在分自己的苹果之前有 4 只，二哥有 7 只，大哥有 13 只。根据题意开始每人得到的苹果的只数，是自己三年前的岁数，所以现在小弟弟是 7 岁，二哥是 10 岁，大哥是 16 岁。

416. 怎样分装盘子

这个人把 10 只箱子分别标上从 1 到 10 的 10 个号码，再在这 10 只箱子里，依次装进 1、2、4、8、16、32、64、128、256、489 只盘子。

如果你要借一只盘子，他就拿 1 号箱子给你。如果要借的盘子数不足 8 只，他只要在 1 到 3 号箱子间计算一下，就如数拿出来了。依此类推。如果要借的盘子数少于 512 只，只要在 1 到 9 号箱子间计算就可以了。因为一个自然数都可以用 1、2、4、8、16、32……数中若干个数的和来表示。

根据这个道理再计算一下：1+2+4+8+16+32+64+128+256+512=1023。

然而，分装 1000 个盘子，并不是单纯从数学角度来处理的，不然的话，盘子数应该改为 1023。

大家都知道，常用的记数制是采用逢十进一的十进位制，因此只要数码 1 到 10，再加上一个 0，就可以将任何一个自然数表示出来。可见这个分装盘子的方法，就是记数制的原理。

417. 谁先拾到救生圈

从救生圈与船的位置来说，对顺水航行的船，它虽然获得了水的流速，但是救生圈漂移的速度等于水流的速度，所以等于没有获得水流的速度，对逆水航行的船来说，虽然失去了水的流速，但加上救生圈的速度，等于没有失去速度。类似于这两艘船在静水中航行那样，而救生圈停留在一个地方。因此，两艘船调头改变方向航行到救生圈的地方，都需要1小时。

418. 飞行的飞机

由题目已知条件可知，飞机在顺风时受到的推力和在逆风时受到的阻力是一样的。这样很多人就会认为飞机往返航程所需要的时间和原来无风速时所需要的时间是一样的。然而这个结论并不正确，我们必须认真分析这个问题。飞机在顺风时飞完一半航程所需要的时间比在逆风时飞完另一半航程所需要的时间少。也就是说，在往返航程中，飞机在逆风中航行的时间会更多一些，因此，飞机在有风但风速不变的情况下往返航程所需要的时间，比无风速时所需要的时间要多。

419. 植树苗

十六株树杆成十行（4个横行，4个竖行，2个斜行）：

十二株树植成六行：

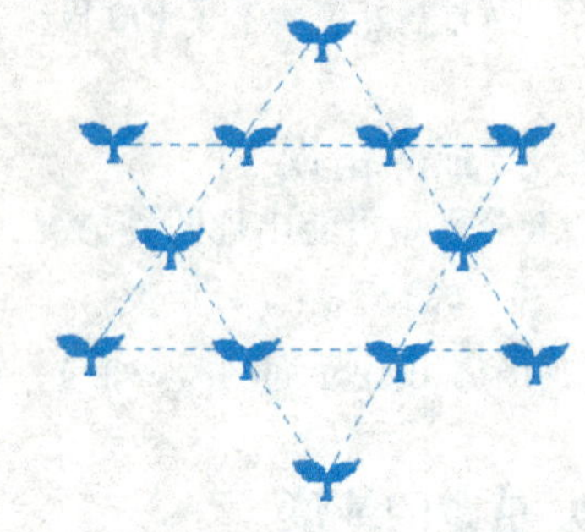

十株树植成五行：

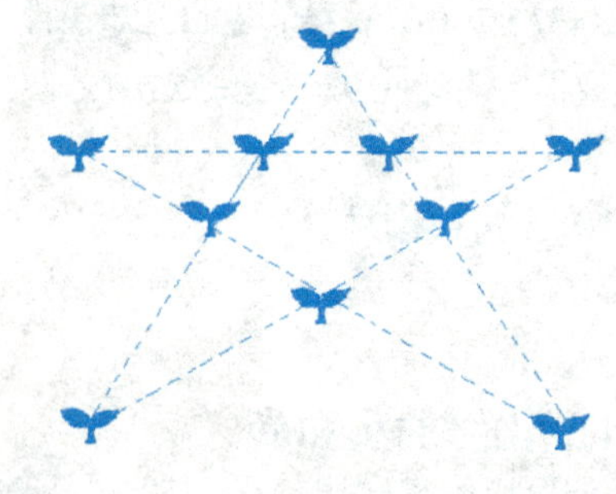

420. 乞讨者

商人每周要布施给乞讨者120美元，那批人原来有20名。

421. 两只手表

一只手表比另一只手表每小时快3分钟，所以经过20小时之后，它们的时差为1小时。

422. 名次与分数

获第三名的学生C得4分。

因为每盘得分不是2分就是0分，所以每个人的得分一定是偶数，根据比赛规则，五个学生一共要赛10盘，每盘胜者得2分，共得了20分。每名学生只赛4盘，得分最多的是8分。我们知道，并列第一名的两个学生不能都得8分，因为他们两人之间比赛的负者最多只能得6分，由此可以得知，并列第一的两个学生每人最多各得6分。同理，并列第四的两个学生也不可能都得0分，因此他们两人最少各得2分。

这样，从上面的分析中我们可得出获第三名的学生C不可能得6分或2分，只能得4分。

423. 拿棋子

为了保证其中有3个棋子同一颜色，至少要拿7次。

我们可以这样想：按最坏的情况，小红每次拿出的棋子颜色都不一样，但从第4次开始，将有2个棋子是同一颜色。到第6次，三种颜色的棋子各有2个。当第7次取出棋子时，不管是什么颜色，先取出的6个棋子中必有2个与它同色，即出现3个棋子同一颜色的现象。

424. 从甲地走到乙地

甲、乙两地之间虽然没有可以吃饭的饭馆，但是小刚却可以将盒饭在半途上放下来：①小刚带着4个盒饭来到50公里处时放下盒饭，然后回到甲地；②小刚又带着4个盒饭来到50公里处，将盒饭放下，回到甲地；……小刚第n次带着4个盒饭来到50公里处，将盒饭放下，再次回到甲地，这时那里已有盒饭4×n个了；如此继续下去，小刚终于可以在某个时候做到，将4个盒饭带到离甲城100公里处，然后放下盒饭，回到前一站，在那里吃饱饭，使得再回到100公里处时，小刚不但可以将饭吃饱，还可以带上预先放在那里的4个盒饭，这回小刚可以走到乙地了。

425. 棋盘上的麦子

我们可以按照聪明大臣的要求把计算结果算出来：1+2+2的二次方……+2的63次方＝18，446，744，073，709，551，615颗麦粒。

这个数字到底有多大呢？我们可以这样解释：“一立方米麦粒大约有1500万粒，那么照这样计算，那位大臣所要的放在棋盘上的麦子总和是12000亿立方米，这些麦子比全世界1000年生产的麦子总和还要多。”

426. 亮亮的手表

亮亮的手表是不准的。手表准不准应与标准时间相比较，而不能与闹钟比。

闹钟走1小时比标准时间慢30秒，也就是标准时间1小时，闹钟走59分30秒（3570秒）。手表比闹钟快30秒，手表走1时30秒（3630秒）闹钟走1小时。把手表与闹钟都与标准时间相比较。假设手表走x秒相当于闹钟的3570秒，标准时间为3600秒，可以算出标准时间1小时手表走的秒数：

$$\frac{3630}{3600}=\frac{x}{3570}$$

$$x=\frac{3630\times3570}{3600}$$

$$x=3599.75$$

所以，标准时间1小时，手表只走了3599.75秒，比标准时间慢了0.25秒。所以我们就能够知道，手表不准。

从8点到12点，总共有4个小时的时间，手表慢了0.25×4=1（秒）。所以12点的时候，手表指的时间是11点59分59秒。

427. 老鼠的繁殖

12月生了27682574402只老鼠。现在我们把一年里12个月所生的老鼠算出来：

正月：14；2月：98；3月：686；4月：4802；5月：33614；6月：235298；7月：1647086；8月：11529602；9月：8707214；10月：564950498；11月：3954653486；12月：27682574402。

12个月是276亿8257万4402只，这个数字真是太大了。

现在我们可以用一个简便的方法算出来：用2连续乘以7的方法去计算。就是过了几个月就在2后连续乘以几个7。

428. 装桔子

只有一种装法：即6个篮子装的桔子数分别是60、16、6、6、6、6。

要保证把100个桔子分装在6个篮子里，每只篮子里所装的桔子数都要含有数字6，而100的个位是0，所以6个数的个位不能都是6，只能有5个6，即6×5=30；又因为6个数的十位上数的数字和不能大于10，所以十位上最多有一个6；而个位照上面的分法已占去30个桔子了，所以目前十位上的数字和不能大于7，也只能有一个6，就是60个桔子。这样十位上还差1，把它补进去出现一个16，即：60、16、6、6、6、6。

429. 分花生

从题目中的已知条件我们可以知道，当二哥拿4颗糖果的时候，大哥拿3颗；当二哥得到6颗的时候，小弟弟可以拿7颗，那么孩子们的分配比例应为9∶12∶14。9+12+14=35，因此，也就是说把770颗糖果分成35份，大哥要35份当中的9份，二哥分得35份当中的12份，小弟弟分到35份中的14份。所以大哥得到了198颗，二哥分到264颗，小弟弟分到308颗。

430. 比枪法

汤姆应该先放空枪。

如果先射击“枪神”，打中的话，“枪圣”就会在2枪之内把他打死；如果先射“枪圣，射中的话，“枪神”会一枪把他打死。如果先射“枪圣”而未中，“枪神”就会先射“枪圣”，然后对付汤姆。假如射中了“枪神”，“枪圣”赢汤姆的几率是$\frac{6}{7}$，而汤姆赢的几率是$\frac{1}{7}$。

假如汤姆先放空枪，那么下一步要对付的就是其中一个人了。如果“枪圣”活着，汤姆赢的几率是$\frac{3}{7}$。如果“枪圣”没有将“枪神”打中，“枪神”就会一枪打中他，此时汤姆的胜算是$\frac{1}{3}$。汤姆先放空枪，他的胜算会提高到约40%，而“枪神”“枪圣”胜算是22%、38%。

431. 分苹果

我们假设这些苹果有x个，直接求x有些难度，但是，如果把x加上一个1，用x+1去除10、9、8……3、2这些数，正好能被这些数整除，没有余数。于是，问题就明朗了，一个数能被10、9、8……3、2整除，这个数就是它们的最小公倍数。

10、9、8……3、2的最小公倍数是：5×8×7×9=2520。既然x+1=2520，于是x=2519，所以这些苹果共有2519个，或者是2520的某个倍数，如5040、7560等等，这样的话，苹果共有5039或7559个了。

432. 农夫分油

农夫先从大桶中倒出5千克油到9千克的桶里，再从大桶里倒出5千克油到5千克的桶里，然后把5千克桶里的油将9千克的桶灌满。现在，大桶里有2千克油，9千克的桶已装满，5千克的桶里有1千克油。

再将9千克桶里的油全部倒回大桶里，大桶里有了11千克油。把5千克桶里的1千克油倒进9千克桶里，再从大桶里倒出5千克油，现在大桶里有6千克油，而另外6千克油也被换成了1千克和5千克两份。

433. 盗墓者被抓

我们都知道，单数和单数相加得出的和一定是双数。而根据盗墓者的描述，假如100这个数可以分成25个单数的话，那么就是说25个单数的和等于100，即等于双数了，很明显这是不成立的。

事实上，25个人如果偷的都是单数的话，那么这里面就有24个单数，即12对单数，另外还有一个单数。每一对单数的和是双数——12对单数相加，它的和也是双数，再加上一个单数得出的和不可能是双数，因此，100块壁画分给25个人，每个人不可能都分到单数。据此可以判断盗墓者在说谎。

434. 老人分水

先从水瓶中倒出3斤水装满小瓶，然后把小瓶里的3斤水再倒入大瓶；再次从水瓶中倒3斤水装满小瓶；再把小瓶里的水倒满大瓶。由于大瓶只能装5斤水，所以这时小瓶中剩下1斤水。把大瓶里的5斤水倒还到水瓶里，这时水瓶里一共有7斤水；把小瓶里的1斤水倒入大瓶；第三次从水瓶中倒3斤水装满小瓶，这时水瓶里就剩下4斤水了；把小瓶里的3斤水倒入大瓶，加上大瓶中原有的1斤水，刚好也是4斤水。经过这些步骤，8斤水就平分了。

435. 同一个属相

属相一共有12个，假设答案是2个人时，拥有不同属相的几率是$\frac{12}{12}\times\frac{11}{12}$=92%。而3个人拥有不同属相的几率是$\frac{12}{12}\times\frac{11}{12}\times\frac{10}{12}$=76%。依此类推，当人群中有5个人时，拥有不同属相的几率是38%。5个人拥有不同属相的几率是38%，那么其中最少有2个人是相同属相的几率就是62%。所以答案是至少在5个人以上的群体中，其中有两个人出生在同一个属相上的几率，要高于每个人的属相都不同的几率。

436. 安排劳动力

首先假定汽车往返于运输公司和施工工地之间，一次需要半小时。如果分成两组的话，前半个小时每组各装好了1车，后半小时等待汽车往返，工人在这段时间休息，因此用这一方法时，1小时内装了2车，运了2车。

若10个人一起装车，15分钟就可以将第一辆车装好，车子立即开出；第二个15分钟，这10人再将第二辆车装好，车子又开往工地；第三个15分钟由于两车都在路上，所以工人休息；第四个15分钟工人开始装已经返回的第一辆车。用这种方法，1小时内装了3车，运了2车。

所以很明显，第二种方法效率高，第一种方法浪费了汽车在路途上的时间。

437. 店老板的难题

店老板先倒5升的牛奶到小林的瓶子里，然后把这些牛奶倒到小花的瓶子里，那么小林的瓶子里还剩下1升，再把小花的瓶子里的4升倒回一半到老板的桶里，再把小林瓶子中的1升倒在小花的瓶子里，小花就得到他想要的牛奶了。现在牛奶桶里还剩下18升牛奶，老板把这些牛奶倒在小林的瓶子里，倒满就好了。

438. 酒精和水

第二次取出的那杯混合液，因为它和第一杯体积相等，都设为a。假设这杯混合液中酒精所占体积为b，那么倒入第一瓶酒精的水的体积是a–b。第一次倒入水的酒精为a，第二次倒出b体积酒精，则水里还剩a–b体积酒精。所以酒精瓶里的水和水瓶里的酒精一样多。

439. 交友舞会

题目中强调的是用随意的方式将32个人分成一对一对的舞伴，每对至少有一位是女性；也就是说，在这任意搭配的16对中，绝对不会出现两个都是男性的搭配，当然也有可能有2位或更多的男性均分在每对舞伴中，但题目强调的是，通过任意次的分配，都能保证总是每对中至少有1位是女性。所以，本题根据这个条件可以判断，参加舞会的男性只有1位，其余31位都是女性。

440. 分中药

首先，分别将5公斤和9公斤的砝码放在天平的两个盘中，然后在放有5公斤砝码的盘中慢慢地将中药加进去，直到天平平衡，这些中药便是4公斤。

然后，用这包 4 公斤的中药做砝码，在天平上将剩下的中药均分成 4 包，每包都是 4 公斤。

最后，将这样的 5 包 4 公斤的中药逐包一分为二，于是就得到 10 包重量均为 2 公斤的中药。

441. 巧取药粉

首先，把 20 克的砝码放在天平一边的托盘里，把药粉分成两份，放在天平两边的托盘里。通过增减两边的药粉使天平达到平衡。这时，天平上没有砝码的一边的药粉重 45 克，而有砝码一边的重 25 克。

分别将两边的药粉取下，天平一边仍放 20 克砝码，另一边放 25 克药粉，并从中不断取出药粉收集起来，使天平再次平衡。

这时天平上的药粉有 20 克，而最后取下来的药粉正好 5 克。

442. 杰米的儿子

我们可以先把他们所钓鱼的条数的个位数字相加，这四个数字的末位数的和为 $2+3+3+4=12$，也就是说钓鱼总数个位数字是 2，但根据条件所说，我们发现没有一个自然数的平方的末位数字是 2。由此我们可以判断出参加钓鱼的一定是三个人，而不可能是四个人。其中有一个人既是父亲，又是儿子。这个人就是个位数字跟杰米的儿子相同的吉米。所以我们知道了杰米的儿子是吉米。

443. 外星人的手指

我们首先可以假设房间里有 240 根手指，则可能是 20 个外星人，每人 12 根手指；或者是 12 个外星人，每人 20 根手指。但这无法提供一个唯一的答案，所以应去除所有能被分解为不同因数的数字（即除质数和完全平方数以外的所有数）。

现在我们再来考虑质数：可能会是 1 个外星人，每人有 229 根手指，但是根据第一句话，这种情况不可能；可能是 229 个外星人，每人有 1 根手指，但根据第二句话，这种情况又不可能。所以，我们又去除了所有质数，就只剩下平方数了。

在 200 和 300 之间符合条件的只有一个平方数，就是 289（172）。所以在房间里共有 17 位有着 17 个手指的外星人。

444. 妙招数人

设人们排成 3、5、7 行的列数为 x、y、z，总人数为 a. 可以写出以下方程：$3x+2=5y+2=7z+2=a$，即：$3x=5y=7z=a-2$。

也就是说 $x=\frac{5}{3}y$。

据 $3x=7z$ 可以得到：$z=\frac{3}{7}x=\frac{5}{7}y$。

显然，只要 y 是 3 和 7 的公倍数，x 和 z 就为整数；而 y 是有范围的：

$107 \geqslant a \geqslant 2a=5g+2$，故 $107 \geqslant 5y+2 \geqslant 2$，即 $21 \geqslant y \geqslant 0y=0$ 不合题意，$y=21$。

所以人事经理可以很快地算得人数：$a=5y+2=5\times21+2=107$。

445. 豆豆和小小

大家都知道，直线上有无穷多个点，但直线上不存在两个相邻最近的点。倘若 a 与 b 是两个这样的点，那么 $c=\frac{a+b}{2}$ 便是离它们更近的点。如此推断，豆豆和小小永远都没有办法走到一起。当然，这个在现实生活中指的只是两个人能接触到就好了，但在数学领域中，在同一条直线上根本不会有真正意义上相接近的点。

446. 霞霞的奶糖

通过动手排列你也许会觉得，要把这 10 枚硬币按霞霞的爸爸妈妈的要求排列出来是不可能的，但其实你却忽略了其中重要的一点：爸爸妈妈的要求里并没有限制每一个位置上只准放一枚硬币，所以你可能会想到在

"十"字的中心位置摆两枚硬币，这样就能符合要求了，不论横竖都是 6 枚硬币了。

447. 买邮票

根据题目中的要求，三种邮票必须一样多，那么可以把它看成是一套，所以用 90÷（3+4+8）=6，即可知道用这 9 元钱可以买 6"套"邮票，每套邮票 3 张，那么小军一共可以买来 6×3=18 张邮票。

448. 过桥方案

我们可以这样解决：首先让两个走得最慢的人同时过桥，这样他们所用的时间只是走得最慢的那个人所用的时间，次慢的人就不用再多花时间过桥了。所以，可以让小露和鹏鹏一起过桥，他们共用 4 分钟；这时让鹏鹏留在桥边，小露返回用 3 分钟。小宁和娟娟再一同过桥用 9 分钟，这时留在桥那边的鹏鹏再用 4 分钟返回来。最后，小露和鹏鹏再用 4 分钟过桥。那么他们四个人全部过桥来一共花 4+3+9+4+4=24 分钟。

449. 登台阶

我们可以这样来考虑，如果小强和小虎各赢一次的话，这时小强为 5–3=2，小虎为 –3+5=2，也就是说相对位置不变，所以小强对小虎的净胜次数为 40÷8=5 次，其余的 20 次都是各有输赢。假设前 20 次都是各有输赢，那么两个人都在 50+10×2=70 阶上。小强再胜 5 次，所以台阶数为 70+5×5=95。小虎输 5 次，台阶数为 70–3×5=55。

450. 测时间

题目要求用两个小计时器测量 18 分钟的时间，那么我们可以考虑把两个沙漏计时器交互翻转使用。首先同时让 10 分钟和 7 分钟的沙漏计时器开始计时。7 分计时器的沙子漏完的同时，将它翻转过来。10 分计时器的沙子漏完的同时，也将它翻转过来。7 分计时器沙子再次漏完的同时，不翻转 7 分计时器，而是把 10 分计时器翻转过来。10 分计时器的沙子再次漏完的时候，就是由开始到此时的 18 分钟。

451. 数学考试

少错一道题，也就是再加 5+3=8 分，她才能及格，所以小王得了 52 分。设小王做对了 x 题，那么她做错的题是 20–x，且有 5x–3×（20–x）=52。解方程得 x=14，所以小王答对了 14 道题。

452. 盐水浓度

最后杯中盐水的体积还是 100 毫升。此题解答关键在于算出最后盐水中盐的质量。

最开始杯中的含盐量是：100×80％=80（克）。

第一次倒入清水后的含盐量是：80–40×80%=48（克），盐水的浓度是：$\frac{48}{100}$×100%=48%；

第二次倒入清水后的含盐量是：48–40×48％=28.8（克），盐水的浓度是：$\frac{28.8}{100}$×100％=28.8%；

第三次倒入清水后的含盐量是：28.8–40×28.8%=17.28（克），盐水的浓度是：$\frac{17.28}{100}$×100%=17.28%。

453. 步行时间

根据题目条件，他们的车是提前 10 分钟到家的，这说明这天这辆车比以前往返家和火车站所需时间少了 10 分钟，又因为老刘夫人驾车速度不变，所以从驾车离家遇上老刘所用的驾驶时间，比通常由家抵达火车站所需的时间少 5 分钟。以前她到达火车站的时间是五点钟，因此，这天她是 4 点 55 分遇上老刘的。又因为老刘是四点走出火车站的，所以老刘步行的时间为 55 分钟。

454. 古董商的钱币

我们可以假设其中一枚古币收购时花了x元，另一枚古币花了y元，那么根据题意列方程：

x(1+20%)=60，y(1–20%)=60

x=50，y=75，x+y=125

所以我们可以得知古董商赔了5元。

455. 分钟和时钟

假设分钟速度为1，则时针速度就为$\frac{1}{12}$。依题意，小明回来时，分钟共比时针多走了110+110=220(度)，相当于220÷30=$\frac{22}{3}$(大格)，所以有：$\frac{22}{3}$÷(1–$\frac{1}{12}$)=8(大格)。8×5=40(分钟)，即小明出去了40分钟。

456. 水桶里的水

从数字上计算，每天增加4米，桶深为25米，那么水从桶边最初溢出的时间应该是第7天。但是，我们一定要从题意出发。

按正常计算，第5天的水位是20米，第6天从午前零点到午后6点，水要增加6米，水位超过了桶深，所以水最初从桶边溢出来的时间是第6天，过了午后3点。

457. 硬币数量

把不同币值的硬币平均分成4份、5份、6份(把平均分的4堆中的两堆可以平均分成3份，另外2堆也一样可以分成3份，所以说可以分成6份)，这样，每一种硬币至少有60枚。

458. 做数学题

把四年级的100人，按每个组3个人来分，可以分成33组还剩下1人。假设第一组3个人都没做题；第二组每人都做1道题；第三组每人都做2道题；……这样第33组每人都做32道题。剩下的1个人要是和前面的99人做的题数不一样，那么至少也要做33道题。这样100人共做了：

3×(0+1+2+3+……+31+32)+33=1617(题)

上面的结果超过了1600题。如果想要它不超过1600题，必须有1个同学或更多的同学少做题，合起来一共要少做17道题。其实只要有1个同学少做题，那么就可以将这个同学归到做题少的那组去。这样一来，那个组做的题数一样多的人就会有4个。这就是说，这100个同学中，至少有4个人做的数学题一样多。

459. 长跑训练

根据题意，小明在跑1、3、5……分钟时，每次按逆时针方向，比前一次增加120米。他停止练习时，那次是按逆时针方向跑，并离开起点的距离应是120和400的最小公倍数1200米。于是得出他沿逆时针方向跑了1200÷120=10(次)。他停止练习前那次跑了10×2–1=19(分钟)，他一共跑了1+2+3+……+19=190(分钟)，即3小时10分，由此可求出他停止练习的时刻(11时30分)和停止练习时一共跑了的路程：120×190=22800(米)。

即小明停止练习时是11时30分，一共跑了22800米。

460. 铅笔的数量

这道题我们可以采用倒推的办法，找出答案来。

根据题意可知，两人所有的铅笔总支数(72支)是不变的；又可知最后小明手中铅笔的支数是小华手中铅笔支数的8倍。这样我们可以求出最后两人手中铅笔的支数。

小华最后手中铅笔的支数是：

72÷(8+1)=8(支)

小明最后手中铅笔的支数是：

8×8=64(支)

接着倒推回去，就可以求出两人最初各有铅笔多少支了。

小明最初有 26 支铅笔，小华最初有 46 支铅笔。

461. 白球黑球

每次从盒中拿出两个球放在外面，那么白球只有两种结果：少两个或一个也不少。同样黑球也只有两种结果：少一个或多一个。根据上面的分析我们可以得知：如果白球数量为单数，那么最后一个白球是永远拿不出去的（最后一次除去），其几率是 100%。如果白球为双数，那么白球就会剩 2 个或 1 个也不剩，其几率是 0%。

462. 最后一本

要取到最后一本，就必须想办法使对方取倒数第 6 本。而要使对方取倒数第 6 本，又要使对方取倒数第 12 本。这样，对方分别取 1、2、3、4、5 本时，自己可以分别取 5、4、3、2、1 本，结果对方必须取倒数第 6 本，最后自己就能取到最后一本。

由此倒推上去，可知要取得胜利，必须让对方取倒数第 6、12、18、24、36、42、48、54 本，即顺数第 1，7、13、19、25、31、37、43、49 本。

由上述可知，这个问题对于知道其中的奥秘的人来说，后取者必胜。但如果不知道其中的窍门，任意乱取，那么胜负就难定了。

463. 红铅笔与黑铅笔

可以从贴有 “红、黑” 纸片的铅笔盒子里，任意摸出一支铅笔来看一下，再根据下面的思路进行分析。

原来三只盒子里分别装有两红，一红、一黑，两黑共六支铅笔。将这六支铅笔（三红、三黑）分别装在三只盒子里，每只盒子装两支，那么，不管怎么装，只能要么每只盒子都是一红、一黑，要么就是三只盒子分别为两红，一红、一黑，两黑。既然李老师调整以后每只盒子仍然是各装两支铅笔，而且没有一只实际装的铅笔是与纸片的说明相符合的，那么就排斥了每只都是一红、一黑的可能性（因为原来有一只是一红、一黑的），只可能是三只盒子分别装有两红，一红、一黑，两黑这种情况。而且我们还可以断定，标有 “红、黑” 的铅笔盒子里，要么装的都是红铅笔，要么都是黑铅笔。因此，如果从标有 “红、黑” 的盒子里拿出来的是一支红铅笔，我们就可以立刻判断出里面装的另一支也一定是红铅笔。这样，由于标有 “黑、黑” 的盒子里不可能装的是两支黑铅笔，根据刚才的分析又知道也不会是两支红铅笔，那么装的必定是一支红铅笔和一支黑铅笔。最后剩下来的标有 “红、红” 的盒子，装的当然是两支黑铅笔。

如果一开始从标有 “红、黑” 的铅笔盒子里拿出来的是一支黑铅笔，根据同样的思路，也很容易断定每只盒子里实际放的是哪两支铅笔。

464. 粗心的钟表师傅

问题就出在钟表师傅将时针和分针装反了，时针装在分针轴上，而分针却装到了时针轴上去了。那么，为什么钟表师傅几次来看时，钟却是准的呢？

钟表师傅第一次将钟拨到 6 点，当他第二次来到老张家时，时间是 8 点 10 分。这时时针已走了 2 圈还多 10 分，所以到 8 字超过一些，而分针应从 12 点走到 2 字超过一些，所以钟上所指的时间没有错。

第二天早上 7 点多时，时针已走了 13 圈多一些，应指到 7 点，而分针从 12 点走了一圈以后又走到 1 点。所以在这时，7 点 05 分也是对的。

当然，这两个时刻都是巧合，只要过几分钟，这两根针装反了的毛病就不难发现了。

第六部分　推理判断

465. 买裙子

小白兔、小黑兔、小灰兔在集市上各买了一条裙子。3条裙子的颜色分别是白色、黑色、灰色。

回家的路上，一只小兔说："我一直都想买一条白裙子，今天总算如愿了！"停顿了一会儿，它又说道："我们今天可真有意思，白兔没买白裙子，黑兔没买黑裙子，灰兔没买灰裙子。"

小黑兔说："你说得不错，还真是这样的。"

请你根据它们的对话，判断小白兔、小黑兔和小灰兔各买了什么颜色的裙子？

466. 判定罪犯

某商场发生了一起盗窃案，现警方锁定了三位嫌疑人，有关信息如下：

(1) A、B、C中至少一人有罪；

(2) A有罪时，B、C与之同案；

(3) C有罪时，A、B与之同案；

(4) B有罪时，没有同案者；

(5) A、C中至少一人无罪。

问：他们三人中谁是罪犯。

467. 猜职业

在一次生日宴会上，服务员肖军遇到了甲、乙、丙3人，经过了解，肖军知道了下面一些情况：三人中一位是律师，一位是推销员，一位是医生；丙比医生年龄大，甲和推销员不同岁，推销员比乙年龄小。问：他们三人各从事什么职业？

468. 兄弟姐妹

在一户人家里有兄弟姐妹7人，他们分别是A、B、C、D、E、F、G。小明从别人的口中了解到下面一些信息：A有3个妹妹；B有1个哥哥；C是女的，她有两个妹妹；D有两个弟弟；E有两个姐姐；F也是女的，但她和G没有妹妹。请问：这7个人中谁是男的，谁是女的？

469. 实话与谎话

有兄弟两人，哥哥上午说实话，下午说谎话；而弟弟正好相反。一天，一个过路人见到了这兄弟二人，禁不住问道："你们谁是哥哥？"较胖的说："我是哥哥。"较瘦的也说："我是哥哥。"过路人又问："现在几点了？"较胖的说："快到中午了。"较瘦的说："已经过中午了。"

请问：兄弟俩谁是哥哥？现在是上午还是下午？

470. 一枚硬币

一枚硬币中间钻了一个孔，如果将硬币加热，孔径将如何变化？有人说："金属受热后膨胀，有孔的地方挤小了。"请你判断一下，他说得对吗？

471. 池水高度

水池里有一条装满铅块的船，如果把铅块从船上拿出来，丢进水池，池水高度是否发生变化？

472. 谁是优秀

期末考试结束以后，甲、乙、丙、丁四名同学谈论他们的成绩：

甲说："如果我得优，那么乙也得优。"

乙说："如果我得优，那么丙也得优。"

丙说："如果我得优，那么丁也得优。"

以上三名同学说的都是真话，但这四人中得优的却只有两名。问这四人中谁得优秀？

473. 多种语言

在一次讨论会上，有4位朋友聚在了一起，好友相见，自然有许多话题要谈。交谈中，他们用了中、英、法、日4种语言。现已知：

(1) 甲、乙、丙各会两种语言，丁只会一种语言；

(2) 有一种语言4人中有3人都会；

(3) 甲会日语，乙不会英语，丁不会日语；

(4) 甲与丙不能直接交谈，乙与丙可以直接交谈，丙与丁不能直接交谈；

(5) 没有人既会法语，又会日语。

请问：甲、乙、丙、丁各会什么语言？

474. 录用了谁

一家大公司由于业务需要，急需招一名业务经理。A、B、C、D、E、F六人得到消息后都赶往公司参加面试，究竟录用了谁？甲、乙、丙、丁4位领导做了如下预测：

甲：A、B有希望；

乙：A、C有希望；

丙：E、F有希望；

丁：不可能是A。

而结果表明，4个人只有1个人的预测是正确的。

请问：A、B、C、D、E、F六人谁被录用了？

475. 猜数字

某教授有3个学生，分别是甲、乙、丙，三人都非常聪明。教授发给他们3个数字（没有0，自然数），每人一个，并告诉他们这3个数字的和是14。下面是甲、乙、丙三人的谈话：

甲：我知道乙和丙的数字是不相等的。

乙：我早就知道我们3个人的数字都不相等了。

丙：我知道我们每个人的数字是多少了。

问：这3个数是多少？

476. 富翁的遗嘱

有个贤明的富翁，为了儿子将来有出息，就把儿子送到外地去学习。一天，他突然染上了重病，知道自己在死之前是见不上儿子了，于是就留下了一份遗嘱：自己留下的全部遗产都归奴隶所有，但要是儿子想要的话，只能选择其中一件。

这位富翁死后，奴隶心里非常高兴，他以最快的速度赶到富翁儿子学习的地方，将富翁的死讯告诉了他，并把遗嘱拿给他看。这个年轻人看了遗嘱后非常伤心，也非常吃惊。

丧事料理完后，年轻人想了很久也没有想通，他不明白父亲为什么会这样做，于是就牢骚满腹地去找智者。智者看完遗嘱后，笑着说道："从这份遗嘱里可以看出你父亲的英明。"

年轻人不解地问道："我不明白您的意思。"

智者要他好好动脑筋，只要仔细分析遗嘱

就可以知道，父亲把全部财产留给了自己。

你知道富翁遗嘱的真实用意吗？

477. 打赌

清明节，有一对兄弟去扫墓，在回来的路上遇到了一位智者，双方讨论起次日的天气，并愿意为之打赌。

哥哥先对智者说："如果明天不下雨，我给你200元；如果明天下雨，你给我100元。"

哥哥心想，明天不下雨的可能性小，而明天下雨的可能性大；

可是弟弟却不是这么想的，他觉得明天不下雨的可能性大，而明天下雨的可能性小；

于是，弟弟又对智者说："如果明天下雨，我给你200元；如果明天不下雨，你给我100元。

亲爱的读者，如果你是智者，你愿意和他们打赌吗？

478. 陈先生的未婚妻

陈先生认识赵、钱、孙、李、周5位女士。其中有关她们的信息如下：

(1)5位女士分为两个年龄层：3位女士小于30岁，两位女士大于30岁；

(2)两位女士是教师，其他3位女士是秘书；

(3)赵和孙属于相同年龄层；

(4)李和周不属于相同年龄层；

(5)钱和周的职业相同；

(6)孙和李的职业不同；

(7)陈先生将同其中一位年龄大于30岁的教师结婚。

请你根据上面的信息，判断出谁是陈先生的未婚妻？

479. 几朵牡丹花

李先生的花园里盛开着30朵花，它们分别是玫瑰花和牡丹花，无论你摘下任何两朵花，都至少有一朵是玫瑰花，那么，你能判断出李先生的花园里共有多少牡丹花吗？

480. 录取的概率

有一家大公司要招聘一名业务经理，但报名的人有100人。这样每个人的录取可能性是1%。所以每个人都非常担心。但有人指点说，不必着急，你们每个人的录取可能性都是$\frac{1}{2}$。他是这样分析的：

这100个人都可以这样推导：除我之外的99个人中，肯定有98个人要被淘汰，这样，我就与剩下的第99个人竞争这个职位。所以，我的录取可能性就是$\frac{1}{2}$了。

由于这100个人都可以这样进行推导，于是这100个人的被录取概率都由$\frac{1}{100}$变成$\frac{1}{2}$了，所以他们都用不着担心。真的会是这样吗？

481. 打猎解难题

一年秋天，曹操带着曹植和五位爱将到狩猎场打猎。

秋高气爽，衰草如盖，满山红遍，北方的狩猎场呈现出一派雄丽、悲壮的情调。曹操摸着自己的胡须，看着眼前的一切。一声令下，随行的士兵握着手中的武器，叫嚷着，一只色彩斑斓、安闲自在的梅花鹿被他们从树丛里赶出来，它似乎已经觉察到灾难马上就要来到，惊悸地在空旷的猎场上狂跑。众将军已经准备好了弓箭，纵马追逐，没过多久，梅花鹿就被射中了，惨叫几声倒在血泊之中。曹操驱马赶来，见除了一枝箭直穿鹿喉外，其余四枝箭都没有命中目标。他决定重赏射中的将军，并封其为“神射手”。

随行人员从鹿喉上将箭杆拔出，呈给了曹操。曹操认真地看了看箭杆上刻的姓名，微微点头。他想：“眼下正是用人之时，吞吴蜀，平定天下，不但要有骁勇善战、冲锋陷阵的将军，更需要有能够统领战局的谋士贤臣。何不趁此机会考考曹植和众将军的智谋呢？”于是问道：“刚才，有五只箭一起射了出去，却只有一只箭射中了鹿喉，你们知道这只箭是谁的吗？”

“是孙将军射中的。”赵将军说。

“不，应该是李将军射中的。”钱将军说。

“是我射中的！”孙将军说。

“总之孙将军和我都没有射中。”郑将军说。

“是郑将军和孙将军中的一个人射中的。”王将军说。

曹操听了笑着说：“你们当中只有三个人猜中了，其中有王将军。”

亲爱的读者，你知道是谁射中的吗？

482. 正确与错误

传说，古代有一位国王，制定了两种处决犯人的方法——绞刑和杀头。

行刑前，国王允许犯人说一句话，并根据这句话的真伪选择施刑的方式：如果犯人说的话是正确的，他将被送上断头台，如果他的话是错误的，他将被送上绞刑台。

这个国王颇为自己的发明感到得意，可是有一天，他的得意被一名囚犯的回答给打碎了。最后，国王无可奈何地下令该囚犯免死。

请问死囚犯是怎么回答的？

483. 火腿与猪排

阿德里安、布福德和卡特三人相约去饭店聚餐，他们每人要的不是火腿就是猪排。

(1) 如果阿德里安要的是火腿，那么布福德要的就是猪排。

(2) 阿德里安或卡特要的是火腿，但是不会两人都要火腿。

(3) 布福德和卡特不会两人都要猪排。

那么你能根据上面的信息判断：谁昨天要的是火腿，今天要的是猪排？

484. 天气情况

假设半夜12点的时候下大雨，那么再过72小时会不会出太阳？

485. 棘手的问题

老刘和老李是邻居，一天老李问了老刘一个问题：“一个人从出生到现在，究竟是入睡的次数多呢，还是醒来的次数多？又多了多少呢？”老刘想了好久，还是不知道答案。

亲爱的读者，你知道吗？

486. 谁是案犯

某富翁家被盗，涉嫌作案的有甲、乙、丙、丁四人，他们被警方拘审。现有四人的口供如下：

甲：案犯是丙；

乙：丁是案犯；

丙：如果我作案，那么丁是主犯；

丁：作案的不是我。

4个口供中只有一个是假的。

你能根据上面提供的信息，判断下面哪项是真的？（ ）

A. 说假话的是丁，作案的是丙和丁。

B. 说假话的是甲，作案的是乙。

C. 说假话的是丙，作案的是丙。

D. 说假话的是乙，作案的是丙。

487. 错误信息

某地的警察局张贴了一张一年前发生的盗窃案通缉犯的公告，上面有通缉犯的照片以及身高、年龄等资料。有一个人看了看公告，却发现里面有一个明显的错误。这个人完全不认识这个通缉犯，但是他怎么知道有一个信息是错误的呢？你能指出这个错误信息是什么吗？

488. 立体箱子

孙先生说，他家里有一个箱子，他不用任何镜子及其他反光的东西，就能同时看到立体箱子的这一面和与它相对的另一面。而且这个箱子既不是特别小，也不是透明的。当然，孙先生也没有超人的能力。你认为这可能吗？

489. 少掉的土地

有人拍卖一块土地，说是土地形状为正方形，东西100米，南北也是100米。有人买下这块土地后，用尺一量，发现这块土地的面积却只有5000平方米，为什么会这个样子呢？土地的面积怎么会突然少了一半呢？

490. 及格人数

现在有五道试题，要100个人回答，有81人答对第一题，91人答对第二题，85人答对第三题，79人答对第四题，74人答对第五题，答对三道题或三道题以上的人算及格，那么，在这100人中，至少有多少人及格？

491. 真正的凶犯

张三是个富有的商人。一次，他带着大量的钱和好友李四结伴外出。几个时辰过后，张三家响起了一阵急促的敲门声，只听门外有人在喊："大嫂大嫂，大哥在家吗？"张氏听到喊声，开门一看，是准备同丈夫结伴外出的李四。忙答道："他昨天晚上就没回来。"然后急忙向附近的县衙报了案。经调查，张三已被人暗害。县衙捕快详细询问了事情的经过后，立即将李四逮捕。开始李四极力为自己开脱，但最后不得不低头认罪。你知道县衙捕快是根据什么认定李四是凶手的呢？

492. 好人与坏人

有一个怪城，城里一边住着好人，一边住着坏人，城门左右各有一个人站岗，其中一个是好人，一个是坏人，好人总说实话，坏人总说假话。一个外地人到了这个城门后，不知道站在哪边的是好人。如果不小心问了坏人，就会走到坏人住的地方，吃亏上当。如果你是这个人，你该怎么办？

493. 水面变化

在一只装有水的盆里，有一个漂浮在水上的小盒，盒里放一石块。请你认真思考一下，如果把石块拿到小盒的外面，盆里的水面是会升高呢？还是会降低呢？

494. 黑牌与红牌

有一副牌，拿去了大王、小王，还剩52张。现在将这52张牌仔细洗好，然后分成各26张的A、B两堆。如果这样分上一万次，那么请问会有多少次A堆中的黑牌与B堆中的红牌相等？

495. 鲸鱼的居住地

有五条鲸鱼在海面上嬉戏，玩累了后它们待在一个安静的地方聊天。这五条鲸鱼分别居住在不同的海洋深度(800米、900米、1000米、1100米、1200米)，关于居住深度比自己深的鲸鱼的叙述都是假的，关于比自己浅的鲸鱼的叙述都是真的，而且，只有一条鲸鱼说了真话。它们的对话如下：

鲸鱼A："B住在900米或者1100米的地方。"

鲸鱼B："C住在800米或者1000米的地方。"

鲸鱼C："D住在1100米或者1200米的地方。"

鲸鱼D："E住在1100米或者1200米的地方。"

鲸鱼E："A住在800米或者1000米的地方。"

那么，究竟每条鲸鱼分别住在哪个深度？

496. 下雨与游泳

小王、小李、小张准备去游泳。天气预报说，今天可能下雨。围绕下雨与游泳，三人展开了讨论。

小王："今天可能下雨，那并不排斥今天也可能不下雨，我们还是去游泳。"

小李："今天可能下雨，那就表明今天要下雨，我们还是不去游泳了吧。"

小张："今天可能下雨，只是表明今天不下雨不具有必然性，去不去游泳由你们决定。"

对天气预报的理解，三人中(　)

A. 小王和小张正确，小李不正确。

B. 小李和小张正确，小王不正确。

C. 小王正确，小李和小张不正确。

D. 小李正确，小王和小张不正确。

E. 小张正确，小王和小李不正确。

497. 猜车

罗伯特、欧文、马赛宁一起到汽车中心买了汽车，汽车的牌子是奔驰、本田、皇冠。他们一起来到朋友吉米家里，让吉米猜猜他们每个人买的是什么牌子的车。吉米想了想，猜道："罗伯特买的是奔驰车，马赛宁买的肯定不是皇冠车，欧文自然不会是奔驰车。"然而遗憾的是，吉米的这种猜法，只猜对了一个。据此可以推知(　)

A. 罗伯特买的是奔驰车，欧文买的是皇冠车，马赛宁买的是本田车。

B. 罗伯特买的是本田车，欧文买的是奔驰车，马赛宁买的是皇冠车。

C. 罗伯特买的是皇冠车，欧文买的是奔驰车，马赛宁买的是本田车。

D. 罗伯特买的是奔驰车，欧文买的是本田车，马赛宁买的是皇冠车。

498. 作案者

某珠宝店的珠宝被盗，甲、乙、丙、丁四人涉嫌作案被传讯，下面是他们的供词：

甲：作案者是乙。

乙：作案者是甲。

丙：作案者不是我。

丁：作案者在我们四人中。

如果四人中有且只有一个说真话，则以下哪项断定成立？（　）

A. 作案者是甲。

B. 作案者是乙。

C. 作案者是丙。

D. 作案者是丁。

E. 题干中的条件不足以断定谁是作案者

499. 四人的血型

甲、乙、丙、丁四人的血型各不相同，甲说："我是A型。"乙说："我是0型。"丙说："我是AB型。"丁说："我不是AB型。"他们当中只有1个人的话是假的。

请你根据上面提供的信息，判断下面哪项成立？（　）

A. 乙的话假，可推出4个人的血型情况。

B. 丙的话假，可推出4个人的血型情况。

C. 丁的话假，可推出4个人的血型情况。

D. 无论谁说假话，都能推出4个人的血型情况。

500. 竞争金奖

在一次国际辩论会上，A、B、C、D、E、F、G和H竞争一项金奖。由一个专家小组投票，票数最多的将获金奖。

如果A的票数多于B，并且C的票数多于D，那么金奖得主是E。

如果B的票数多于A，或者F的票数多于G，那么金奖得主是H。

如果D的票数多于C，那么金奖得主是F。

如果上述断定都是真的，并且事实上C的票数多于D，并且E并没有获得金奖，以下哪项一定是真的？（　）

A.H 获奖。　　B.F 的票数多于 G。

C.A 的票数不比 B 多。　D.B 的票数不比 F 多。

501. 骗子

美国前总统林肯说："最高明的骗子，可能在所有的时刻欺骗某些人，也可能在某个时刻欺骗所有的人，但不可能在所有时刻欺骗所有的人。"如果林肯的上述断定是真的，那么下述哪项判断是假的？（　）

A. 不存在某一时刻有人可能不受骗。

B. 林肯可能在任何时刻都不受骗。

C. 不存在某一时刻所有的人都必然不受骗。

D. 林肯可能在某个时刻受骗。

502. 及格与不及格

如果李平考试及格了，那么李华、孙涛和赵

林肯定也及格了。由此我们可以得知：(　)

A. 如果李华、孙涛和赵林都及格了，那么李平的成绩肯定也及格了。

B. 如果李平考试没及格，那么李华、孙涛和赵林中至少有一个没及格。

C. 如果孙涛的成绩没有及格，那么李平和赵林不会都考及格。

D. 如果赵林的成绩没有及格，那么李华和孙涛不会都考及格。

503. 英语六级成绩

英语六级考试过后，某学院一个班的通过情况有如下陈述：

(1) 班长通过了；

(2) 该班所有人都通过了；

(3) 有些人通过了；

(4) 有些人没有通过。

经过一番查询，发现上述断定只有两个是正确的。那么(　)

A. 班长通过了。

B. 该班有人通过了，但也有人没有通过。

C. 所有人都没有通过。

D. 所有人都通过了。

504. 花瓶是谁打碎的

有六个小朋友去老师家做客，谈笑间有人不小心将桌子上的花瓶打碎了，当老师问到这件事时，他们的答词如下：

夏克：吉姆打碎了花瓶。

汤姆：夏克会告诉你谁打碎了花瓶。

埃普尔：汤姆、夏克和我不太可能打碎花瓶。

克力斯：我没打碎花瓶。

艾力克：夏克打碎了花瓶，所以汤姆和埃普尔不太可能打碎花瓶。

吉姆：我打碎了花瓶，汤姆是无辜的。

如果他们每个人说的话都是假话，那么是谁打碎了花瓶?

505. 年轻有为

鲁道夫、菲利普、罗伯特是三个年轻有为的青年，一个当了歌手，一个考上大学，一个加入美军陆战队，现已知：

(1) 罗伯特的年龄比士兵的大；

(2) 大学生的年龄比菲利普小；

(3) 鲁道夫的年龄和大学生的年龄不一样。

现在请你根据上面提供的信息，判断出三个人中谁是歌手，谁是大学生，谁是士兵?

506. 三种花色的牌

桌上放着三种花色的牌：红桃、黑桃和梅花，总共有 20 张。

(1) 桌上至少有一种花色的牌少于 6 张。

(2) 桌上至少有一种花色的牌多于 6 张。

(3) 桌上任意两种牌的总数将不超过 19 张。

上述论述中正确的是(　)

A.1、2　B.1、3　C.2、3　D.1、2 和 3

507. 《新华字典》的价格

小明和小华到新华书店去买《新华字典》。一看价钱，发现小明带的钱缺 1 分钱，小华带的钱缺 2.35 元。两人的钱凑在一起，还是买不了一本。那么请问：一本《新华字典》到底要多少元?

508. 分银元

一个富商在家门口对旁人说："在上个星期，我把50枚银元施舍给十个穷人，我不是平分给他们的，而是根据他们困难的程度进行施舍。因此，他们每个人得到银元的枚数都不相同。"一个骑着骆驼的人途经此地，听见这些话后非常生气，说："你说的全是谎话，你是一个虚伪的人！"想一想，这个农夫为什么这样说？已知富商拿了50枚银元，分给十个人，如果每个人得到银元的枚数都不相同，最少的1枚（不能比这个数再小了），2枚，3枚……10枚，算一算，如果这样分的话，50枚银元够吗?

509. 均匀调配

餐桌上有两个瓶子，一个瓶子装满了牛奶，一个瓶子装满了可可。有ABC三只杯子，每只杯子的容积为瓶子容积的$\frac{1}{3}$，如果想将牛奶和可可均匀调配好，应该怎么做呢?

510. 分碟片

一天，明明到珍珍家做客。席间，明明问："你家还有碟片吗？"

珍珍回答说："我已经把一半碟片和一张碟片的一半送给了同学。没过多久，又把剩下的一半碟片和一张碟片的一半送给了另一个同学。现在家里只有一张碟片了。你要是能说出我原来有几张碟片，那么，我就把这剩下的一张碟片送给你。"

聪明的明明想了想，很快就知道了答案，于是他也就理所当然的拿到了珍珍的最后一张碟片。你能说出珍珍原来有几张碟片吗?

511. 过元旦

两个远航归来的人见面了。一个说："我年前离开上海，向东航行。当我到美国旧金山的时候，已经是年后数天了。我的新年是在海上度过的，然而有意思的是，我连续过了两个元旦。"另一个说："我和你航线一样，只是方向相反，当我到上海的时候，也是年后几天，我竟没有赶上过元旦，真是可惜！"请你判断一下，他俩说的对吗？为什么?

512. 释放谁

在一个牢房里，关押着犯人A、B、C。因为其中有很厚的玻璃，所以他们三人只能互相看见，而听不见对方说的话。有一天，国王突然心血来潮，命人给他们每人头上都戴上一顶帽子，不让他们知道自己所戴的帽子是什么颜色的，而只让他们知道帽子的颜色不是白的就是黑的。在这样的情况下，国王宣布了两条规定：

（1）谁能看到其他两个犯人戴的都是白帽子，谁就可以被释放。

（2）谁知道自己戴的是黑帽子，会被释放。

其实，国王命人给他们戴的都是黑帽子。他们三人由于条件限制，看不见自己头上戴的帽子。于是三个人互相看着不说话。没过多久，聪明的A认定自己戴的是黑帽子。你知道A是如何推断的吗?

513. 猜国籍

在一次培训课上，坐着A、B、C、D、E、F六人，他们来自美国、德国、英国、法国、俄罗斯和意大利六个国家，现有关他们的信息如下：

(1) A 和美国人是牙医；

(2) E 和俄罗斯人是教师；

(3) C 和德国人是技师；

(4) B 和 F 曾经当过兵，而德国人从没当过兵；

(5) 法国人比 A 年龄大，意大利人比 C 年龄大；

(6) B 同美国人下周要到英国去旅行，C 同法国人下周要到瑞士去度假。

请你根据上面的信息判断：A、B、C、D、E、F 分别是哪国人？

514. 大米的重量

粮店进了若干袋大米，除了其中 6 袋重量不等，其他的重量都相等。6 袋重量不等的大米分别是 150 斤、160 斤、180 斤、190 斤、200 斤和 310 斤。因为太重，所以粮店的人没有给它们重新包装成跟其他大米重量相等的袋子。

这天，先后来了两位顾客，他们是来买米的，第一位买走了两袋，第二个顾客买走了三袋。店主不知道最后剩下的是多少斤的袋子，只知道第二位买去的大米的重量是第一位的 2 倍。那么，你知道两位顾客买走的都是多少斤一袋的大米吗？店里剩下的那袋大米是多少斤的？

515. 按劳动量分钱

有三家人租住在一个院子里，院内的卫生由住进去的 3 家女主人共同负责。于是，A 夫人清理了 5 天，B 夫人清理了 4 天，就全部清理干净了。因 C 夫人正处于怀孕阶段，就只好出了 9 块钱顶了她的劳动。请问，如果这笔钱按劳动量由 A、B 两个夫人来分，怎样分才算公平？

516. 乌龟的预言

森林里马上要举行长跑比赛了，乌龟和兔子又被分在了一组。乌龟对兔子说，你的速度是我的 10 倍，每秒跑 10 米。如果我在你前面 10 米远的地方，当你跑了 10 米时，我就向前跑了 1 米；你追我 1 米，我又向前跑了 0.1 米；你再追 0.1 米，我又向前跑了 0.01 米……如果这样的情况一直延续下去，你永远要落后一点点，所以你别想追上我了。

亲爱的读者，你觉得乌龟说得对吗？

517. 加薪方案

某公司向员工提供了两个加薪方案，要求他们从中选择一个。第一个方案是：12 个月后，在 20000 元的年薪基础上每年提高 500 元；第二个方案是 6 个月后，在 20000 元的年薪基础上每半年提高 125 元。这两个方案无论选择哪一个，公司都是每半年发一次工资。

你觉得应该选择哪一个方案好？

518. 遇害时间

一天夜里，宁静的小镇里突然传出一声惨烈的尖叫。人们早上醒来时才知道昨晚发生了命案，那一声尖叫是受害者的最后一声。警察向邻居们了解案件发生的确切时间。一位小伙子说是 12 点 08 分，另一位老爷爷说是 11 点 40 分，服装店的老板说他清楚地记得是 12 点 15 分，还有一位老太太说是 11 点 53 分。但这 4 个人的表都不准确，在这些手表里，一个慢 25 分钟，一个快 10 分钟，还有一个快 3 分钟，最后一个慢 12 分钟。你能根据上面这些信息，判断出死者遇害的时间吗？

519. 叔叔的家人

小青经常去叔叔家玩，因此对他家的情况非常了解。

一天，小青的同学问她：“你叔叔家到底有多少人啊？”小青告诉她：“叔叔家有三代人，有一个人是祖父，有一个人是祖母，有两个人是爸爸，有两个人是儿子，有两个人是妈妈，有两个人是女儿，有一个人是哥哥，有两个人是妹妹，有四个人是孩子，有三个人是孙子或孙女。”

你能根据上面这些信息，判断出这家到底有多少人吗？

520. 比赛结果

一场精彩的比赛刚刚结束，几个球迷就围坐在一起讨论这场比赛：

1. 队员们的身体素质真是太好了，比赛中双方都没有换过人。

2. 双方技术都很高，得分最多的一个队员独得 30 分；有三名队员得分不满 20 分，并且他们所得的分数各不相同。

3. 客队的个人技术相当接近，得分最多的和最少的相差只有 3 分。

4. 全场比赛中只有三名队员得分相同，都是 22 分，而且他们不在一个队。

5. 主队的个人得分，正好是一组等差数列。

请你根据上面提供的信息，推算这场球赛的具体结果。

521. 年龄问题

有 4 个女人，她们的年龄分别是 41、42、43、44 岁，其中有两个女人正在讨论年龄的问题，无论谁说话，如果说的是关于比她大的人的话都是假话，说比她小的人的话都是真话。甲说：“乙 43 岁。”丙说：“甲不是 41。”你能判断出她们的年龄吗？

522. 买饼干

玛丽是个贪吃的孩子。一天，她又情不自禁地走进了一家商店。售货员说：“白饼干 9 角钱一袋，黑饼干 1 元钱一袋。”于是她买了一包白饼干，并将一元钱放在柜台上。

这时，吉姆也把一元钱放在柜台上，说：“给我一袋饼干。”售货员给了她一袋黑饼干。请问，售货员是怎么知道吉姆想要黑饼干的？

523. 反恐行动

某国情报局获悉，恐怖集团首领伯格和另外一些核心成员，一年前已经隐蔽在该国了。现在他们频繁接触，似乎又有什么新的计划。经过周密的调查发现，该组织的成员碰面形式非常特别：第一名恐怖分子隔一天去头目那里一次，协助他处理事情；第二名恐怖分子隔两天去一次；第三名恐怖分子隔三天去一次；第四名恐怖分子隔四天去一次……第七名恐怖分子要每隔七天才去一次。为了不惊动他们，并且把他们一网打尽，情报局长决定等到 7 名恐怖分子都碰面的那天再行动。那么这 7 名恐怖分子什么时候才会一起碰面呢？

524. 肇事的汽车

一辆汽车撞伤了一位老人后匆匆逃走了，警长立即赶到了出事地点。

一位见证人说："当时我正在开车，在反光镜中发现自己车的后面有一辆车突然拐向小路，飞驶而去，十分可疑。所以，他就记下了那辆车的车牌号——18UA01。"

警长说："那可能就是肇事的车，我马上命人搜捕这辆 18UA01 号车！"几小时后，警察局告知警长，见证人提供的车号是个空号。现在已把近似车号的车都找来了，有 18UA81 号、18UA10 号、10AU81 号和 18AU01 号共四辆车。

警长看了看这四个车号，想了想，终于从中找出了那辆肇事车。你知道是哪个吗？

525. 绑匪与赎金

大富豪哈克的独生子离奇失踪了。这天，哈克收到了一封恐吓信："如果你还想见到你的儿子，你就准备好 100 万美元的赎金，装进手提包，明晚 11 点，让你的司机在世纪公园的雕像旁边挖一个坑埋进去。如果你照我的话去做了，那么后天中午，你们父子就可以团聚了。"

哈克心急如焚，马上报了警。警方决定派警察在公园的雕塑旁监视。

半夜 11 点的时候，司机开着车，带着 100 万美元的手提包来了，按照绑匪的要求，挖了一个很深的坑埋了起来，然后空手走了。警察们死死注视着眼前的一切。可是直到第二天中午，还是没有看见有人来取钱，而哈克的儿子却回家了。警察不知何故，于是挖开埋钱的坑。手提包没有被挖走！但是当他们将手提包打开的时候，却发现里面的 100 万美元不见了！这是怎么回事呢，警方日夜都监视着那个坑，而司机也确实把手提包放进坑里埋好了，那么这 100 万美元怎么会突然不见了呢？

亲爱的读者，你知道这是怎么一回事吗？

526. 读《圣经》

几个世纪以前，英国有个惯盗，名叫阿姆斯特朗。他在一次盗窃王室珍宝的行动中失手，被卫兵逮住，法庭判他死刑。

当时英国的国王是詹姆士六世，他在位期间因钦定《圣经》而闻名，同时还善于倾听臣民的意见。罪犯阿姆斯特朗抓住了这个机会对狱卒说："听说国王钦定的英译《圣经》已经完成了，我到现在为止还没有见过。因此我想在死之前把《圣经》读完。请求您替我向仁慈的国王说说看。"狱卒就把他说的话告诉了国王。

国王同意了他的要求。崭新的《圣经》送到了阿姆斯特朗手上。接过《圣经》，阿姆斯特朗笑了，他把自己的阅读计划告诉了卫兵，卫兵一听，顿时醒悟了。原来国王上了他的当。实际上阿姆斯特朗借此取消了自己的死刑判决。

你知道他的读书计划是什么吗？

527. 劫匪的巧克力

暑假里的一天，勒鲁瓦跟小伙伴们一起在球场上踢球。一场球踢下来，全身都被汗水湿透了。布朗局长下班回家，开车经过球场时，便将他带回了家。

车里开着空调，勒鲁瓦一钻进去，顿觉得凉爽宜人。就在这时，汽车里的电话响了，刑警队长向布朗局长报告说是刚刚市中心银行被抢，匪徒开着蓝色的汽车，沿着高速公路向北逃跑了。

布朗局长立即将车开上高速公路，并通过报话机向部属发布命令，要他们四处堵截可疑的蓝色车辆。

尽管做了这样的布置，可是要在高速公路上追捕一辆可疑的车辆谈何容易，尤其是高速公路朝北不远就有一个岔道，怎么知道匪徒朝哪个方向逃跑呢？除非有个目击者指引一下方向。

恰巧在岔道口旁有个青年，他要求搭乘布朗局长的汽车，局长为了探路就让他坐了上来。

"你在这里站了多少时间？"

"足足一个多小时。天气太热了，可把我热坏了！"

"你见过一辆蓝色汽车吗？"

"哦，见过，我想拦下他载我一程，但他开得飞快！"

"那它朝哪个方去了呢？"

"朝东。"

布朗局长忙驱车向东开去，车上那搭乘的青年从衣袋里拿出一只桔子和一块巧克力，问坐在旁边的勒鲁瓦："你喜欢吃什么？"

勒鲁瓦问布朗局长："爸爸，我可以吃陌生人的东西吗？"

爸爸说："今天看来吃不成晚饭了，你就先吃一点儿充充饥吧。"

勒鲁瓦要了一块巧克力，用力一掰，巧克力发出"咔嚓"清脆的响声，他将半块丢进嘴里，像是在品味巧克力的美味，实际上他的脑子正在思索……他拿出笔来，在巧克力的包装纸上写了一行字，又包起另半块巧克力递给前座的布朗局长："爸爸，你也吃点巧克力吧！"

局长接过巧克力，看了包装纸上的字后，马上停车，把青年喊出来喝问道："你是劫匪的同伙吧！站在交岔路口想故意把我们引入歧途？"

那青年脸色煞白，他还不知是巧克力使他露了馅，还以为布朗局长神机妙算呢！他只得承认犯罪事实，重新指引出那蓝色汽车逃跑的真实方向，布朗局长在车中对部下作了布置，四处合围，很快抓到了抢劫犯。

你知道包装纸上写了什么吗？

528. 伊索解释遗嘱

有个富人，他有三个女儿，各自都有自己的爱好。第一个喜爱喝酒，第二个喜欢打扮，第三个则很吝啬。根据城里的法律，富人写下了遗嘱，把自己的家产分成相等的三份，并规定每个女儿在把自己所得的财产出售后，要各自给她们的母亲一笔现金。

父亲去世后，这三个女儿焦急地跑去看遗嘱。在念完遗嘱后，大家都弄不懂逝者的遗愿。应该如何理解下面的话呢？

"姐妹们应立即将她们所继承的财产脱手，然后每人再付给其母亲一笔现金。"

遗产被分成了三份，第一份是一个农场和全套的生产农具、牲口和牧场，还有管理生产和牲畜的仆人。第二份是乡下的别墅，包括葡萄棚下的餐桌、银餐具、面盆、水壶和一个存放马尔付齐酒的酒窖，另加侍候吃喝的佣人。一句话，供吃喝的设备一应齐全。第三份是城里的房子，包括一套时髦的用具、考究的家具、梳头姑娘和家奴，另加上做针线活的姑娘、珍珠宝贝和贵重的衣物。财产分配停当，大家觉得若抽签则会使三姐妹难以得到自己喜爱的东西，于是都同意各自挑一份自己喜好的财产。当时雅典城里的人都赞成这个决定。

只有伊索一人认为人们曲解了遗嘱的意思。他说："如果逝者还活着，雅典全城的人都会受到他的怒骂。他禁不住会问：'一个自称有敏锐洞察力的民族，怎么会将一份遗嘱作出相反的解释呢？'"说完，伊索主持了家产的分配工作。

你知道伊索是怎么分配财产的吗？

529. 利用月光揭伪证

身为美国第十六届总统的亚伯拉罕·林肯是著名的资产阶级民主主义革命家、政治家，在他当选总统之前，是美国著名的大律师。

阿姆斯特朗被法庭指控谋财害命，林肯出庭为被告进行辩护。此案的原告是一位有钱人，他收买一位名叫福尔逊的人做伪证。在法庭上，福尔逊发誓他亲眼看见被告开枪杀人，被告一时有口难辩。

林肯仔细研究全部案卷，调查了案发现场，他掌握了大量确凿的证据。在法庭上和原告展开辩论。

林肯首先问证人："你确定开枪杀人的就是阿姆斯特朗吗？"

"是的，我可以把手放在《圣经》上发誓。"福尔逊答。

"你当时是在草堆后面，而被告是在大树下。也就是说你所处的位置是在东面，而被告人站立的大树是在西边，对吗？'

"是的！

"草堆和大树之间有30米的距离，你确信没有看错人吗？"

"没有，我看得非常清楚，因为当时月光很明亮。"

"你敢肯定不是从衣着或身材上确认的吗？"

"不是，我看见了他的脸，因为那时月光正好照在他的脸上，我看见他脸上充满杀气，拿枪的手还在不停地颤抖。"

"那你能说出当时确切的时间吗？"

"当然可以，因为我回到屋里时，闹钟正好响起，时间是10月18日深夜11点（这天是上弦月，到了晚上11点时，月亮就不见了）。"

听到这里，林肯马上面对听众和法官说："可敬的法官和各位陪审员，我敢百分之百地说，这名证人是个彻头彻尾的骗子。"

那么，林肯是怎么知道证人在说谎的呢？

530. 仓库被盗案

甲、乙、丙、丁四人是仓库的保管员。一天仓库被盗，经过侦查，最后发现这四个保管员都有作案的嫌疑。又经过核实，发现是四人中的两个人作的案，下面是关于这次盗窃案的一些信息：

（1）甲、乙两个中有且只有一个人去过仓库；

（2）乙和丁不会同时去仓库；

（3）丙若去仓库，丁必一同去；

（4）丁若没去仓库，则甲也没去。

那么，你可以判断作案者是哪两个人吗？

531. 数学家破案

法国数学家伽罗华只活了21岁，但他却对方程的理论做出了杰出的贡献。关于他，还有一个智破杀人案的传说。

伽罗华的一位老朋友鲁柏被人刺死，家里的钱财被洗劫一空。伽罗华从女看门人那里得知，警察赶到现场的时候，鲁柏手里还紧紧捏着半块没有吃完的苹果馅饼。女看门人认为，凶手一定就在这幢公寓里，因为出事前后，她一直在值班室，没有看见有人进出公寓。可是这座公寓共有4层楼，每层楼有15个房间，共居住着100多人，到底谁才是凶手呢？

伽罗华把女看门人提供的情况前前后后分析了一番：鲁柏手里捏着半块馅饼，是不是想表达什么意思呢？伽罗华忽然想到了一点……

为了证实自己的推测，伽罗华问女看门人："314号房间住的是谁？"

"是米塞尔。"女看门人答道。

"这个人怎么样？"伽罗华追问。

"不怎么样，又爱喝酒，又爱赌钱。"

"他现在还在房间吗？"伽罗华追问得更急切了。

"不在了，他昨天就搬走了。"

"搬走了？"伽罗华一呆，"不好，他跑了！"

"你怀疑是他干的吗？"女看门人问。

"嗯。如果我没有猜错的话，他一定就是杀害鲁柏的凶手！"

伽罗华立刻把情况报告了警察，要求缉捕米塞尔。米塞尔很快被捉拿归案，经过审讯，他果然招认了他因见财起意杀害鲁柏的全过程。

你知道伽罗华是凭什么推断出凶手的吗？

532. 首次值班

乔治是一家大公司的仓管员，关于值班情况，现在有如下信息：

1. 值班是按轮流制进行的。从乔治首次值班至今，还不到100天。

2. 乔治首次值班和最近一次值班遇上了他当值日期间仅有的两个星期日。

3. 乔治首次值班和最近一次值班是在不同月份的同一日子。

4. 乔治首次值班和最近一次值班的月份天数相同。

请问：乔治首次值班是在一年中的哪个月？

533. 做饭的时间

一家四口人要一起吃饭，他们的晚饭是炸土豆丝和小黄鱼，其中父亲要吃炸2分钟的土豆丝和7条炸6分钟的鱼；母亲要吃炸4分钟的土豆丝和4条炸10分钟的鱼；妹妹要吃炸5分钟的土豆丝和3条炸12分钟的鱼；哥哥要吃炸4分钟的土豆丝和5条炸14分钟的鱼。如果这家人只有一个炸锅，那么，做这顿饭至少需要多长时间？

534. 牛奶与水

哈里有两个桶，一个桶里盛着纯净的矿泉水，另一个桶里盛着牛奶，由于含有大量的乳脂，必须用水稀释才能饮用。现在把A桶里的液体倒入B桶，使其中液体的体积翻了一番，然后又把B桶里的液体倒进A桶，使A桶内的液体体积翻番。最后，将A桶中的液体倒进B桶中，使B桶中液体的体积翻番。此时发现每个桶里盛有同量的液体，而在B桶中，水要比牛奶多出1升。到此为止你能推算出开始时水和牛奶有多少升，而在结束时，每个桶里又有水和牛奶多少升？

535. 住宿的时间

甲到某市去看望乙，顺便在乙家小住了一段时间。早上起来，他们一起去跑步；晚上，他们一起去打网球。由于这些活动对体力会有一定的消耗，所以他们每天顶多只进行其中的一项活动。也就是说，他们或者跑步，或者打网球。不过，也有几天他们没有进行任何活动，整天待在家里。到甲离开乙家时，他们共有8个早上什么也没有做，有12个晚上待在家里，去跑步或者去打网球的日子总共12天。

请问：甲在乙家一共住了几天？

536. 六个嫌疑犯

某市发生了一起盗窃案件，警官逮捕了六个嫌疑犯。这六个人竭力为自己辩解。于是警官又进一步集体审讯了他们。这次，他们的供词如下：

甲说：六个人当中有一个人说谎。

乙说：六个人当中有两个人说谎。

丙说：六个人当中有三个人说谎。

丁说：六个人当中有四个人说谎。

戊说：六个人当中有五个人说谎。

己说：六个人都说了谎。

如果只能释放说真话的人，那么该释放哪个人呢？

537. 水果的数量

兄弟三人在家里讨论分水果的事。甲对乙说：“如果我用6颗草莓换你一个哈密瓜，那么你的水果的数量将是我所有水果数量的2倍。”丙对甲说：“如果我用14颗葡萄换你一个哈密瓜，那么你的水果数将是我的3倍。”乙对丙说：“要是我用4个苹果换你一个哈密瓜，那么你的水果总数将是我的6倍。”你能根据他们的谈话说出他们各有多少个水果吗？

538. 真正的凶手

昨晚，德怀特在寓所被杀，艾伯特、巴尼和柯蒂斯三人成为嫌疑犯受到警方传讯。犯罪现场的证据表明，可能有一名律师参与了对德怀特的谋杀。

这三人中肯定有一人是凶手，每一名嫌疑人所作的两条供词是：

艾伯特：

(1) 我不是律师。

(2) 我没有谋杀德怀特。

巴尼：

(3) 我是个律师。

(4) 但是我没有杀害德怀特。

柯蒂斯：

(5) 我不是律师。

(6) 有一名律师杀了德怀特。

最后警方经过研究发现：

a. 上述六条供词中只有两条是真话。

b. 这三个嫌疑人当中只有一个不是律师。

你能根据上面提供的信息，判断出谁是凶手吗？

539. 猜帽子的颜色

有3顶红帽子, 4顶黑帽子, 5顶白帽子。让10个人从矮到高站成一队, 给他们每个人都戴上1顶。每个人只能看见站在前面的那些人的帽子的颜色, 却看不见自己戴的帽子的颜色。现在从最后那个人开始, 问他是不是知道自己戴的帽子的颜色, 如果他不知道, 就继续问他前面那个人。如果后面的9个人都不知道自己戴的帽子是什么颜色的, 那么最前面那个人会知道自己戴的是什么颜色的帽子吗? 为什么?

540. 玩纸牌

多拉、洛伊丝和罗斯是非常要好的朋友。一天, 他们聚在一起玩一种纸牌游戏, 牌一共有35张, 其中有17个对子, 还有一个单张。

(1) 多拉发牌, 先给洛伊丝一张, 再给罗斯一张, 然后给自己一张, 如此反复, 直到将所有的牌发完。

(2)在每个人把手中成对的牌打出之后, 每人手中至少剩下一张牌, 而三人手中的牌总共是9张。

(3) 在剩下的牌中, 罗斯和多拉手中的牌加在一起能配成的对子最少, 洛伊丝和多拉手中的牌加在一起能配成的对子最多。

请问, 单张发给了谁?

541. 学习时间

小力的学习成绩很差, 经常埋怨学习的时间不多, 有一次他又对朋友说: “我想告诉你, 我的时间太紧张了, 以致我没有学习的时间。你想想, 我每天睡觉的时间是8个小时, 这样一年的睡眠时间就是122天。我们寒假和暑假加起来又有60天。我们每周有两天的休息时间, 那么一年又要休息104天。我每天要花3个小时的时间吃饭, 那么一年就需要46天。我每天从学校到家走路共需要两个小时, 这些又有30天。你看看, 所有的这些加起来有362天了。”他停了一下说: “我一年中学习的时间只有4天, 成绩能好吗! ”你知道小力的说法错在哪里吗?

542. 三位杰出的女性

安妮特、伯尼斯和克劳迪娅是三位杰出的女性, 有关她们的一些信息如下:

(1) 恰有两位十分聪明, 恰有两位非常漂亮, 恰有两位多才多艺, 恰有两位很富有;

(2) 每位女性至多只有3个引人注目的特点;

(3) 对于安妮特来说, 如果她非常聪明, 那么她也很富有;

(4) 对于伯尼斯和克劳迪娅来说, 如果她十分漂亮, 那么她也多才多艺;

(5) 对于安妮特和克劳迪娅来说, 如果她很富有, 那么她也多才多艺。

请你根据上面提供的信息, 判断哪一位女性并非很富有?

543. 网球联赛

艾伦、巴特、克莱、迪克和厄尔每人都参加了两次网球联赛, 每场比赛都不会有平局的情况, 下面的信息是关于比赛的一些情况:

(1) 每次联赛只进行了4场比赛: 艾伦对巴特, 艾伦对厄尔, 克莱对迪克, 克莱对厄尔;

（2）只有一场比赛在两次联赛中胜负情况保持不变；

（3）艾伦是第一次联赛的冠军；

（4）在每一次联赛中，输一场即被淘汰，只有冠军一场都没输。

请你根据上面提供的信息，判断出谁是第二次联赛的冠军？

544. 反证法

用间接证明方法代替直接证明来证明命题，即证明相反的命题不成立。这种论证的方法叫做反证法。

请你用反证法证明下面两个题目。

（1）两个数的积大于75，其中必有一个因数大于8。

（2）一个两位数乘以5的积同样是两位数，那么这个两位数的十位上的数字就是1。

545. 推理代替方程

如果一个两位数，个位与十位交换位置，得到的数等于原数的$4\frac{1}{2}$倍。求原数是多少？

虽然题目的已知条件不多，但是巧妙的利用这些条件，可以求出它的解。例如：

（1）因为所求的数是两位数，所以大于10。

（2）所求的数小于25，因为$25\times4\frac{1}{2}$是三位数。

（3）所求的数是偶数，因为所求的数乘以$4\frac{1}{2}$时，得到的是整数。

（4）根据条件，新形成的数比原数的一半大9倍，新形成的数就是9的倍数。

（5）因为新形成的数是9的倍数，所以它的数字的和能被9整除，而原数与所形成的数由相同的数字组成。就是说，它是9的倍数。

请你将这样的推论继续下去，求出题目的解。

546. 比赛的名次

五个学生参加自行车比赛。比赛后，有五个观众对比赛结果说了下面的话：

第一个人说：A是第二名，B是第三名。

第二个人说：C是第三名，D是第五名。

第三个人说：D是第一名，C是第二名。

第四个人说：A是第二名，E是第四名。

第五个人说：B是第一名，E是第四名。

现在已知每个人所说的两句话中，一句话是正确的，另一句话是错误的。请找出第一、第二、第三、第四、第五名各是谁？

547. 说谎的人

小军自从进入中学后，对功课抓得很紧，学习成绩提高很快。一天，他遇到一道棘手的难题："张三说李四在说谎，李四说王五在说谎，王五说张三和李四都在说谎。现在问：张三、李四、王五三人到底谁说的是真话，谁说的是假话。"小军想来想去，就是解不出来。亲爱的读者，你能帮助小军判断一下谁说的是真话，谁说的是假话吗？

548. 四个第一名

在一次考试中，取得数、理、化和外语成绩第一名的四位同学在一起议论：

"甲认为丁的外语考了第一名,乙认为丙取得了物理考试第一名,丙认为甲不可能取得数学考试第一名,丁说乙肯定取得化学考试第一名。"

成绩公布后,发现获得数学和外语考试第一名两个人的判断是正确的,而另外两位同学的判断是错误的。

亲爱的读者,请你想一想,四位同学分别获得了哪个科目的第一名?

549. "高个"与"矮子"

有100个身高不同的人任意排成一个10×10的方阵。先从每行的10人中挑选出一个最高的人,10行共挑出10个"高个"。并从这个"高个"中挑出一个最矮的人,把这个叫做"高个里的矮子"。然后让他们各自回到原来的位置。再从每一列的10人中找出一个最矮的人,共找出10个"矮子"。同样,在10个"矮子"中选出一个最高的人,叫做"矮子里的高个"。请问:"矮子里的高个"与"高个里的矮子"相比,到底谁高?

550. 盒子里的小球

有5个外表一样的盒子,它们里面分别装有红、黄、蓝、绿、黑5色的小球,老师让甲、乙、丙、丁、戊5个人来猜小球的颜色,他们猜出的结果如下:

甲说:第二盒是蓝色,第三盒是黑色。

乙说:第二盒是绿色,第四盒是红色。

丙说:第一盒是红色,第五盒是黄色。

丁说:第三盒是绿色,第四盒是黄色。

戊说:第二盒是黑色,第五盒是蓝色。

老师评判说,5个人都猜对了一盒,并且每人猜对的颜色都不同。

请你根据上面的信息,判断每盒都装了什么颜色的小球?

551. 推断生日

小明和小强都是王老师的学生,王老师的生日是M月N日,两人都不知道。王老师的生日是下列10组日期中的一天:

3月4日、3月5日、3月8日、6月4日、6月7日、9月1日、9月5日、12月1日、12月2日、12月8日。

王老师把M值告诉了小明,把N值告诉了小强,然后让他们猜出自己的生日。

小明说:如果我不知道的话,小强肯定也不知道。

小强说:本来我也不知道,但是现在我知道了。

小明说:如果是这样的话,那我也知道了。

你能不能根据上面的对话推断出王老师的生日?

552. 哪两人是兄弟

艾伯特、巴尼、柯蒂斯、德怀特、埃米特和法利都是艺术品收藏家,其中有两人是兄弟。一天,他们相约去艺术品市场购买艺术品。购买情况如下:

(1)每件艺术品的价格都以美分为最小单位;

(2)艾伯特购买了1件艺术品,巴尼购买了2件,柯蒂斯购买了3件,德怀特购买了4件,埃米特购买了5件,而法利购买了6件;

(3) 兄弟俩购买的艺术品，每件的单价都相同；

(4) 其他四人购买的艺术品，每件的单价都是兄弟俩所购艺术品单价的两倍；

(5) 这六人为购买艺术品总共花了 1000 美元。

你能根据上面提供的信息，判断出这 6 人中哪两人是兄弟？

553. 真正的预言家

阿尔法、贝塔、伽玛和欧米伽是四位非常有才的女性。她们之中有一个后来当了预言家，并在特尔斐城谋得了一个职位；其余 3 个人，一个当了职业舞蹈家，一个当了宫廷侍女，另一个当了竖琴演奏家。

一天，她们四位聚在一起聊了起来。

阿尔法：贝塔无论如何也成不了职业舞蹈家。

贝塔：伽玛终将成为特尔斐城的预言家。

伽玛：欧米伽不会成为竖琴演奏家。

欧米伽：我将嫁给一个叫阿特克赛克斯的男人。

可是，事实上她们 4 个人当中，只有 1 个人的说法是正确的，而正是这人后来当上了特尔斐城的预言家。

请你判断：她们 4 个人各自当了什么？欧米伽和阿特克赛克斯结婚了吗？

554. 唱歌

A、B、C、D、E、F 去歌厅唱歌，他们是 1 人接着 1 首唱（共 6 首歌）。当时的情况是这样的：

(1) C 比 E 唱得早。

(2) A 在 F 后唱的。

(3) E 不是唱的第五首。

(4) D 和 A 之间有 2 人唱。

(5) B 是在 E 的下一个唱的。

你能根据上面提供的信息，判断出第四首歌是谁唱的吗？

第六部分　推理判断答案

465. 买裙子

根据题目已知条件，我们可以知道买白裙子的不是小黑兔就是小灰兔，而从它刚把话说完，小黑兔就接着说的情况看，第一个说话的，也就是买白裙子的一定是小灰兔，接下来我们就很容易判断出小黑兔买的是灰裙子，小白兔买的是黑裙子。

466. 判定罪犯

由（2）（3）（5）知道 A、C 都不能有罪，由（1）知道 A、B、C 至少有一个人有罪，那么 B 肯定有罪，这样一来，我们又可以从（4）判定只有 B 一人有罪。

467. 猜职业

由题目提供的信息“甲和推销员不同岁，推销员比乙年龄小”，可推知丙为推销员。

由“丙比医生年龄大，推销员比乙年龄小”，可知乙为律师，甲为医生。

468. 兄弟姐妹

由题目已知条件：“A 有 3 个妹妹，B 有 1 个哥哥”，可知全家有 3 个女的。再从“C 是女的，她有两个妹妹”及“E 有两个姐姐，F 也是女的，但她和 G 没有妹妹”，可以判定 C、F、D 是女的，那么剩下的 A、B、E、G 是男的。

469. 实话与谎话

假设现在是上午，那么哥哥说实话，也就是较胖的是哥哥，不矛盾，成立。假设现在是下午，那么弟弟说实话，而两个人都说我是哥哥，显然弟弟在说谎话，所以矛盾。因此现在是上午，胖的是哥哥。

470. 一枚硬币

这个人的说法是错误的。加热后孔将变大。这是因为，孔外面的金属可以看成是由一个条形的材料弯成的圈。加热的时候，金属条伸长，所以原来的孔变大了。轮子加热后套入轴，利用的就是这个道理。瓶盖太紧不好拧开的时候，把它放在热水里加热就能拧开。

471. 池水高度

当铅块放在船上时，浮力等于船和铅块的总重，即有相当于船和铅块总重的水量被排开而使水位升高；将船上的铅块丢入水中后，只排开与铅块同体积的水重。由于铅块的密度比水大得多，所以池水将下降。

472. 谁是优秀

这道题可以这样分析：如果甲得优秀，那么乙、丙、丁都得优秀，这与实际不符；如果乙得优秀，则丙、丁也得优秀，也与实际不符。因此，只能丙、丁得优秀，才符合实际情况。

473. 多种语言

根据题目已知条件（4）（2）可知甲、乙、丁 3 人都会某一种语言。因为丁不会日语，所以 3 人都会的不应该是日语。甲会日语，但是没有人既会日语又会法语，那么甲不会法语，所以3人都会的不应该是法语。乙不会英语，3人都会的也不应该是英语。那甲、乙、丙3人都会的只能是中文。下面我们根据条件很容易得知，甲会的是中文和日语，丁会中文。甲和丙不能直接交流，那么丙会的就是英语和法语。乙不会英语，乙可以和丙直接交流，那么乙会的是法语，所以，乙会的就是法语和中文。

474. 录用了谁

因为只有一个人的预测是正确的，而甲、乙两位领导都说A有希望，因此可以得知录用的不可能是A，据此又可以判定丁预测正确。所以甲、乙、丙三人的预测都不对，这个时候我们很容易判定出D被录用了。

475. 猜数字

根据甲说的话，可以知道甲的数字是单数。只有这样才能确定乙丙的数字和是个单数，所以肯定不相等。根据乙说的话，说明乙的数字是大于6的单数。因为只有他的数字是大于6的单数，才能确定甲的单数和他的不相等，而且肯定比自己的小，不然的话，和就比14大。这样，丙的数字就只能是双数了。丙根据自己手上的数字知道前两个人的数字和，又知道其中一个大于6的单数，且另一个也是单数，可知这个和是唯一的，即7+1=8。据此我们可以知道甲、乙、丙三人手上的数字分别是1、7、6。

476. 富翁的遗嘱

富翁知道，如果自己死了，儿子又不在身边，奴隶可能会带着财产逃走，连丧事也不报告他。因此，富翁才立下这样一个遗嘱，把全部财产都送给奴隶，这样奴隶吃了一颗定心丸后，不仅不会逃走，而且还会急着去见他，并会保管好所有的财产。而大家都知道，奴隶就是主人的财产，奴隶的全部财产都属于主人。富翁准许自己的儿子选择其中的一样财产，只要他儿子选奴隶就行了。

477. 打赌

假设明天下雨，那么智者输给哥哥100元，却赢弟弟200元，最终得100元。假设明天不下雨，智者赢哥哥200元，输给弟弟100元，最终得100元。因此，无论明天是否下雨，智者总是能得到100元，所以智者应该跟兄弟俩打赌。

478. 陈先生的未婚妻

由题目已知条件，3位女士小于30岁，两位女士大于30岁，赵和孙属于相同年龄层，李和周不属于相同年龄层，可以判断出赵孙小于30岁。

两位女士是教师，其他3位女士是秘书，钱和周的职业相同，孙和李的职业不同。所以钱和周是秘书，因此，可以判断出陈先生和李女士结婚。

479. 几朵牡丹花

只有一朵牡丹花。

480. 录取的概率

不会。

481. 打猎解难题

是孙将军射中的。题目中曹操说王将军的说法是对的，而王将军说的或是孙将军或是郑将军，那么，先假设是郑将军射中的，要是这样的话，五人说法中，赵将军、钱将军、郑将军、孙将军都错了，只有王将军的说法是正确的，那一对四错，这不符合曹操所说的条件，显然这个假设是不成立的，既然这样，就可以断定郑将军没有射中鹿。既然郑将军、孙将军二人中有一人射中，而郑将军已经排除，那就可以肯定是孙将军了。

482. 正确与错误

那位死囚说："看来我一定会被绞死。"这一句话倒使国王左右为难，如果把囚犯送上绞刑架，那囚犯的话就是正确的，按国王的原则就应该送他上断头台，但如果把他送上断头台，囚犯的话又成了错误的，所以依国王的原则又该送他上绞刑架。聪明的囚犯抓住了国王行刑办法中的言辞漏洞，把一个两难推理送给了国王。

483. 火腿与猪排

根据(1)和(2)，如果阿德里安要的是火腿，那么布福德要的就是猪排，卡特要的也是猪排。结合(3)我们会发现，这种情况与(3)矛盾。因此，阿德里安要的只能是猪排。于是，根据(2)，卡特要的只能是火腿。

因此，只有布福德才能昨天要火腿，今天要猪排。

484. 天气情况

也许你一看到题目，就会说不一定。因为72小时以后的事是说不清楚的。其实不然，只要你认真想一下，答案很快就出来了，因为现在是半夜12点，再过72个小时还是半夜12点，半夜肯定是不会出太阳的。

485. 棘手的问题

我们知道，人每次入睡都会有醒来的时候，所以这个问题就要考虑我们出生的时候是睡着的还是醒着的。如出生时，我们是睡着的，那么我们的第一个动作就是醒来，所以醒来的次数比入睡的次数多一次；如果我们出生的时候是醒着的，那么我们的第一个动作是入睡，所以我们入睡的次数和醒来的次数是一样多的。

486. 谁是案犯

选A。

因为乙和丁的话是矛盾的，所以必然两个人中有一个是在撒谎。这样，甲和丙说的都是实话，那么根据甲说的话可以断定丙是罪犯，而根据丙的话可以断定丁是罪犯，所以，丁说的是假话，而作案的是丙和丁。

487. 错误信息

因为盗窃案发生的时间是一年前，所以罪犯的年龄当然是作案的时候的年龄，而现在贴出来的公告上的年龄就比现在罪犯的年龄少了一岁。所以登出来的年龄信息是错误的，应该加一岁。

488. 立体箱子

可能，因为这个箱子非常大，孙先生可以进到箱子的里面，所以他可以同时看到箱子相对的两面。就像我们在屋子里面可以看到相对的两面墙一样。

489. 少掉的土地

原来，这块土地的南北和东西方向是这个正方形的两条对角线。所以面积不是10000平方米，而是5000平方米。

490. 及格人数

第一题答错的有19人；第二题答错的有9人；第三题答错的有15人；第四题答错的有21人；第五题答错的有26人。

答错3道或3道以上者最多15人。所以至少85人及格。

491. 真正的凶犯

从李四问的话中可以知道他有问题，因为他去找张三，应该喊张三而不应喊"大嫂"，这说明他已经知道张三不在家，但他又问"大哥在家吗?”显然自相矛盾。

492. 好人与坏人

这个人可以这样问:“如果我问对面那个人,应往哪边走,他会怎样告诉我?”这是个非常巧妙的问法,它把两个相反的回答变成了一个统一的结果:最后必然是一个真话一个假话。真话对结果没有影响,假话把路给指错了。

493. 水面变化

石块在盒里排开的水的体积,是与石块同重量的水的体积。而从盒里把石块拿出来所排开的水的体积,只是石块的体积。很明显,前者的体积大于后者,因此水面会下降。

494. 黑牌与红牌

全相等。

495. 鲸鱼的居住地

鲸鱼A:1100米;鲸鱼B:1200米;鲸鱼C:800米;鲸鱼D:900米;鲸鱼E:1000米。

496. 下雨与游泳

正确答案是A。

497. 猜车

如果罗伯特买的是奔驰,那第三句也是对的,所以罗伯特买的不是奔驰,故排除了A、D。

根据选项,可以确定欧文买的是奔驰,也就是说第3句话猜对了,所以前两句话都是错的,所以马赛宁买的是皇冠。所以选B。

498. 作案者

选C。

如果甲是作案者,那么乙、丙、丁说得都对。如果乙是作案者,那么甲、丙、丁说得都对。如果丙是作案者,那么只有丁说得对,符合要求。如果丁是作案者,那么丙丁说得都对。故选C。

499. 四人的血型

选D。

4个人都有可能说的是假话,假如甲说的是假话,那么甲不是A型,乙是O型,丙是AB型,丁是A型,甲只能是B型。其他情况依此类推,都可以将四人的血型确定下来,故选D。

500. 竞争金奖

选C。

你只要认真考虑一下,就会发现,这道题中只有第一个断定是有用的,另外两个断定都是干扰项。因为C的票数多于D,但是E没有得到金奖。

根据第一个条件:如果A的票数多于B,并且C的票数多于D,那么E得金奖,现在C的票数多于D成立。但是E没有得金奖,那么显然A的票数多于B这个条件不能成立。也就是说,A的票数不比B多。所有C是正确的。

其他的情况,要注意的是:有可能会有票数相同的情况出现,所以不能断定其他3个选项是否是正确的。

501. 骗子

选A。

根据林肯所说的,骗子不可能在所有时刻欺骗所有的人,那就有可能在某个时刻有人不受骗,也就是说,存在某一个时刻,在这个时刻有人可能没有受骗。

502. 及格与不及格

选C。

如果孙涛的没有考及格,这就否定了充分条件假言命题“如果李平考试及格,那么李华,孙涛和赵林肯定也及格了”。所以可以推出否定的前件，即孙涛考试不及格，所以便可推出李平和赵林不会都及格。

503. 英语六级成绩

选 B。

陈述中如果（2）项为真，则（1）项一定为真，这与题干“上述断定只有两个是真的”不一致，所以（2）项必为假，又因为（2）项和（4）项是相互矛盾的，即必有一真一假，（2）项为假，则（4）项必为真。又根据题干“上述断定只有两个是真的”，（2）（4）一假一真，所以（1）（3）必有一真一假。很明显，如果（1）真那么（3）必真，这与命题不符，所以（1）为假，（3）为真。

504. 花瓶是谁打碎的

克力斯和汤姆。

因为他们每个人说的都是假话，所以我们再根据克力斯和吉姆的说辞就能很快判断出花瓶是克力斯和汤姆打碎的。

505. 年轻有为

菲利浦是歌手，罗伯特是大学生，鲁道夫是士兵。

根据（2），我们可以知道菲利普不是大学生，而根据（3）也可以知道鲁道夫不是大学生，所以大学生是罗伯特。而根据（1），罗伯特的年龄比士兵的大，（2）中，罗伯特比菲利浦的年龄小，那么，鲁道夫就应该是士兵。所以菲利浦是歌手。

506. 三种花色的牌

选 C。

首先看（3），由于有三种花色的牌，一共有 20 张，如果其中有两种总数超过了 19，也就是达到了 20 张，那么另外一种牌就不存在了，显然这是不符合题意的，由此可见（3）的说法正确，这样可以将 A 排除；我们再来看（1），可以举例来说明，假设三种牌的张数分别是：6、6、8，就推翻了（1）的假设，所以（1）不正确，这样 B、D 都可以排除了。

507. 《新华字典》的价格

小明买字典还缺 1 分钱，小华要是能将这 1 分钱补上，就能买字典了。可是小明、小华的钱凑在一起，还是买不了字典，这说明小华连 1 分钱也没带。题中说，小华买字典缺 2.35 元，那么 2.35 元正好是字典的价钱了。所以买一本《新华字典》要花 2.35 元。

508. 分银元

要让十个人拿到枚数不同的银元，至少要 1+2+3……+10=55（枚）。

509. 均匀调配

（1）先往 A、B 两只杯子里倒满牛奶，再往 C 杯子里倒满可可；

（2）把 C 杯子里的可可倒入牛奶瓶里，再将可可倒满 C 杯子；

（3）把 A 杯子里的牛奶倒入可可瓶里，这时候两个瓶里都是混合饮料了。然后将一个瓶的混合饮料倒满另一个瓶，不满的瓶正好还可装剩下的一杯牛奶和一杯可可。

510. 分碟片

珍珍原来有碟片七张。第一次送给同学四张，留下三张；第二次送给同学两张，最后剩一张。

511. 过元旦

他们说得都对。地球是一个圆球，为了区分“今天”和“明天”，人们在 180 度经线附近，划定了一条国际日期变更线，凡是通过这条线的船只，日期都得变更。从上海开往美国的船只，一开过这条线就要少算一天，如果原来已经过了元旦，只能再过一次元旦。而从美国开到上海的船只，一开过这条线，就得多算一天，所以元旦就过不了了。

512. 释放谁

当A看到另外两个人头上戴的都是黑帽子时，A会想到自己戴的是白帽子，而犯人B就会看到一个白帽子和一个黑帽子，B就会想如果自己头上戴的是白帽子，那么C就会看到两个戴白帽子的，要是这样的话，C就会出去，但是他没有出去，也就是说他没有看到两个戴白帽子的，那么戴在自己头上的帽子一定是黑的，这样B就会被放出来，但是B也没有出去。同理C也是这样，所以A就可以肯定戴在自己头上的一定是黑帽子。

513. 猜国籍

由（3）知C不是德国人，由（5）可知C不是意大利人，由（6）又可知C既不是美国人也不是法国人。又由（3）知道C是技师，由（2）知C不是俄罗斯人。所以我们可以判定C是英国人。根据（1）可知A不是美国人，根据（2）和（3）可知A既不是俄罗斯人也不是德国人，根据（5）可知A不是法国人，所以我们就可以判定A是意大利人。根据（4）可知B不是德国人，根据（6）可知B既不是美国人也不是法国人，所以B应该是俄罗斯人。根据（2）（1）（3）可知E既不是美国人也不是德国人，所以可判定E是法国人。根据（4）可知F不是德国人，所以可判定F是美国人。最后，我们就很容易知道D是德国人。

514. 大米的重量

因为第二位买去的大米的重量是第一位的2倍，根据我们所知的那六袋的重量，我们可以试着用加法比较一下，看哪三个数相加的和是另外两个数相加的和的2倍，那么结果自然就出来了。

第一人：150+180=330斤；第二人：160+190+310=660斤。所以剩下的是200斤一袋的大米。

515. 按劳动量分钱

在做这道题之前，我们要读懂题意，认真思考一下，此题不能单纯按A夫人5块钱、B夫人4块钱来分配。两个人总共干了9天，若3个人则每人平均3天。因此，A夫人顶C夫人做的工，实际上是5–3=2；而B夫人替C夫人所做的工，则是4–3=1。A、B两夫人应该按顶C夫人做工的比例来分这笔钱，所以A夫人应分6块钱，B夫人应分3块钱。

516. 乌龟的预言

乌龟说得不对。乌龟之所以那么说，是因为它只看到了速度和距离，却没考虑时间。实际上，兔子只要用$\frac{10}{9}$秒的时间就能与乌龟相遇，然后，兔子就跑到乌龟的前面去了。

517. 加薪方案

很多人看到题目后，不假思索就选择了第一个方案，认为第一个方案比较有利。但实际上，第二个方案才是有利的。

第一个方案（每年提高500元）：

第一年：10000+10000=20000元

第二年：10250+10250=20500元

第三年：10500+10500=21000元

第四年：10750+10750=21500元

第二个方案（每半年提高125元）：

第一年：10000+10125=20125元

第二年：10250+10375=20625元

第三年：10500+10625=21125元

第四年：10750+10875=21625元

很明显，从上面的数据显示来看，第二个方案加薪多出了125元！

518. 遇害时间

只要你认真思考一下，这道题的答案马上就会出来。只要从最快的手表（12 点 15 分）中减去最快的时间（10 分钟）就行了，这样死者遇害的时间就是 12 点 05 分。

519. 叔叔的家人

小青叔叔家有 7 个人。叔叔的父母、妻子以及他的两个女儿和一个儿子。

520. 比赛结果

主队 110 分，客队 104 分，主队赢客队 6 分。

521. 年龄问题

甲 42 岁，乙 44 岁，丙 43 岁，丁 41 岁。

根据题目条件，如果丙说的是假话，那么甲就是 41 岁，而甲又比丙大。这显然是不可能的，所以丙说的是真话，也就是甲比丙小。如果甲说的是真话，那么甲就是 44 岁，而甲又比丙小，出现了矛盾，所以甲说的是假话，也就是乙比甲大，丙也比甲大，而甲不是 41 岁，那么只有丁是 41 岁了，甲是 42 岁，乙不是 43 岁，那就是 44 岁了，剩下的丙就是 43 岁了。

522. 买饼干

吉姆已经知道了价格，并且把 1 元钱放在了柜台上。这 1 元钱是一张五角，两张 2 角，一张 1 角组成。如果他想要白饼干的话，就不会把 1 角钱也放在柜台上了。

523. 反恐行动

如果 7 个恐怖分子头目能同时碰面，他们之间间隔的天数一定能够被 2、3、4、5、6、7 整除，这样就很容易得出碰面的时间是第 420 天。

524. 肇事的汽车

是 10AU81，因为是在反光镜里看到的，所以号码是反的。

525. 绑匪与赎金

那个司机就是绑匪。他先准备一个和装钱的手提箱一样的空箱子，然后在警察的监视下，埋下空箱子，而装有赎金的箱子还在他的车上。

526. 读《圣经》

阿姆斯特朗对卫兵说：“我得慢慢地品味着读，每天大约一行左右。”卫兵问：“那不是需要几百年吗？”阿姆斯特朗说：“国王允许我读完《圣经》再被处死，并没有讲什么时候读完啊！”

527. 劫匪的巧克力

包装纸上写着：“这个青年人不老实，他说，在这里已经等了一个小时了，在气温这么高的情况下，巧克力在他的衣袋里居然没有软化。”

528. 伊索解释遗嘱

他给每个姐妹一份她不喜欢的财产。比如说爱打扮的得到了爱喝酒的财产；爱喝酒的则分到了牲畜；爱管家务的分得了梳头姑娘。他觉得这种分法是再恰当不过的了。他让三姐妹把财产售出，当手中有了钱，她们就可门当户对地与人联姻；她们拿着的不再是父亲的不动产，就可以把现金支付给自己的母亲。这就是逝者所立遗嘱的初衷。

529. 利用月光揭伪证

证人一口咬定他在 10 月 18 日晚上 11 点钟时，在明亮的月光下看清楚被告的脸。请各位想一想，按照天文历法来计算，10 月 18 日那天应该是上弦月，到了晚上11点时，月亮就不见了，哪里还有明亮的月光？进一步说，假设证人对时间有些模糊，那时月亮还没有落下，但他所处的位置是在东面，被告人站立的大树是在西边，月光也应该从西边往东边照射。如果被告脸朝大树，月光可以照在他的脸上，因此证人看到的不是他的脸而只能看到被告的背影。如果被告面对着证人，月光只能照到被告的后脑，证人又怎么能看到被告被月光照射脸呢？”很显然，这个证人是在说谎。

530. 仓库被盗案

甲和丁。

531. 数学家破案

馅饼的英文读音是“派”，而“派”正好和表示圆周率的读音相同，而圆周率的近似值是3.14。鲁柏生前酷爱数学，他是用这种方法来提示人们——杀害他的凶手的房间号正是314。伽罗华正是顺着这个思路，最终找到了凶手。

532. 首次值班

十二月份。

533. 做饭的时间

需要14分钟，把19条鱼和足量的土豆丝一起炸，在个人希望的时间里捞出各人要吃的量即可。

534. 牛奶与水

最初，哈里的桶里有5.5升水，B桶里有2.5升牛奶。在他倒来倒去的过程结束时，A桶中有3升水和1升牛奶，而在B桶中有2.5升水和1.5升牛奶。

535. 住宿的时间

设甲与乙早上跑步、晚上待在家中的天数为x，早上待在家中、晚上打网球的天数为y，既没有跑步也没有打网球的天数为z。那么，根据条件，可以列出方程式：$y+z=x$，$x+z=12$，$x+y=12$。现在只要求出$x+y+z$的和就可以了。将上面三个方程式相加，然后两边同时除以2，便可以得到$x+y+z=16$。

所以，甲在乙家一共住了16天。

536. 六个嫌疑犯

戊说了真话，所以只能释放他，其余的人都说了假话。

现在我们来仔细分析一下：若甲说的是真话，则“6人中有1人说谎”为真，那么乙、丙、丁、戊、己中有4人说真话，但无论乙、丙、丁、戊、己，每个人的表达都不一样，因此不可能同时有4个人说的是真话，所以甲肯定在说谎。

同理可证乙、丙、丁也是在说谎。

而己的话很明显是自相矛盾的，所以他一定是在说谎。而只有戊的话是真话。

537. 水果的数量

甲有11个，乙有7个，丙有21个。

538. 真正的凶手

根据题目已知条件可得知，(2)和(4)之中至少有一条是实话。

如果(2)和(4)都是实话，那杀了德怀特的人就是柯蒂斯；这样，根据a可以判断，(5)和(6)都是假话。但如果德怀特是柯蒂斯杀的，那么(5)和(6)就不可能都是假话。因此，可以判定德怀特不是柯蒂斯杀的。

于是，(2)和(4)中只有一条是实话。

根据b，(1)(3)(5)中不可能只有一条是实话。而根据a，现在(1)(3)(5)中至多只能有一条是实话。因此(1)(3)(5)都是假话，只有(6)是另外的一条真实供词了。

由于(6)是真话，所以确有一个律师杀了德怀特。还由于：根据前面的推理，德怀特不是柯蒂斯杀的；(3)是假话，即巴尼不是律师；(1)是假话，即艾伯特是律师。从而，(4)是实话，(2)是假话。

所以我们可以判定德怀特是艾伯特杀的。

539. 猜帽子的颜色

从表面上看，越是站在前面，知道的也就越少，其实并不是这样的，越是站在前面，得到的推理条件就越多，关键不是自己看到的帽子的数量，而是说不知道的人的数量。由最后一个人即10号不知道就可以知道连他自己本身在内的3个帽子的颜色在3+4+5–9–1=2种以上，而前面9个人的帽子的颜色都确定，唯一不知道的是自己的帽子的颜色在两种颜色中的一种！那9号知道前面8个人的帽子的颜色，和10号以及剩余的两个帽子的颜色的种类，但10号还是无法知晓自己的帽子的颜色，可知帽子的颜色应该是有规律分布的，在前面所有的人中每种颜色的帽子都有，但又不是每种都全部被人戴着，所以10号戴的和剩下2个帽子是三种帽子颜色每种颜色各一个！知道这个问题就好解决了，依此类推，第一个人虽然看不见自己的帽子也能知道自己的颜色了！

540. 玩纸牌

根据(2)可以判断，三人手中剩下的牌总共可以配成4对。再根据(3)可以判断，洛伊丝和多拉手中的牌加在一起能配成3对，洛伊丝和罗斯手中的牌加在一起能配成一对，而罗斯和多拉手中的牌加在一起一对也配不成。

根据以上的推理，各个对子的分布(A、B、C和D各代表一个对子中的一张)如下：

洛伊丝手中的牌：ABCD

多拉手中的牌：ABC

罗斯手中的牌：D

已知总共有35张牌，在根据(1)判断，多拉分到11张牌，洛伊丝和罗斯各分到12张牌。因此，在打出成对的牌以后，多拉手中剩下的牌是奇数，而洛伊丝和罗斯手中剩下的牌是偶数。于是，单张的牌一定是在罗斯的手中。

541. 学习时间

小力在计算的时候，很多时间都重复了，比如说假期中的睡眠时间和吃饭时间，一周当中的睡眠和吃饭时间，以及他多算了很多上学时走路的时间。

542. 三位杰出的女性

根据(3)和(5)，如果安妮特非常聪明，那她也多才多艺。根据(5)，如果安妮特富有，那她也多才多艺。根据(1)和(2)，如果安妮特既不聪明也不富有，那她也是多才多艺。因此，不论情况是哪一种，安妮特总是多才多艺。

根据(4)，如果克劳迪娅非常漂亮，那她也多才多艺。根据(5)，如果克劳迪娅富有，那她也多才多艺。根据(1)和(2)，如果克劳迪娅既不漂亮也不富有，那她也是多才多艺。因此，不论情况是哪一种，克劳迪娅总是多才多艺。

于是，根据(1)，伯尼斯并非多才多艺。再根据(4)，伯尼斯并不漂亮。从而根据(1)和(2)，伯尼斯既聪明又富有。

再根据(1)，安妮特和克劳迪娅都非常漂亮。于是根据(2)和(3)，安妮特并不聪明。从而根据(1)，克劳迪娅很聪明。最后，根据(1)和(2)，安妮特应该很富有，而克劳迪娅并非很富有。

543. 网球联赛

由(1)可知，艾伦、克莱和厄尔各比赛了

两场；因此，根据(4)又可知，他们每人在每一次联赛中至少胜了一场比赛。根据(3)和(4)，艾伦在第一次联赛中胜了两场比赛；于是克莱和厄尔第一次联赛中各胜了一场比赛。这样，在第一次联赛中各场比赛的胜负情况如下：

艾伦胜巴特　艾伦胜厄尔(第四场)

克莱胜迪克　克莱负厄尔(第三场)

根据(2)以及艾伦在第二次联赛中至少胜一场的事实，艾伦必定又打败了厄尔或者又打败了巴克。如果艾伦将厄尔打败了的话，那么厄尔必定又将克莱打败了，这与(2)矛盾。所以艾伦不是打败了厄尔，而是打败了巴特。这样，在第二次联赛中各场比赛的胜负情况如下：

艾伦胜巴特(第一场)

艾伦负厄尔(第二场)

克莱胜厄尔(第三场)

克莱负迪克(第四场)

在第二次联赛中，一场也没有输的只有迪克。因此，根据(4)，迪克是第二场比赛的冠军。

544. 反证法

(1)设其中一个因数不大于8，那么有三种可能情况：①每个因数等于8；②其中一个因数等于8，另一个因数小于8；③两个因数都小于8。很显然，以上三种情况中，每一种情况里的积都小于75，与题目的条件矛盾，因此至少有一个因数大于8。

(2)假定这个两位数的十位数不等于1，那么它就大于或等于2。这个两位数就不会比20小。但是20乘以5的积等于100，也就是说，这个两位数乘以5的积大于或等于100，即不是两位数，与题目的条件矛盾。所以这个两位数的第一个数字是1。

545. 推理代替方程

因为所求的数是偶数，是9的倍数，所以也是18的倍数，同样规定，所求的数比10大，比25小，由此可以马上得出所求的数是18，因为10与25之间，数18是唯一能被18整除的数。

检验：$18\times4\frac{1}{2}=81$。

546. 比赛的名次

假设A是第二名，那么由第一个人的话判定，B不是第三名，由第四个人的话判定，E不是第四名，由第五个人的话判定，B是第一名，由第三个人的话判定，D不是第一名，C是第二名。因此得到了A和C同时是第二名矛盾的结果。

假设B是第三名，由第一个人的话判定，A不是第二名；由第四个人的话判定，E是第四名；由第二个人的话判定，C不是第三名，D是第五名；由第三个人的话判定，D不是第一名，C是第二名，所以剩下的A是第一名，根据这样的分析，五个人的名次为：A第一名，C第二名，B第三名，E第四名，D第五名。

547. 说谎的人

一个人所讲的话，不是真话就是假话，因此，可以列出下面的一张表。

张三	李四	王五
假	假	假
假	假	真
假	真	假
假	真	真
真	假	假
真	假	真
真	真	假
真	真	真

从题意上可以很容易看出，张三和李四同时都说假话的情况是不可能存在的。因为，若李四说的是假话，那么张三说李四在说谎就是

真话了；反之亦然。所以表格中的第一行和第二行的情况是不可能出现的。

应用类似的推理方法，我们很容易推出，除了第三行以外，表格中的其它各行都不成立。本题的答案是，张三和王五都说了假话，只有李四说的是真话。

548. 四个第一名

这是一道逻辑推理的题目。根据题意，甲、乙、丙、丁四人中，只有获得数学和外语第一名的两人的话是正确的。那么我们先假设甲的话是正确的，丁确实是外语第一名，那么丁说乙取得化学第一名也是正确的。由此可见，乙和丙两人的话是错误的，则丙不可能是物理第一名，又因为乙是化学第一名，所以丙只可能是数学或外语第一名，这样丙的话就要变成正确的了。很明显，它与前面的假设相矛盾。可见假定甲的话是正确的不成立。

根据同样分析，可以确定乙的话也是错误的。

既然确定了甲、乙两人所说的话是错误的，那么剩下丙、丁两人的话是正确的。根据丁的话，乙确实取得了化学第一名；由题目已知条件：取得化学和物理第一名的人的话是错误的，可知甲只能是物理第一名，又因为甲的话是错误的，丁应是数学第一名，丙就是外语第一名。所以，甲是物理第一名，乙是化学第一名，丙是外语第一名，丁是数学第一名。

549. “高个”与“矮子”

设“高个里的矮子”为A，“矮子里的高个”为B。

由于这100个人高矮各不相同，又是任意排列的，所以A与B可能出现在任何位置上。但总不会超出下面四种情况。

1.A与B在同一行里。这时，尽管A是高个里的矮子，但在同一行里，他总是最高的，所以，A>B。

2.A与B在同一列里。同样，尽管B是矮子里的高个，但在同列中，他总是最矮。所以，A>B。

3.A与B既不在同一行，也不在同一列（见图）。这时，我们总可以找到一个C，使他既与A同在一行中，又与B同在一列中。那么由于A与C同行，且A是这一行中的高个，则A>C。同样，C与B同一列，B是这一列中的矮子，则C>B，所以A>B。

4.A与B正好是一个人，A=B。

所以综合这些条件可以得知，除了A与B是一个人外，无论在什么情况下，“高个里的矮子”总比“矮子里的高个”长。

550. 盒子里的小球

根据题意，因为五个人都猜对了一盒，并且每人猜对的颜色都不同。所以只有丙猜对第一盒，也就是说第一盒是红色。那么第五盒就不是黄色的，所以只有第五盒是蓝色。戊说的第二盒是黑色的也就不对了。既然第二盒不是黑色的，那就应该如第一个人所说，第三盒是黑色的。所以第二盒就不能是蓝色的，只有第二盒是绿色的了。

综合以上信息，得出第一盒是红色，第二

盒是绿色，第三盒是黑色，第四盒是黄色，第五盒是蓝色。

551. 推断生日

王老师的生日是9月1日。

我们现在来分析这10组数据：3月4日、3月5日、3月8日、6月4日、6月7日、9月1日、9月5日、12月1日、12月2日、12月8日，就会发现4日、8日、5日、1日分别有两组，2日和7日只有一组。如果生日是6月7日或12月2日，小强一定知道（比如说：老师告诉小强N=7，那么小强就知道生日一定为6月7日；如果老师告诉小强N=4，那么小强就无法确定了，因为有两种可能：3月4日或6月4日）。

现在我们再来分析一下小明和小强说的话：

1. 小明说：如果我不知道的话，小强肯定也不知道。老师告诉小明的是月份M值，若M=6或12，则小强有可能知道（6月7日或12月2日），这与“小强肯定也不知道”相矛盾，所以6月和12月被否定了。从而可以确定老师的生日只能是3月4日、3月5日、3月8日、9月1日、9月5日。

2. 小强说：本来我也不知道，但是现在我知道了。如果老师告诉小强N=5，那么小强就没有办法知道是3月5日还是9月5日，这与“现在我知道了”相矛盾，所以N不等于5。那么现在生日只能为3月4日、3月8日、9月1日。

3. 小明说：哦，那我也知道了！若老师告诉小明M=3，则小明就不知道是3月4日还是3月8日。这与“那我也知道了”相矛盾。所以M不等于3，即生日不是3月4日、3月8日。这样的话，那老师的生日只能是9月1日了。

552. 哪两人是兄弟

德怀特和法利。

我们可以设N为两兄弟所买件数，X为两兄弟所买单品价格，那么就有下式：

$$2\times(1+2+3+4+5+6)X-NX=1000$$

解得：$42-N=\frac{1000}{X}$

在3～11数值间，42–N范围为31～39。

只有当N为10时，42–N=32。$\frac{1000}{X}$符合条件。而能等于10的只有4+6，所以德怀特和法利是兄弟。

553. 真正的预言家

如果贝塔的预言是正确的，那么伽玛将成为特尔斐城的预言家。这样，伽玛的预言也是正确的。结果就将有两个预言家。这与题目已知条件不符。因此，贝塔的预言是错的，她后来没有当上预言家。

因为贝塔的预言是错的，所以伽玛后来也没有当上特尔斐城的预言家。伽玛的预言也是错的。伽玛曾经预言“欧米伽不会成为竖琴演奏家”。既然这个预言是错的，那么欧米伽日后将成为竖琴演奏家，而不是预言家。

排除了贝塔、伽玛、欧米伽，那么预言家就只能是阿尔法。

既然阿尔法是预言家，那么阿尔法的预言是正确的，所以贝塔不能成为职业舞蹈家，只能是宫廷侍女了。

这样，4个人的职业分别就是：阿尔法成为预言家；欧米伽成为竖琴演奏家；贝塔成为宫廷侍女；伽玛是职业舞蹈家。

因为欧米伽的预言是错误的，所以后来她没有同名叫阿特克赛克斯的男人结婚。

554. 唱歌

从“B是在E的下一个唱的”来看，可以首先确定的是，6人中EB始终会排在一起。

另外，“D和A之间有2人唱”，所以，有DXXA（或AXXD，哪一个都与下面的推理相同）。

如果把EB放在DXXA前头，即排成EBDXXA的话，那么C和F不管放在哪个地方都不合适。

如果把EB放在DXXA后头，即排成DXXAEB的话，那么E唱的是第五首，与已知条件3不符合。

所以，只有把EB放在XX里，即可决定DEBA的部分。

C和F就在他们之前了。

结果有四种：FCDEBA、CFDEBA、FCAEBD、CFAEBD。但不管是什么情况，E唱的都是第四首。

第七部分　智力快车

555. 零用钱

两个父亲非常爱自己的儿子。一天，他们分别给自己的儿子零用钱。其中一个父亲给了儿子 2000 元，另一个父亲给了儿子 1000 元。但是，这两个儿子将钱放在一起的时候，却发现一共只有 2000 元。

亲爱的读者，你知道这是为什么吗？

556. 烧香确定时间

桌上放着两根不均匀分布的香，香烧完需要一个小时的时间，你有没有什么办法来确定一段 45 分钟的时间？

557. 奇怪的不等式

有一个不等式非常奇怪：0 > 2，2 > 5，5 > 0。请问：这个不等式在什么情况下存在？

558. 聪明的奶奶

从前有个非常刻薄的财主。到了要发薪水的日子，他想要把仆人们的工钱都扣了，而他们又没什么话好说。

到了年终的时候，财主把所有的仆人召集在一起，对他们说："今天，我很高兴，你们在我这里工作了一年时间，辛苦大家了。为了表示我的谢意，谁要是说出一件我没听过的事情，我就赏给他二百两银子，否则，全年的工钱都没了。"

一个小丫环开口了："我家以前有只鸡一天生了 6 个鸡蛋，有 4 个还是双黄呢！""哈哈，我还见过一天生 10 个鸡蛋的母鸡呢！工钱抹了。"财主说，

一个长工站出来说："我家后山上有一棵能结出 8 种不同果子的树，一年四季都在开花。"

"嗨，别说啦，长 12 种果子的树我都见过。工钱抹了。"财主挥着手说。

老财主一口一个"见到过，听说过"。大家的工钱都被扣了。只有奶奶一直没动，她知道财主这是"软刀子杀人"。因此，她想好了一句对付财主的话，并且最终赢得了二百两银子。

亲爱的读者，你知道奶奶说了一句什么话吗？

559. 丢失的借据

从前，在伊朗有个人叫哈桑，借给一个商人两千金币。然而不幸的是，由于一时疏忽，他不小心把借据丢了，他翻遍了家里所有的地方，还是找不到，急得他如热锅上的蚂蚁。无奈之下，他只得把他的好朋友纳斯列丁找来，一同商量对策。

"你借给他钱时有第三人在场吗？"纳斯列丁问。

哈桑回答说："没有。"

"借期多长？"

"一年。"

纳斯列丁陷入了沉思，突然，他眼睛一亮："有办法了。"

亲爱的读者，你知道是什么办法吗？

560. 满分

某班 50 名学生参加测验，其中有一道 12 分的题，全答对的反而没得满分，没有全答对的却得了满分（老师阅卷时没有出错），这是为什么？

561. 巧接铁链

张师傅是建材厂原料仓库的负责人。由于他工作认真负责，大家都非常信任它。有一天，生产中需要一段铁链，小李去仓库领料，张师傅从库房里拿出五截每截只有三个铁环的铁链（如下图），笑着对小李说："小伙子，今天我这有道题，想要考考你，这里有五截铁链，连起来的长度正好是你所需要的。你能不能在只切断三个铁环的情况下，将这五截铁链连接起来？"

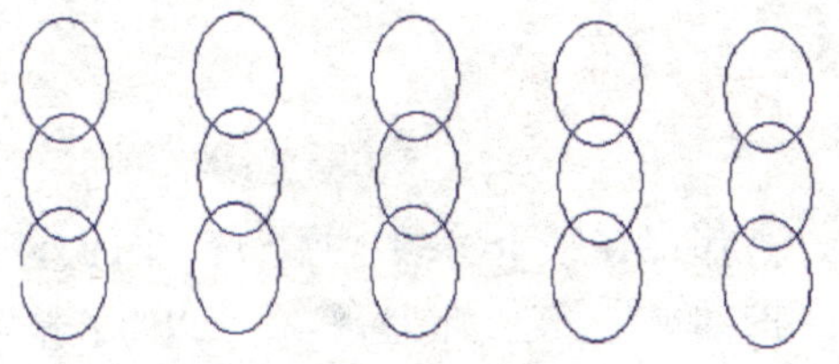

562. 铝钉和铁钉

盒子里混杂形状、大小一样的铝钉和铁钉，现在需要用铝钉，你能用一种最简便的方法将它们找出来吗？

563. 上涨的江水

有一个阿拉伯[illegible]船板离江面42厘米的位置上，[illegible]时40厘米的速度上涨，经过多长时[illegible]伯人可能被淹？

564. 安全过桥

有一座短桥，载重不能超过三吨。一辆满载了三吨半的铁链的汽车从远处开来，汽车加铁链的重量，已经大大超过三吨的限定了。要想使这辆车安全过桥，应该怎么做呢？

565. 聪明的阿凡提

阿凡提智慧过人，他特别痛恨那些不劳而获的财主和官老爷们，于是总想办法作弄他们，给穷人们出气。一天，财主来让阿凡提给他理发。这个财主是个讨厌的家伙，无论走到哪里，吃喝玩乐从不掏钱。阿凡提每次给他理发，自然也是白理。这一次，阿凡提决定好好整治整治他。阿凡提给财主的头剃得光光的，然后笑着对他说："尊敬的财主，您要眉毛吗？"

财主说："当然要！"

"好，您要眉毛，我这就给您。"阿凡提一边说着，一边"飕飕"几下子，就把财主的两道眉毛剃了下来，递到他手里。

"你，你……"财主跺着脚叫了起来。

阿凡提接着笑说："财主，您要胡子吗？"

财主这下连连摆手说："不要，不要！"

"好吧，您不要就不要！"阿凡提说着剃刀一挥，又把财主的胡子全刮了，甩在地上。

财主对着镜子一照：啊呀！这像个什么样子？自己的脸和下巴都刮得精光，活像个光溜溜的大青鸭蛋啦！"这个阿凡提，你敢这么侮辱我！叫我还怎么出去！"

阿凡提说："尊敬的财主啊，难道我不都是按照您的吩咐去做的吗？别说您的眉毛、胡子，就连您的头发，我也不愿意剃呢！"

财主辩不过阿凡提，只好用手蒙着那颗世界上最最亮的脑瓜儿，灰溜溜地走了。

所以，所有的穷人们都很爱戴阿凡提，但有钱又小气的财主们却恨透了他，总想找机会收拾他。

有一次，愚蠢的财主把阿凡提抓了起来，

他把阿凡提牢牢地绑在水池的柱子上，然后又在上面放了很多冰块。这时，水面正好淹到阿凡提的脖子，财主得意地说："等到冰块融化后你就再也不会威胁到我了。"阿凡提却丝毫不害怕，因为他知道即使冰块化了也不会淹到他。

你知道，冰块融化了之后水面上升多高吗？

566. 李四的猎物

李四是一个山区的猎人，平时靠打猎为生。这一天，他和往常一样整理好自己的东西后就出门了。等到天黑时，李四回来了。妻子上前问他今天打了多少猎物？李四想难为一下妻子，就不紧不慢地说道："打了6只没头的，8只半个的，9只没有尾巴的。"聪明的妻子马上就明白他打了几只。

亲爱的读者，你知道了吗？

567. 月球上的鸟

月球上的重力只有地球上的$\frac{1}{6}$。有一种鸟在地球上飞20公里要用1小时，如果把它放到月球上，那么飞20公里要多久？

568. 田忌赛马

孙膑是战国时期的军事家，他同齐国的将军田忌很要好。田忌经常同齐威王赛马，马分三等，比赛时，以上马对上马，中马对中马，下马对下马。因为齐威王每一个等级的马都要比田忌的强，所以田忌屡战屡败。

孙膑知道了，看到齐威王的马比田忌的马跑得快不了多少，于是对田忌说："再同他比一次吧，我有办法使你得胜。"

临场赛马那天，双方都下了千金赌注。一声锣鼓，比赛开始了。田忌按照孙膑教的方法去做，结果果然赢了齐威王。

你知道孙膑是怎么做的吗？

569. 抛硬币

有一枚硬币，一共向上抛掷了10次，10次都是正面朝上。问：现在要求再向上抛掷一次，这次正面朝上的可能性是多少？

570. 盖章

小伟正在喂10头牛。这10头牛的外观和体形都很像，因此很难辨认，所以为了容易分辨，就在它们身上盖了章。这里有0至9共十个印章，请问至少要用到几个印章？

571. 奇怪的物体

一个圆孔直径只有1厘米，现有一种体积为100立方米的物体却能顺利通过这个小圆孔。你知道这种物体是什么吗？

572. 黄爷爷的好主意

李阿姨有3个女儿。一天，她上街买了2个小西瓜，在回家的路上她一直思索该怎么平分西瓜，却怎么也没有想出来。后来，邻居黄爷爷给她出了一个好主意，帮她解决了难题。你知道黄爷爷告诉她的是什么办法吗？

573. 钱包里的硬币

陈奶奶到一家商场去购物，她的钱包里只有面值为5角和1元的硬币，可她却买回了123元的东西。你知道这是为什么吗?

574. 10万个风筝

小明对好友小刚说:“我一次可以放10万个风筝。”小刚开始不信，认为他在吹牛，可后来他却相信了。你认为有可能吗?

575. 抓骨头

一只小狗被一根2米长的绳子拴在了树上，在离树2.1米远的地方有一块骨头，小狗够不着。请问，它应该用什么办法抓骨头呢?

576. 螃蟹比赛

一个体长20厘米的黑螃蟹和一个体长10厘米的红螃蟹比赛跑步。请你判断一下：谁会赢?

577. 兔子吃萝卜

3只兔子在6分钟内吃掉3个萝卜，那么一只半的兔子吃掉一个半的萝卜需要多长时间?

578. 赛马

在一个圆形赛马场里，有三匹马从起跑线上同时出发。已知1号马每分钟跑两圈，2号马每分钟跑三圈，3号马每分钟跑四圈。

请问，这三匹马起跑后经过多长时间才能够又排在起跑线上?

579. 父亲与儿子

两个父亲和两个儿子各自猎得一只野鸡，但是，他们一共猎得三只野鸡，为什么?

580. 四种水果

五元钱一堆香蕉，四元钱一堆梨子，三元钱一堆苹果，两元钱一堆葡萄，合在一起，问共有几堆?

581. 火车所在地

一列火车由武汉开往广州需要12个小时，那么行驶6个小时后，这列火车应该在哪里?

582. 奇特的符号

在数字5和6之间加入什么数学符号，使组成的数字大于5而且小于6？

583. 倒硫酸

一只不规则的透明玻璃瓶，里面盛了8升硫酸，而上面只刻着5升、10升两个刻度，现在需要从中倒出5升，别的瓶子上都没有刻度，硫酸的腐蚀性又大，请你仔细想一想，有什么好办法一次就能准确地倒出需要的量?

584. 倒赤豆

在一个口袋里先装赤豆，用绳子将布袋扎紧后，再将米装进去。在没有任何容器，也不能将粮食倒在桌子上或地上的情况下，你能先把赤豆倒入另一个口袋中吗？

585. 提问

在一个古老的城镇里，住着一位著名的占卜师。有一名男子去拜访这位占卜师，请他为自己占卜。但占卜师家的门口写着："每问两个问题费用为 20 元。"偏偏他身上只带了 25 元，他认为费用过于昂贵，便问师父："不管我的问题多长，也算是一个问题吗？"占卜师回答："是的。"他又问："不管我的问题多短，也算是一个问题吗？"占卜师回答："当然。"他仔细想了想，便找出了最有效率地问法。请问，他可以问几个原本他想问的问题？

586. 谈体重

有一次，小约翰向别人谈到了自己的体重："我最重的时候是 50 公斤，可是我最轻的时候却只有 3 公斤。"很多人听了都不相信他所说的。

亲爱的读者，你相信约翰所说的话吗？

587. 去世时的年龄

一个人在公元前 10 年出生，在公元 10 年的生日前一天死去。请问：这个人去世时是多少岁？

588. 鸡蛋下落

桌上有一个生鸡蛋，现在要求你拿起这个鸡蛋，让它自由下落。在地上没有任何铺垫物的情况下，你能够使鸡蛋下落 1 米而不破吗？

589. 活蚯蚓

老王带着家人准备去河边钓鱼，临行前抓了 15 条蚯蚓当鱼饵，后来分鱼饵时把 2 条蚯蚓切成 2 段，当时，老王还有几条活蚯蚓？

590. 小鸭的数量

一群小鸭在一只母鸭的带领下来到了河边，在河滩上，母鸭将小鸭的数目点了一遍，是 12 只。它又数了一遍，却变成了 10 只，在这个过程中，没有别的人或者动物来把小鸭带走，也没有小鸭跳到水中去游泳，请问这究竟是怎么回事？

591. 测量高山

有一个人在为一座高山做测量，在他距离山顶还有 100 米时，绳子突然断了，他滑倒了，等他抓到东西爬起来时，却发现自己已经在山顶了。他并没有得到别人的帮助，而且他也没有爬那 100 米。那么你知道这个人是怎样到达山顶的吗？

592. 挨饿的老虎

动物园里有三只老虎，雄老虎每顿要吃 30 斤肉，雌老虎每顿要吃 20 斤肉，幼老虎每顿吃

10斤肉。但每天饲养员只买回来20斤肉，如果是这样的话，那就意味着会有老虎挨饿，对吗？

593. 点火柴

有甲、乙两个农夫，甲农夫每秒点着3根火柴，乙农夫要3秒种才能点着1根火柴，现在他们各拿一盒60根的火柴同时开始点，当乙农夫点完60根火柴时，甲农夫点了多少根火柴？

594. 吃香蕉

三个孩子吃三根香蕉要用3分钟，那么九十个孩子吃九十根香蕉要用多少时间？

595. 下棋

老张和老王在一天中共下了9盘棋，在没有和局的情况下他俩赢的次数相同，这是怎么一回事？

596. 特殊月份

在一年当中，有些月份有30天，像四月份；有些月份有31天，像五月份。请问，有28天的总共有哪几个月份呢？

597. 水壶变空

有一个大水壶，装满了水，足有5斤重，一口只能喝半杯，你能在5秒内让水壶一下子变空吗？

598. 灯的数量

小红家有7盏灯，关掉了5盏灯，还剩几盏灯？

599. 行驶的火车

一列从东驶来的火车穿过一个只有一条铁轨的隧道继续向西行驶，另一列火车则从相反的方向驶进同一隧道。这两列火车的行驶速度都非常快，但它们并没有在隧道中相撞，请问这是为什么？

600. 沉没的舰艇

大海上有一艘很大的舰艇，它本来是准载70人，结果在上到第69人的时候，舰艇居然沉入海里了。你知道这是怎么回事吗？

601. 击中帽子

有一个入伍不久的士兵，刚学会开枪。在一次训练当中，教导员让他手握一把枪，然后用眼罩把他的眼睛蒙上，再将他的帽子挂起来，让这个士兵向前走了40米，然后反身开枪，要求子弹必须击中那顶帽子。你知道怎么做才能让士兵一定击中那顶帽子吗？

602. 没有飞走的鸟

森林中有10只鸟，猎人用枪打死了1只，其他9只却没有飞走，你知道这是为什么吗？

603. 爬楼梯的司机

有一名司机住在一座大楼的17层。每天早上，他一定会乘电梯下楼，但每天晚上回来的时候，他只乘电梯到14楼，然后再爬楼梯上去，你知道这是为什么吗？

604. 吃罐头

兄弟三人买了一瓶水果罐头，罐头净重1000克。老大和老二分别现吃了300克，然后把剩下的400克留给了小弟。谁知小弟却气得直跺脚。你知道这是为什么吗？

605. 移动时间

地上有一个面积约20平方米的东西，小辉只用了短短的1秒种就把这个东西移动了。请问这个东西是什么？

606. 坑里的土

詹姆斯和洛克在一块空地上挖坑，他们挖了一个直径160厘米，深40厘米的坑，那么坑里的土有多少立方厘米？

607. 骨头

生物课上，老师对同学们说：“我们的身体里有206块骨头。”可是，小明却举手说：“我和你们不一样,我身体里有207块骨头。”请问这可能吗？

608. 牛吃草

有一个农夫在草地上画了一个直径十米的圆圈，圆圈中心插了一根木桩，他把牛牵到了圆圈里面。牛被一根五米长的绳子拴着，如果不割断绳子，也不解开绳子，那么牛能否吃到圈外的草？

609. 爷爷的儿女

小红的爷爷有7个儿子，每一个儿子又各有一个妹妹，请问：小红的爷爷最少有多少个儿女？

610. 剩下的蜡烛

桌子上有12支点燃的蜡烛，先被风吹灭了3根，没过多久又一阵风吹灭了2根，最后桌子上还剩几根蜡烛？

611. 奇特的数字

一个数字若去掉前面第一个数字是13，若去掉最后一个数字为40，请问这个数是多少？

612. 高速奔驰的东西

世界上什么东西以近2000公里/小时的速度载着人奔驰，而不必加油或其他燃料？

613. 先点燃什么

晚上停电了，漆黑的房子里有油灯、暖炉

及壁炉。现在，想要将三个器具点燃，可是你只有一根火柴。请问首先应该点哪一样？

614. 找零钱

罗克带 100 美元去买一件 85 美元的东西，但老板却只找了 5 美元给他，为什么？

615. 过河

有两个人同时来到了河边，都想过河，但却只有一条小船，而且小船只能载 1 个人，请问，他们能不能都过河？

616. 口袋里还有什么

小栋的口袋里共有 10 个硬币，漏掉了 10 个硬币，口袋里还有什么？

617. 游泳时间

有一个年轻人要过一条河去办事，这条河没有桥也没有船。他便在上午游泳过河，一个小时他便游到了对岸，当天下午，他办完事后往回走，来到了河边，河水的宽度以及流速都没有变，他的游泳速度也没有变，可他竟用了两个半小时才游到河对岸，你说这是为什么？

618. 生与死

有一位商人遭人诬陷，县官因接受别人的贿赂，于是将商人逮捕入狱。因找不出合适的理由定商人的罪，县官就出了个坏主意。叫人拿来十张纸条，对商人说："这里有十张纸条，其中有九张写的'死'，一张写的'生'，你摸一张，如果是'生'，我就马上放了你，如果是'死'，就别怪我不客气了。"聪明的商人早已猜到纸条上写的都是"死"，无论抓哪一张都一样。于是他想了个巧妙的办法，结果死里逃生了。你知道他是怎么做的吗？

619. 农夫过桥

一个农夫走到桥的中间，对面来了一个小孩儿。由于桥很窄，只能通过一个人，因此他想给小孩儿让路，返身往回走。回头一看，后面又来了一个小孩儿。遇到这种情况，农夫怎么办？

620. 行驶的汽车

有两辆汽车以完全相同的速度，分别行驶于紧邻的两条道路上（两条道路都是直线）。不久之后，虽然两车都未改变车速，但是 B 车突然开始超越 A 车，这种情况可能吗？

621. 文彦博取球

文彦博是北宋时期的宰相，他小的时候爱踢皮球。一次，文彦博与小伙伴们在稻场上踢球，大家你争我夺，正踢得兴高采烈时，那只球不歪不斜地被踢进一棵古老的白果树树洞里去了。

大家叫声"糟糕"，便一齐跑过去。洞里黑黝黝的，什么也看不见。一个小伙伴自告奋勇地捋起衣袖，身子趴伏在洞口，将手臂伸到洞里，摸呀，摸呀，可就是够不到底。怎么办呢？

有一位小伙伴从稻场边拿来一根长长的竹竿，伸到洞里去探呀，拨呀。可还是不行，那洞道弯弯曲曲，怎么也探不到虚实。

还有个小伙伴干脆跑去向大人们求援。叔叔伯伯来了好几个，望着又深又黑的树洞，这个拿旱烟敲敲鞋帮子，那个摸摸脑袋……大人们微微苦笑，也没有一个能想出好办法。

在一旁沉思的文彦博忽然看见池塘里的鸭子，欣喜地叫道："我想出了一个好办法！"

你知道文彦博想出了什么办法吗？

622. 聪明的农夫

在一次旅行的路上，沙皇碰到一个贫穷的农夫正在耕种。他发现这位农夫的地里的农产品长势很旺，于是向他询问其中的诀窍。农夫告诉了他答案。

沙皇带着敬意叫了起来："你真聪明！以神的名义答应我，在你没有见到我一百次以前，绝对不能泄露秘密，不能跟第二个人说。"

没过不久，农业大臣也下来视察，遇到了农夫，问了相同的问题。农夫没有理他。大臣答应付给他一百个银币，作为说出答案的报酬。农夫最终还是经不起利益的诱惑，将答案告诉了他。

沙皇知道情况后，派人叫来了那个农夫。

"你知道不遵守诺言的惩罚吗？难道我没跟你说要严守秘密吗？"沙皇生气地叫道。

农夫回答道："的确是这样！但你允许我可以在见到你一百次后说出来啊！"

你知道农夫是怎样说服沙皇的吗？

623. 斤鸡斗米

有个农民进城，不小心踩死了米店老板一只小鸡。老板揪住他，要他赔900文钱。这时，知县段广清正好路过，说："一只小鸡，怎么值这么多钱？"老板答道："我这鸡品种极好，喂养3个月，就长9斤肉。现市价鸡每斤100文，不是900文吗？"

段广清听了，故意板起面孔叫农民赔偿。农民见县老爷生气，吓出一身冷汗，慌忙把钱全掏了出来，又脱下衣服去典当。结果，还差300文，急得他如热锅上的蚂蚁。

段广清见农民实在没有办法了，便从自己兜里掏出钱来，凑足数赔给了米店老板。老板接过钱，连忙叩头谢恩。当他正要转身进店时，不想却被县老爷喝住。"这件案，我还未判完呢！"

亲爱的读者，你知道段广清下面该怎么判吗？

624. 分辨雨伞

小丽、小红、小霞三人是最要好的朋友，上课如果碰到下雨天，她们就把雨伞放在教室的门口。她们都在伞上不明显的地方写了自己的名字，不过大致看去很难分辨出来，请问如果其中只有两人能不看名字就能拿对自己的伞，那么第三个人拿对自己伞的几率是百分之几？

625. 打牌的时间

三个人一起玩牌，他们一共玩了1个小时，那么，每个人各玩了多长时间？

626. 篮子里的桔子

篮子里的7个桔子，掉了4个在桌子上，还有一个不知掉到哪去了，亮亮把桌子上的桔子拾进篮子里，又吃了一个，请问篮子里还剩下几个桔子？

627. 一样的年份

有一年的年份写在纸上，倒过来看仍然是这一年，你知道是哪一年吗？

628. 名次

在一次大型运动会上，一名运动员正在参加万米赛跑，到第五圈时，他终于超过了第二位的选手。那么你知道这名运动员现在处于第几位吗？

629. 掉了多少钱

小芳早上在上学的路上掉了15元钱，下午在放学的路上又捡到10元钱，问她这一天掉了多少钱？

630. 跳伞运动员

一名跳伞运动员从1000米的高空跳下，结果人们老半天看不见他，这是为什么呢？

631. 欢欢的策略

周末，欢欢来到平平家。做完作业后，她们玩起了一种叫“抢30”的游戏。游戏规则很简单：两个人轮流报数，第一个人从1开始，按顺序报数，她可以只报1，也可以报1、2。第二个人接着第一个人报的数再报下去，但最多也只能报两个数，却不能一个数都不报。例如，第一个人报的是1，第二个人可报2，也可报2、3；若第一个人报了1、2，则第二个人可报3，也可报3、4。接下来仍由第一个人接着报，如此轮流下去，谁先报到30谁胜。

欢欢很大度，每次都让平平先报，但每次都是欢欢胜。平平觉得其中有问题，于是坚持要欢欢先报，结果每次还是欢欢胜。

亲爱的读者，你知道欢欢用的是什么策略吗？

632. 韦德买文具

韦德拿了两个50美分的纸币上街去买文具。他一共买了15美分橡皮擦1个、10美分铅笔1支、5美分3张的纸共6张。付账后，老板找了他65美分。请问韦德是赔了还是赚了？

633. 钥匙的安排

小明家新盖了一套房子，这套房子有三个房间，每间房门有两把钥匙。小明和爸爸、妈妈虽然都上班，然而由于工作不同，上下班的时间不一样，有先有后。亲爱的读者，在每个房间仅有两把钥匙的情况下，如果不再另配新钥匙，这三个房间的钥匙应该怎样安排，才能使他们三人随时都能进入各个房间？

634. 孪生姐妹的生日

一对孪生姐妹，妹妹今日刚好过第四个生日，而姐姐在昨天才过第一个生日，这是怎么一回事呢？

635. 4个盒子装9块蛋糕

高尔基童年时，曾在一个食品店干过活。大伙计们看到他嗜书如命的样子，都嘲笑他是个白痴。但是高尔基并不在意，因为他有自己的理想和追求。

有一次，一个居心不良的顾客送来一张奇怪的订货单，上面写着："订做9块蛋糕，但要装在4个盒子里，而且每个盒子里至少要装3块蛋糕。"

这可把伙计们都难坏了，可是那个顾客非得要按照订单上的装。大伙计只好跟老板说，老板也没有办法，只好让伙计先试着装。大伙计无论如何也无法达到订单上的要求，还挤坏了几块蛋糕。

"老板，让我来试试吧。"高尔基拿起那张订货单，认真读了一遍，鼓起勇气对老板说。

"你？不捣乱就不错了，还想逞能！"大伙计对高尔基嗤之以鼻。

高尔基坚定地说："这有什么难的，让我来装吧！"

亲爱的读者,你知道高尔基是怎么装的吗？

636. 教室里的游戏

创作了许多脍炙人口的数学趣题和耐人寻味的科学小品的美国科普作家马丁·加德纳，少年时就格外地机敏聪慧。

他上小学的时候，老师经常喜欢跟同学们做游戏。有一次，老师从讲台下拿出早准备好的10只塑料杯,排成一条线地放在讲台上，然后对同学们说："左边的5只杯子倒满了红色的水，右边的5只杯子空着。现在出一个试题：只准动4只杯子，要让10只塑料杯变成盛红水的杯子和空杯相互交错排列，怎么移动呢？"

同学们睁大眼睛瞅着10只杯子，纷纷用小手试着比划。很快，不少同学举起了手，说出了正确的答案：只要将第2只与第7只，第4只与第9只互换位置，盛红水的杯子与空杯就能交错排列了。老师演示了一遍，果然，装水的杯子和空杯子互相隔开了。

老师把交错排列的杯子又摆回原样，然后接着问同学们："如果只准动两只杯子。你们能不能达到同样的目的呢？谁想到了，可以到台上来做。"

教室里静悄悄的，同学们紧张地思索着。过去了好一会儿都没有人举手。

突然，马丁·加德纳站起来，说："我有办法。"说着走到讲台前。经过它的简单操作，杯子再一次形成交错排列的模式。

亲爱的读者，你知道马丁·加德纳是怎么做的吗？

637. 渔夫过河

一个年轻的渔夫带着一条狗、一只鸡、一些米过河，可是船不够大，渔夫每次过河只能带一样。但是如果渔夫不在的话，狗会咬鸡，鸡会吃米。请问渔夫怎样做才能把这三样东西都安全带过河去？

638. 孔融分梨

孔融是东汉末年的文学家，从小聪明过人，而且还很有礼貌。

一天吃完午饭，外地的伯伯、叔叔、婶婶和6个堂兄妹来家做客，孔融逐个给伯伯、叔叔、婶婶和6个堂兄妹见过了礼。

这时，母亲叫丫环端上一盘梨，不一会儿，6只香嫩可口的鸭梨便被端了上来，母亲又叫孔融把鸭梨分给六个堂兄妹吃。

孔融正要分梨，却被父亲止住了："等一等，你给堂兄妹分梨，每个人一个，而且盘子里还要留一个，你知道怎么分吗？"

孔融低着头陷入了沉思，忽然，他眼睛一亮，脸上露出了欢欣的喜悦，他拍着小脑瓜儿说："我知道该怎么分了。"

亲爱的读者，你知道孔融是怎么分的吗？

639. 煎饼的时间

用一只平底锅煎饼，每次只能放两只饼。煎熟一只饼需要2分钟（正反面各需要1分钟）。问：煎三只饼至少需要几分钟？如何煎？如果需要煎n只饼，至少需要多长时间？

640. 智取敌据点

这是抗日战争时期的一个晚上，某县日伪县长家里灯火通明。今夜，他邀请了许多同僚，举行宴会，庆祝他的六十大寿。

敌人非常狡猾，为了不出意外，祝寿邀请书也是特制的：两张相同的小票子连在一起，进县里第一道岗时撕去一张，剩下的一张进宴会厅用。进了宴会厅再有事外出，则发给一张"特别通行证"。凭借此证可以畅通无阻，进出第一道岗只要给哨兵看一看就行，进宴会厅才收掉。

聪明的游击队员也弄到了两张宴会邀请书。凭这两张邀请书，游击队长等三人巧妙地进入了宴会厅，并且有十多个游击队员通过第一道岗埋伏在宴会厅外面。突然，枪声齐响，内外夹攻，很快就把敌人给制服了。

亲爱的读者，你知道游击队是怎样利用两张邀请书，派出三人深入宴会厅，并且埋伏这么多战士的吗？

641. 调时间

小刚家有一只挂钟。有一天挂钟停了，于是他便到邻居家去看钟点，邻居家的钟很准，他看好钟点后不久就回家了。回到家里，没用多长时间就把钟拨准了。请问：小刚是怎样拨准时间的？

第七部分 智力快车答案

555. 零用钱

因为这三个人的关系是祖父、父亲和孩子。父亲把祖父给的2000元钱中的1000元给了孩子，所以总数还是2000元。

556. 烧香确定时间

把其中一根香两头都点燃，另一根一头点燃，当烧完两头都点燃的那根香时，是30分钟，此时，第二根再两头点燃，可得15分钟，总共加起来就是45分钟了。

557. 奇怪的不等式

玩石头剪刀布的时候。

558. 聪明的奶奶

奶奶说："小时候，我的祖父告诉我，说您的祖父曾向我祖父借过500两银子，让您来还。这您一定听说过吧？"

559. 丢失的借据

哈桑可以给商人去封信，要求商人把从自己这里借去的两千五百金币尽快还给自己。这样商人就会给哈桑回信，说明他只借了哈桑两千金币。如此一来，哈桑手头就又有了新的证据了。

560. 满分

这是一道判断题，只答"对"或"错"。

561. 巧接铁链

将一截的三个环都切开，就能把全铁链连接起来。

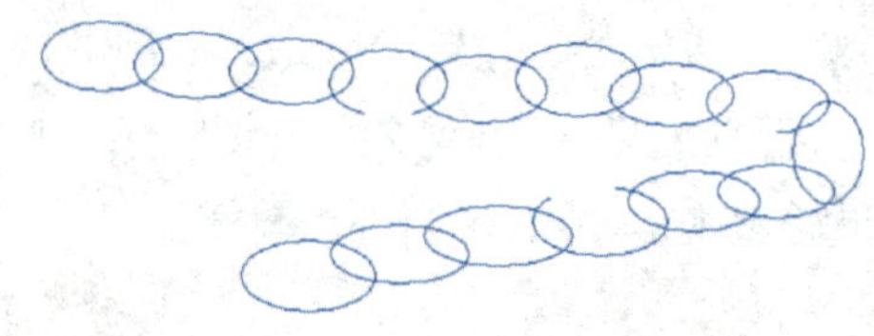

562. 铝钉和铁钉

只需要用一块磁铁就可以很快区分开了。相吸的，是铁钉；不相吸的，是铝钉。

563. 上涨的江水

阿拉伯人不会被淹。因为水涨船高。

564. 安全过桥

虽然铁链的总重量很大，但是整个重量是分布在全部长度上的。所以，可以把铁链放在地上，由汽车拖着过桥，使分摊在桥上的重量不超过桥的载重。等汽车顺利过了桥以后，再把铁链装到车上。

565. 聪明的阿凡提

水面一点儿也不会升高，因为冰块融化成水的体积正好是它排开水的体积，也就是说，冰放进去后占了一定的体积，现在的水位已经是冰融化后的水位了。

566. 李四的猎物

李四没有打到猎物。

我们可以结合题目已知条件来进行分析，李四说：“打了6只没头的，8只半个的，9只没有尾巴的。”仔细想一想，6没有头，正好是0；8只半个，也是0；9没有尾巴还是0，所以，李四今天什么都没有打到。

567. 月球上的鸟

很多人一看到这个题目，就认为月球重力小，因而鸟飞行快，所以只用60÷6=10（分），如果你给出了这个答案，那么你忽视了一个重要条件，那就是月球上没有氧气，鸟根本没法呼吸，自然也就不可能飞了，恐怕它刚展开翅膀就会死掉。

568. 田忌赛马

孙膑让田忌以下马对齐威王的上马，再以上马对他的中马，最后以中马对他的下马。比赛结果，一败二胜，田忌赢了。

569. 抛硬币

在每次抛掷硬币的过程中，正面朝上的概率都是$\frac{1}{2}$，这个概率不会因为换了谁来抛而改变。因此，第11次抛掷硬币，硬币正面朝上的可能性还是$\frac{1}{2}$。

570. 盖章

只要变换盖章的位置和角度，一个就够用了。

571. 581. 奇怪的物体

这种物体是水，也可以是其他液体。

572. 582. 黄爷爷的好主意

把西瓜榨成汁。

573. 钱包里的硬币

因为她钱包里的硬币加起来够123元了。

574. 10万个风筝

有可能。可以在一个风筝上写上“10万个”。

575. 抓骨头

转过身来用后腿抓。

576. 螃蟹比赛

黑螃蟹会赢，因为红的已经被煮熟了。

577. 兔子吃萝卜

9分钟。半个兔子是不会吃东西的，那么一个兔子吃掉一根萝卜需要6分钟，所以吃掉一个半的萝卜需要9分钟。

578. 赛马

1分钟后。

579. 父亲与儿子

他们的关系是祖父、父亲和儿子，一共三人，所以一共猎得三只。

580. 四种水果

合在一起变成一堆了。

581. 火车所在地

火车应该在铁轨上。

582. 奇特的符号

加入小数点。

583. 倒硫酸

将大小不同的玻璃珠往瓶里放，使液面升到10刻度处，然后往外倒至5升刻度处。

584. 倒赤豆

先把口袋上半部分的米倒入空口袋，解开原先口袋的绳子，并将它扎在已倒入米的口袋上，然后把这个口袋的里面翻到外面，再把赤豆倒入口袋。这时候，把已倒空的口袋接在装有米和赤豆的口袋下面，把手伸入赤豆里将绳子解开，米就会倒入这只空口袋，另一口袋里就是赤豆。

585. 提问

他没有办法问任何问题，因为他已经问了两个问题。

586. 谈体重

小约翰所说的话是真的。他最轻的时候是他出生的时候。

587. 去世时的年龄

18 岁。

我们仔细想一想，就会发现没有 0 年，而生日前一天或者后一天之差，在年龄上就差一岁。分析到这一步，我们就很容易算出他去世时的年龄。

588. 鸡蛋下落

可以。只要你将生鸡蛋拿到 1 米以上的高度，然后让鸡蛋自由下落，当它下落了 1 米的时候，并没有碰到地面，当然不会破。

589. 活蚯蚓

17 条。因为被切为两段的蚯蚓都活着。

590. 小鸭的数量

这只母鸭不识数。

591. 测量高山

他是在为海底山脉做测量，是掉在海底山脉的山顶上了。

592. 挨饿的老虎

不对。因为动物园里只有两只幼老虎。

593. 点火柴

甲农夫只有 60 根火柴，点完了就没有了，所以他也只能点 60 根火柴。

594. 吃香蕉

也是 3 分钟。

595. 下棋

他们下的 9 盘棋中，不全是他俩之间下的。

596. 特殊月份

每个月都有。

597. 水壶变空

题目并没有限制怎么做，因此最好的做法是把水泼在地上。

598. 灯的数量

应该还有 7 盏灯。因为其中 5 盏灯只是关掉了，并没有扔掉。

599. 行驶的火车

因为这两列火车在不同的时间通过隧道。

600. 沉没的舰艇

这是一艘潜水艇，所以可以沉入海里。

601. 击中帽子

题目中并没有限制帽子应该挂在哪里，所以说可以把帽子挂在枪口上，这样士兵就一定能击中那顶帽子了。

602. 没有飞走的鸟

是鸵鸟。

603. 爬楼梯的司机

这名司机的个子太矮了，在电梯中，最多只能按到14楼的那个按钮，所以后面的楼层他只能爬楼梯上去。

604. 吃罐头

因为老大、老二吃的全是果肉，而把剩下的汤汁留给了小弟，难怪小弟会那么生气。

605. 移动时间

那是小辉的身影。

606. 坑里的土

坑里没有土了,因为坑里的土被挖了出来。

607. 骨头

可能，因为小明不小心吃下了一块鱼骨头。

608. 牛吃草

能，因为题中并没说牛被栓在木桩上。

609. 爷爷的儿女

8个，因为女儿是最小的。

610. 剩下的蜡烛

5根,因为其他没被风吹灭的蜡烛都燃完了。

611. 奇特的数字

这个数是四十三。

612. 高速奔驰的东西

地球。

613. 先点燃什么

火柴。

614. 找零钱

他给老板90美元。

615. 过河

能，因为他们分别在河的两边。

616. 口袋里还有什么

一个破洞。

617. 游泳时间

两个半小时当然是一个小时了。

618. 生与死

商人抓起一个纸条塞入口中吞下，因为剩下的9张也全是“死”，县官不得不承认商人吞下去的是“活”，只得把他放了。

619. 农夫过桥

把两个小孩抱起来，然后转身再放下，两个小孩就调换位置了。

620. 行驶的汽车

A车道有下坡路段，使距离变长。

621. 文彦博取球

他让大家回家去拿桶和盆来装水！然后一桶桶水，一盆盆水，灌进了树洞里。那么用不了多久，树洞就会灌满，球也就会从洞口露出来。

622. 聪明的农夫

农夫将农业大臣给他的那个装有一百个银币的袋子展现在沙皇面前：“你看见了吗，在每一个卢布上都刻着你的像。每一次加起来，我已经见到你一百次了。难道我把答案给你的大臣错了吗？”

623. 斤鸡斗米

段广清说，“你说你的鸡喂养3个月就有9斤重，要卖900文，现在你已经得到了赔偿。俗话说‘斤鸡斗米’，鸡重1斤，喂米1斗。现在鸡已经死了，那省下的9斗米你就交出来吧！”

624. 分辨雨伞

百分之百。如果两人拿了自己的伞，剩下的那个人当然就会拿自己的伞。

625. 打牌的时间

每个人各玩了1个小时。

626. 篮子里的桔子

还有5个桔子。

627. 一样的年份

1961年、1001年、1881年。如果年份不定四位数，答案就还可以更多。

628. 名次

如果你的答案是“第一位”，那么你就错啦。这名运动员超过的是原来位居第二的人，所以他取代的是第二名的位置，也就是说，他现在处于第二名的位置。

629. 掉了多少钱

15元钱。

630. 跳伞运动员

因为他掉到海里去了。

631. 欢欢的策略

欢欢的策略其实非常简单：她总是报到3的倍数为止。如果平平先报，根据游戏规定，她或报1，或报1、2。如果平平报1，那么欢欢就报2、3；如果平平报1、2，欢欢就报3。接下来，平平从4开始报，而欢欢视平平的情况，总是报到6为止。依此类推，欢欢总能使自己报到3的倍数为止。由于30是3的倍数，所以欢欢总能报到30。

632. 韦德买文具

这道题具有迷惑性，需要认真思考。根据题目已知条件，我们可以很快算出韦德一共只买了35美分的东西。那么根据常理我们可以判断，韦德买35美分的东西，没有道理拿两个50美分给老板找。很可能是他给了老板50美分，却找回了65美分，可见他多赚了老板50美分。

633. 钥匙的安排

三个人分别掌握甲、乙、丙房间的三把钥匙。再把剩下的房间甲的钥匙挂在房间乙内，把房间乙的钥匙挂在房间丙内，把房间丙的钥匙挂在房间甲内。这样，无论谁先到家，都能凭手中掌握的一把钥匙拿到进入其它各房间的钥匙了。

634. 孪生姐妹的生日

姐姐在二月二十九日夜里将近零时诞生，而妹妹是在三月一日凌晨零时过后诞生。两人生日虽然相差不大，只隔一天，但二月二十九日，要四年才有一次。

635. 4个盒子装9块蛋糕

他先将9块蛋糕分装在3个盒子里，每盒3块，然后再把这3个盒子一齐装在一个大盒子里，用包装带扎紧。

636. 教室里的游戏

马丁·加德纳拿起第2只杯子，把里面的红水倒进第7只杯子；又拿起第4只杯子，把里面的红水倒进第 9 只杯子。

637. 渔夫过河

渔夫先把鸡带过河，然后回来把狗带过去，返回的时候把鸡带回来，放在这岸，然后把米带过去，最后再回来把鸡带过去，这样就能把这三样东西安全带过河去。

638. 孔融分梨

首先拿起盘中 5 只梨子分别递给 5 个人，这样，有一只梨子留在了盘中，把剩下的一只梨子连同盘子一起递给第六个人。

639. 煎饼的时间

煎三只饼至少需要三分钟。因为，第一次煎两个饼，一分钟后两个饼都熟了一面。这个时候只要将第一只取出，第二只反个面，再将第三只放入。又煎了一分钟，第二只煎好取出，第三只反个面，再将第一只放入。再煎一分钟，全部煎熟。

煎 n 个饼，需要 n 分钟。因为，当 n 是偶数时，每煎两个需要 2 分钟；当 n 是奇数时，只要在煎最后三个饼时采用上面的方法就可以了。

640. 智取敌据点

在宴会那天，一个游击队员首先化装凭邀请书进入宴会厅，然后找个借口出去，领取了一张“特别通行证”出据点。接着，另一个游击队员用特别通行证通过第一道岗，进宴会厅时改用小票子。然后也找了个借口出去，领取了一张“特别通行证”出据点。这时还有一张小票子没有用去。再接着第三个游击队员用同第二个游击队员一样的方法获得了一张“特别通行证”。游击队员们凭借着这三张“特别通行证”，在队长的带领下，每批进三人，出一人，通过第一道岗，在宴会厅外埋伏好。最后，队长等三人全部进入宴会厅……

一般的规律是：

弄到敌人发的一张邀请书，只能进一个游击队员。

弄到二张邀请书，可有三个游击队员进入宴会厅；而进第一道岗，只要时间允许，可有无数个游击队员。

弄到 n 张邀请书，可有(2n—1)个游击队员进入宴会厅；同样，进第一道岗的游击队员可以有无数个。

641. 调时间

小刚从家里出来时就将钟上好条，为的是清楚离家时钟上的时间和回家时钟上的时间，这样他可以根据自己的钟确定离开家一共多少时间。他到邻居家里和离开时，都看了邻居家的钟。因此，他能确定在邻居家待了多久。从小刚离开家的全部时间中减去在邻居家的时间，就是在路上往返所花的时间。将这时间的一半加上离开邻居家时钟上所指的时间，所得的和就是他应该在自己钟上拨准的时间。

第八部分　独特创意

642. 向自家篮下投球

在一次欧洲篮球锦标赛上，保加利亚队与捷克斯洛伐克队相遇。当比赛只剩下8秒钟时，保加利亚队以2分优势领先，而且保加利亚队握有球权，可以说已是稳操胜券。

但是，那次锦标赛采用的是循环制，保加利亚队必须赢球超过5分才能晋级下一轮。可要用仅剩下的8秒钟再赢3分，可能性是很微小的。

我们的一般想法就是，保加利亚队只好碰运气一拼了。可是没有想到的是：该队的主教练突然请求暂停。

许多人对此举付之一笑，认为保加利亚队大势已去，被淘汰是不可避免的了，教练即使有回天之力，也很难在短短8秒钟内力挽狂澜。暂停结束后，比赛继续进行。

队员们按照教练的指示去做，结果赢了6分，如愿以偿地出线了。

请问：保加利亚队队员是怎么做的?

643. 灯泡的体积

爱迪生小时候没上过什么学，因此很多人都看不起他。

普林斯顿大学数学系的毕业生阿普拉曾和爱迪生一起工作，并同住一个房间。阿普拉曾觉得自己天资聪明、头脑灵活，而且大学毕业后又到德国进修过，因此，常在卖报出身的爱迪生面前炫耀自己的学问。对阿普拉曾的自以为是，爱迪生感到很厌恶。为了教训一下这个高傲自大的家伙，爱迪生决定出个题为难他。

爱迪生把一只玻璃灯泡交给阿普拉曾，请他算一算灯泡的体积是多少。我们知道灯泡的形状是不规则的，不像一般常见的圆柱体、正方体等可以根据一定的公式计算出体积来，灯泡是没有现成的计算公式可以计算它的体积的。阿普拉曾对爱迪生说：“这么复杂的计算，谅你也是计算不出来的。虽然比较困难，但是我可以计算出来。”

阿普拉曾于是拿起直尺上上下下、左左右右量了又量，并且根据灯泡的样子做出了计算草图，然后列出了一排排的算式，企图计算出灯泡的精确值。他算得非常认真，两个多小时过去了，他满头大汗，草稿纸用了一堆，还是没有计算出灯泡的体积。等到爱迪生来看他的时候，只见阿普拉曾还在列着算式，离最终计算出结果还差得很远。于是爱迪生拿过灯泡，很快就算出了结果。

亲爱的读者,你知道爱迪生是怎么做的吗?

644. 开灯

某小学的一个楼道里有3个开关，这3个开关分别控制着楼上楼道里的灯。假设你只有一次机会上楼去检查灯是否开了，问你有何方法区分每个开关所对应的灯?

645. 雪地取火

在冰天雪地中没有火柴、打火机等常用的取火用具，请问有什么办法取火吗?

646. 水泥的硬度

某厂生产了一批水泥，需要试验一下这批水泥的硬度。有人说只要有一个小铁球就可以做这个试验。你知道怎样做这个试验，能够测出水泥的硬度？

647. 比慢

一场骑马比赛正在一个空旷的草地上进行，规则是哪匹马走得慢就是胜利者。于是，两匹马慢得几乎“停止不前”，这样下去的话，比赛不知道要进行到何时。骑手也对此感到非常焦虑。多亏来了个聪明人，他想出了一个办法，使这场比赛很快结束了。聪明人想的是什么办法？

648. 妙用直尺

有一只酒瓶，其下半部分呈圆柱形，高度为整个瓶高的四分之三；其上半部分形状不规则，占瓶高的四分之一。现在瓶内只剩半瓶酒，在瓶塞不打开的情况下，利用一把直尺，如何测定这些酒占整个酒瓶的百分之几？

649. 不够长的木板

有一个山涧宽 4 米，下面是万丈深渊。山涧上没有桥，过往的行人都带着木板过桥。一次，一个人带着一根 3.9 米长的木板，另一人带着一根 3.1 米长的木板。两个人的木板都不够长，搭不了桥。他们应该用什么方法才能够过山涧呢？

650. 深谷遇险

鲁克和汉斯用软梯下到一个深谷，准备探寻谷底的洞穴。刚到达谷底没走多远，就从谷底涌出了大量的泉水，不多时水位就到了腰部，并不断上涨。两人没想到会遇到这种情况，他们既不会游泳，又没带救生用具，只能马上攀软梯出谷。但他们所用软梯的负重是 250 公斤，攀下时是一个一个下来的，因为他们的体重都是 140 公斤左右。如果两人同时攀梯，就一定会把软梯踩断；若依次先后攀梯而上，时间上又不允许，因为水势很急。你能帮助他们想一个办法安全脱险吗？

651. 献计过河

古时候，有一位年轻的国王率军攻打邻国。经过半天的急行军后，他们来到一条河边。由于河水较深且湍急，又没有桥梁与渡船，国王无可奈何地望河兴叹。正当国王无奈之际，手下的一名将军献了一条新计策，使大部队在一无桥梁、二无渡船的情况下，顺利地渡过了河。

你知道这位将军献了一条什么计策吗？

652. 木块架桥

下图有 4 个杯子和 4 根小木块，现在要用这 4 根小木块在杯子上架 4 座桥，使之四通八达，每根木块只能有一头搭在杯子上，那么应该怎么架呢？

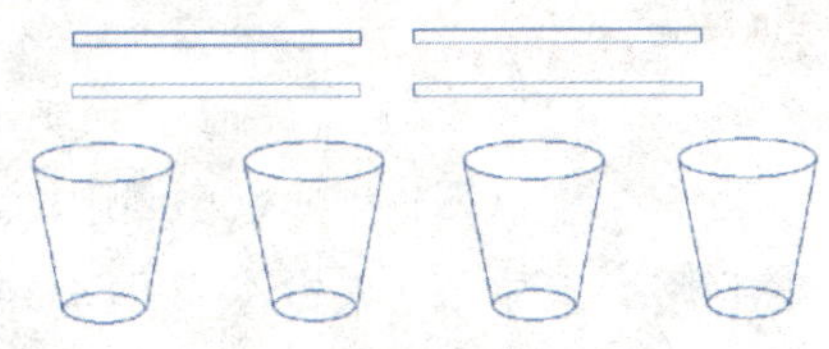

653. 购团体票

电影院的门票每张 5 元，50 人以上的团体票可享受八折优惠。可现在全班 45 人加上年轻的黄老师总人数才 46 人，享受不了八折优惠。那么，请你仔细想一想，有没有一种省钱的办法呢？

654. 巧移数字符号

我们都知道，62–63=1 是个错误的等式，那么，你能不能移动一个数字，使得等式成立呢？如果移动一个符号让等式成立又该怎样移呢？

655. 分果汁

7 个满杯的果汁、7 个半杯的果汁和 7 个空杯，平均分给 3 个人，该怎么分？

656. 杂技演员过桥

一座桥长 100 米，承重 100.99 斤，有一重 101 斤的杂技演员（包括鞋子重量，鞋子每只重 1 斤）想通过这座桥，问此人怎样做才能过桥？

657. 奇特的等式

在什么条件下“4–3=5”，你能不能用一个图形来证明这个算式的正确性？

658. 击碎酒瓶

一天，3 个盗贼闯进了一家小酒店。他们喝了几杯酒后，其中一个人指着桌子上的 4 个瓶子，说他用 3 枪就能打碎这 4 个瓶子。另一个人说他 2 枪就可以办到了。第三个人说他只打 1 枪就可以了。

请问，他们 3 人各打算如何将酒瓶击碎？

659. 火柴符号

用 3 根火柴摆出一个符号，要大于 3，小于 4。请你仔细想一想，应该怎么摆？

$$3 < ? < 4$$

660. 画观世音像

据说晚清时候，我国南方出现了一位名为竹禅法师的佛教大师。这位大师很有才华，不仅善于绘画花鸟，而且还精于绘制人物，尤其是佛教人物。

有一年，竹禅法师来到了北京，慈禧太后得知后，想试探一下竹禅的本领，于是便让太监把他召进宫内，在竹禅进宫的当天，她让人把宫廷画师都叫到了跟前。

慈禧吩咐左右拿出一张 5 尺长的宣纸，让画师们画出一幅 9 尺高的观世音菩萨像来。

宫廷画师们都傻了眼，没有一个敢接旨。

竹禅法师笑了笑，缓缓地走上前去将纸接到手中，并让人取来了纸和墨。

一切准备妥当后，法师提笔蘸墨，在纸上认真地作起画来，没过多久，5 尺长的宣纸上就出现了一位 9 尺高的观世音菩萨。慈禧看后，心悦诚服，连声称道：“画得好！”

请你猜猜看，竹禅法师是怎么把 9 尺高的观世音菩萨画在 5 尺长的宣纸上的？

661. 智过大桥

大河上有一座桥，东西向横跨江面，人通过需要五分钟。桥中间有一个亭子。亭子里有一个看守者，他每隔三分钟出来一次。看到有人通过，就会把他叫住，让他回去。有一个从东向西过桥的农夫，想了一个巧妙的办法，终于通过了大桥。

请问：这个农夫是怎样通过这座大桥的？

662. 医院的最佳位置

在铁路沿线的同一侧有80户居民，根据居民的要求，政府准备在这里建一所医院，并使80户居民到医院的距离之和最小。你知道医院应该建在哪里吗？

663. 金点子

有一家生产牙膏的公司，包装精美，产品优良，很受消费者喜爱，营业额连续十年递增，每年的增长率都在10%到20%。可是到了第十一年，企业业绩停滞下来，以后的几年也都是如此，都维持在同样的数字上。公司总裁召开高层会议，寻求解决的办法。

会上，公司总裁许诺说：谁能想出解决办法，让公司业绩增长，将奖励他10万元。有位年轻的经理站出来，递给总裁一张纸条，总裁打开纸条，看完后，马上签了一张10万元的支票给这位经理。

在接下来的一年，公司的营业额增加了32%。

你知道年轻经理在纸条上写了什么吗？

664. 聪明的哈桑

从前，有一个贪婪的财主，对待自己的下人非常刻薄。一天，财主把年长的长工哈桑叫到身旁，说：“今天，你带50只羊到集市去卖，到晚上，你把卖的钱和50只羊全部带回来，要不然，别怪我对你不客气。”哈桑赶着羊群上路了，边走边想，最后终于想出了办法，你知道他想到了什么好办法吗？

665. 携带木棍

铁路部门规定，旅客可以携带长宽高都不超过1米的物品上火车。周先生现在有一根木棍，它的直径虽然只有2厘米，但是长度却达到了1.7米，是禁止携带的物品。你有什么好办法使他能够合理合法的携带这根木棍吗？

666. 分粥

有七个人住在一起，每天共同分享一大桶粥。由于人多粥少，粥总是不够吃。

一开始，他们抓阄决定由谁来分粥，每天轮一个。于是一个星期下来，他们每个人只有在自己分粥的那一天可以吃饱。

后来，他们觉得这个办法并不太好，于是决定推选出一个道德高尚的人来分粥。但是，这样一来，问题就更严重了，大家开始想尽一切办法去讨好分粥的人，搞得整个小团体乌烟障气。

再后来，大家开始组成三人的分粥委员会和四人的评选委员会，但是他们经常争得不可开交，等到争完以后，粥吃到嘴里常常是凉的。

最后，他们想出了一个绝妙的办法。

亲爱的读者，你知道是什么办法吗？

667. 巧妙测量

桌上有一个球和一把长度大约是球的直径$\frac{2}{3}$长度的直尺。你如何用这把尺测出球的半径？

668. 巧胜象棋高手

课间，小敏对班里的同学说："昨天，我跟两位象棋高手下棋。我面前摆着两副棋盘，同时跟这两位高手比赛。你们猜，结果怎么样？"同学们都知道，小敏的象棋技术很一般，因此都说："肯定是你两盘都输了。"小敏笑了笑，说道："不对。第一回，两盘都是和棋。第二回，我输一盘，赢一盘。不管再下多少回，我也不会同时输两盘棋。"

亲爱的读者，你知道小敏是怎么下的吗？

669. 丈量河宽

一次在行军途中，拿破仑带领部队和一位工程师先到前面探路。他们来到了一条河边，河上没有桥，但部队又必须迅速通过。

拿破仑就问工程师："告诉我，河有多宽？"

"对不起，阁下。"工程师回答道，"我的测量仪器都落在后面的部队里，他们离我们还有十英里远。"

"我要你马上量出来。"

"这做不到，阁下。"

"我命令你马上给我量出河宽，不然我将处罚你！"

工程师很快想了一个办法，轻松地量出了河宽。

你知道他用的是什么办法吗？

670. 抓野猪

在一段时间里，大兴安岭地区一个村庄的人们经常受到几只野猪的骚扰。它们毁坏庄稼、袭击家畜，甚至对村里人的安全构成了威胁，村里的人们就行动起来，想捕获那些野猪。但这些野猪很狡猾，当它们察觉村里人的行动时，便不露一点儿踪影。

村长就召集全村的人开会，商量捉拿野猪的办法。一个老人站起来表示，他愿意去捕获野猪。大家都露出怀疑的表情，心想年轻人都无法办到，一个老头子能行吗？老人看出了大家的意思，就笑着说：只要提供几样我需要的东西，我就一定能够办到。于是，村长就按老人的要求，给他准备了他要的东西。

亲爱的读者，你知道老人将用什么办法来捕获野猪吗？

671. 大船称象

东汉末年，献帝无能，大权全落入了曹操手里，由于战绩显著，从一开始的将军到丞相，后来又封魏公，到最后献帝封曹操为魏王，并且加九锡，位仅次于献帝一人之下。

东吴的孙权害怕有朝一日曹操率兵攻打东吴，以报赤壁火烧之仇，于是就臣服了曹操。

为讨好曹操，孙权送给曹操一头大象。由于这种动物只有在南方的热带地区才能见到，中原一带的人从来没有见过这样的庞然大物，所以这头大象让曹操感到非常稀奇。

曹操很想知道这头大象究竟有多少重量，可是当时没有称这样重量的大秤，怎么办呢？曹操召集文武百官共同商议，人人绞尽脑汁也想不出任何办法。

这时，曹操六岁的小儿子曹冲打人群中钻出来，对曹操说："父王要称这头大象，这有什么难的？"于是便说出了自己的方法。

曹操听罢，喜出望外，连忙命人照着儿子说的办法做。

你知道曹冲用的是什么办法吗?

672. 八哥和斑鸠

从前有位在外务工的农民,年前不能如期回家,便托朋友捎100块钱和一封信带给家里。这位朋友不怀好意,半路将信偷拆。见信笺上画了八只八哥和四只斑鸠,至于钱却一字未提。于是他便拿出50元钱给农民的妻子。可这位聪慧的妻子看信后,竟对他说:“我丈夫明明说是带回100元钱的,你怎么只给我50元呀。还有50元哪去了?”那人一怔,脸一下子就红了,他赶紧将剩下的50元钱退给了她。

亲爱的读者,你知道信笺上画了八只八哥和四只斑鸠代表了什么吗?

673. 圈土地

从前,欧洲某个小国被另一个国家攻占了。侵略者杀死了国王、王后以及王子,只有小公主玛丽逃了出来。她带着一些随从,经过长途跋涉,逃到了美洲的一个部落。

玛丽公主带了一些金币登上海岸,拜访了酋长,满怀伤感地说道:“我们的祖国被敌人攻占了,现在已经无家可归,请允许我们在您神圣的领土上买一块土地生活吧。”

酋长见玛丽公主只有几枚金币,便轻蔑地说:“你带的金币太少了。不过,我看你们挺可怜的,所以答应卖给你们土地,你只能买下用一张牛皮所圈出的土地。”

大家听了都很沮丧,可是玛丽公主却说:“大家不必丧气,我有办法用牛皮圈出一块面积很大的土地。”

玛丽公主真的做到了。你知道她是怎么办到的吗?

674. 师傅的考题

吉米是个心灵手巧的孩子,他在老木匠的门下学习三年,手艺已经非常纯熟了。出师那天,老木匠想出个题考考这个聪明的孩子,他拿着一个长方形木窗框,对吉米说:“这个窗框太大,我想让它小一半。但绝不允许裁减窗框,也不许把窗子遮半边。”吉米低头沉思了一会儿,便想出了解答的办法。

你知道吉米是怎么解决这个难题的吗?

675. 吉姆的解释

一天,老师在检查家庭作业时,发现吉姆的作业本上写着这样一些奇怪的数据:

8+17=1、6+8=2、4+11=3、9+7=4、7+10=5、5+7=12。

老师非常生气,认为吉姆是敷衍了事。但在听完吉姆的解释后,老师又不得不改变初衷,同意这些答案都是对的。

你知道吉姆是怎么跟老师解释的吗?

676. 称重

实验室有1克、3克、9克三种不同重量的标准砝码。在进行称量时,要称的东西与已知的标准砝码可以任意地放在天平的两盘之一。另外,每种砝码都只有一只,而且不准复制。

请问:可以称出多少不同物品的重量?

677. 巧妙发牌

老李约三个朋友一起到家玩扑克，开始是老李发牌。按照惯例，按逆时针顺序发牌，第一张发给老李的右手邻座，最后一张是老李的。当老李正在发牌时，突然有事走开了一会儿，回来时忘了牌发到谁了。现在，不允许老李数任何一堆已发的和未发的牌，但仍需把每个人应该发到的牌准确无误地发到他们的手里。

请问老李如何做到这一点？

678. 加一笔

现有一个不成立的等式：5+5+5=550，要求你在式中加一笔，使等式成立。

679. 面积大小

木匠从一块大木板上割下了两块大小差不多的小木板（如下图所示）。如果用尺度量各自的面积有困难，那么你有没有什么好办法来比较它们面积的大小呢？

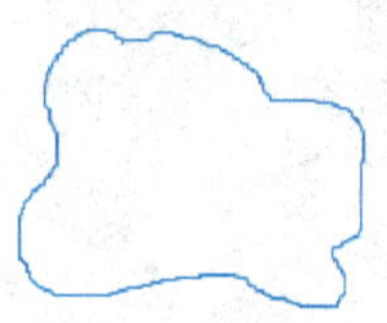

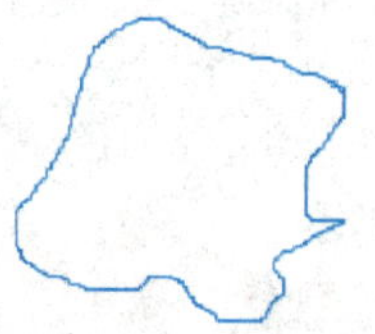

680. 平分 18

讨论课上，老师问了这样一个问题：

将 18 平均分成两份，却不得 9，还会得几？

同学们给出了很多答案，理由千奇百怪，但却都不能令老师满意。

亲爱的读者，你知道答案吗？

681. 不等于 2

我们都知道，一加一通常是等于 2 的。那你知道在什么样的情况下，一加一绝对不等于二吗？

682. 巧变数字

这是一道非常有趣的题：在一张纸上写上罗马数字“9”（IX），要求在上面加上一笔，使其成为“6”。你能够办到吗？

683. 巧移火柴棍

涛涛用火柴棍摆了一个式子：I+X=IX（1+10=9），很明显，这是不对的。那么为了使这个式子正确，至少要移动多少根火柴棍？

684. 数字卡片

小华的爸爸将三张数字卡片放在桌上，要求小华将卡片上的数字互相调换一下位置，使其变成能被 43 除尽的三位数。小华略一思索，就将卡片移到了正确位置。

亲爱的读者，你知道怎么移吗？

2	1	6

685. 搬石头

工人们在工地上搬石头，石头的重量都

不一样，有 50 千克的（长方形），也有 100 千克（圆形）的。按理说，农民们应该搬重量轻的石头，可奇怪的是，他们都抢着搬 100 千克的石头。已知搬运的工钱、距离和路线都相同，那么你知道工人们为什么要选择较重的石块吗？

686. 添火柴棍

小明用火柴棍组成了一个式子，请你再在这个式子上增加一根火柴棍,使这个式子成立。

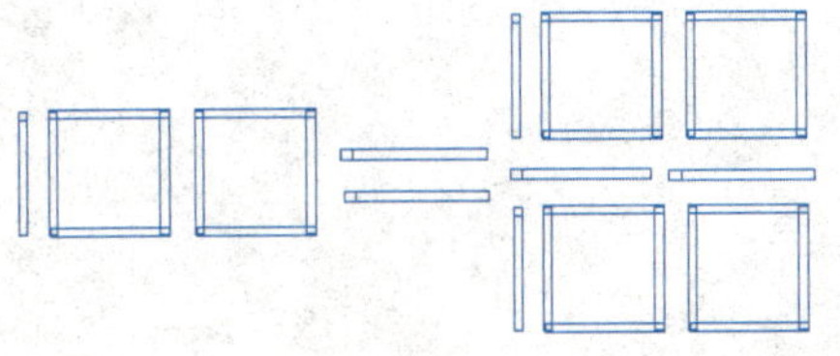

687. 把 E 变小

下图是用火柴棍摆成的英文字母“E”。现在要求你在上面增加一根火柴棍，使字母 E 变小，你知道怎么做吗？

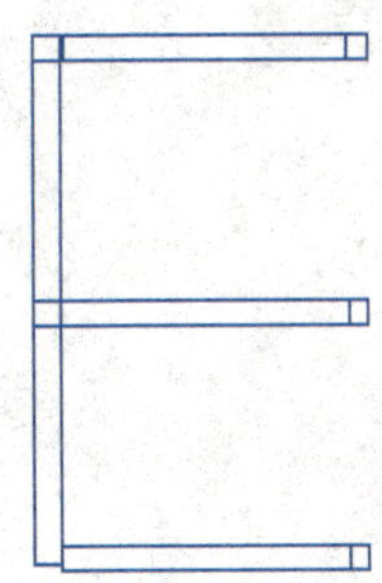

688. 火柴棍三角形

下图是 6 根等长的火柴棍构成的两个正三角形，请你将其中 3 根火柴棍移动，围成和这两个三角形面积相等的 4 个正三角形。

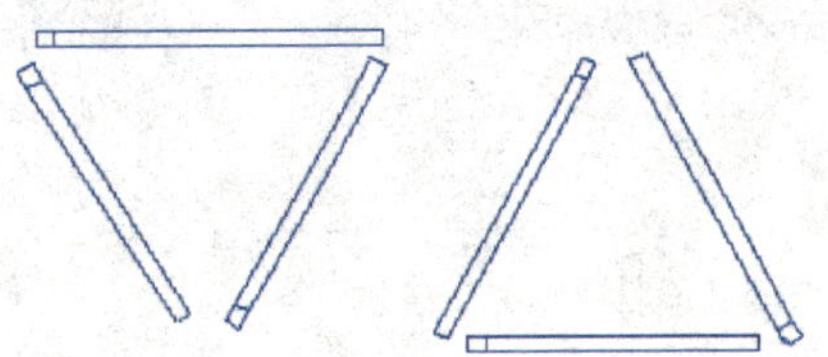

689. 木棍摆正方形

有 12 根长度相同的木棍，现要求你用它们摆成正方形，问最多可以摆出多少个大小相同的正方形？

690. 两头长颈鹿

一天晚上，琪琪的爸爸神秘地对他说：“我这有 17 根相同的小木棍，现在我用这些小木棍摆出一头长颈鹿来。”说完，爸爸马上动手摆了一头长颈鹿（如图所示）。而后又说：“现在要求你移动其中两根小木棍，再多增加一头小长颈鹿。如果你做到了，我周末就带你出去玩。琪琪想了好久，还是不知道怎么移。

亲爱的读者，你能帮帮他吗？

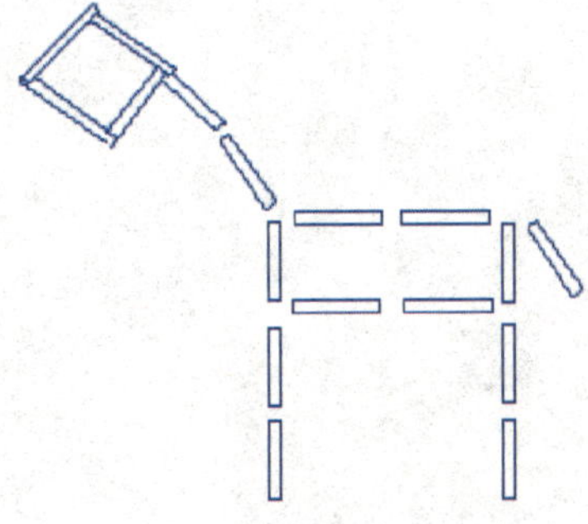

691. 左右观望的狼

下图是一只正在向左看的狼。你能不能想

出两种办法移动两根小木棍，使这只狼向右看。

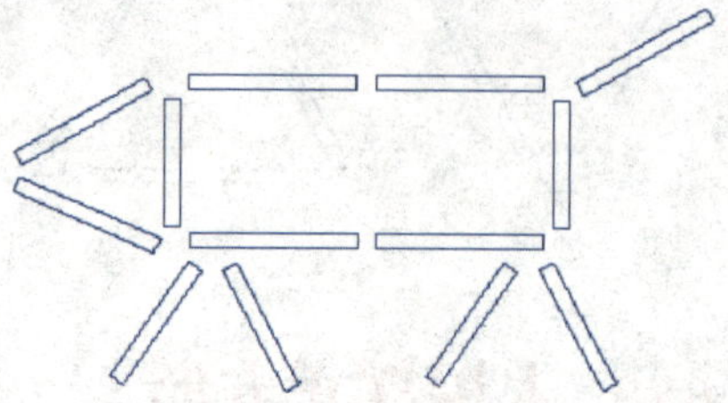

692. 游水的鱼

桌上有八根小木棍，现在用它们摆成1条正在悠闲游水的小鱼（如图所示）。要求你只移动其中3根木棍，使这条鱼向着相反的方向游去。

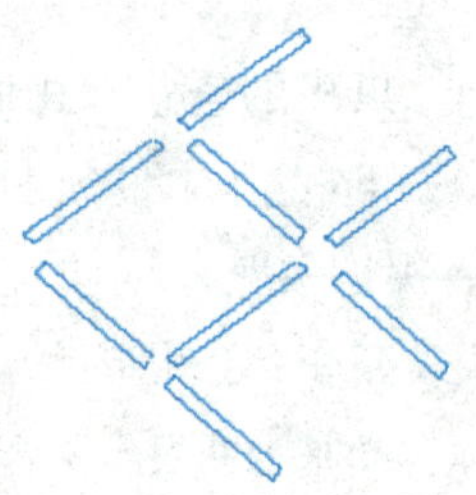

693. 木棍摆桌椅

下图是用小木棍摆成的桌椅。如果要将桌子摆到两把椅子之间，至少需要移动几根小木棍呢？

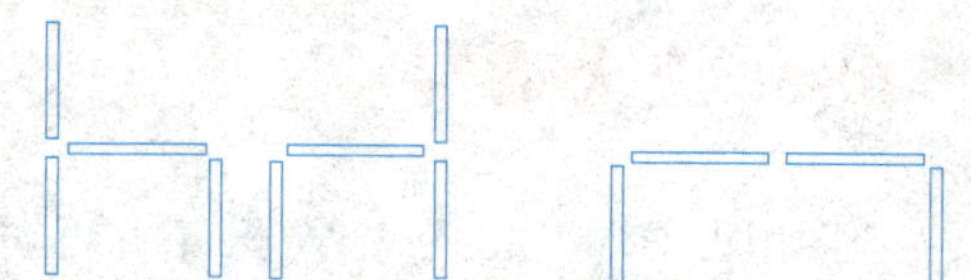

第八部分　独特创意答案

642. 向自家篮下投球

保加利亚队拿球的队员运球向自家篮下跑去，并迅速起跳投篮，球应声入网。这样双方就打成了平局，需要进行加时赛，保加利亚队利用加时赛的机会，为自己创造了一次起死回生的机会。

643. 灯泡的体积

爱迪生拿过灯泡，把它浸入一个盛满水的量杯中，然后爱迪生再把漫出量杯并流入下方器皿中的水，倒进量筒里面，看一下量筒的刻度，这样，灯泡的体积就出来了。

644. 开灯

这道题并没有你想象中的那么复杂。首先，打开第一个开关，并让它开几分钟，这样相应的灯泡就会热了。然后将第一个开关关上，打开第二个开关，再赶紧跑到楼上楼道去。亮着的灯是第二个开关控制的，暗着但是发热的是第一个开关控制的，剩下一个就是第三个开关控制的了。

645. 雪地取火

用冰做透镜，使太阳光通过透镜聚焦引火。

646. 水泥的硬度

测水泥的硬度有两个办法：

(1) 让小铁球从相同高度自由下落，检查铁球落在每块水泥砖上的深度，深度浅的硬度大。

(2) 让水泥砖成 45 度角安放，小铁球从相同高度下落，看铁球滚动的距离。硬度大，小铁球滚得就要远些。

647. 比慢

聪明人让两个骑手把各自的马相互对调一下，这样，两个骑手都想使自己骑的马(对方的马)跑得快点。用“调换一个角度”的办法，把“比慢”变成了“比快”，所以比赛很快就结束了。

648. 妙用直尺

先把瓶子正立，用直尺量出瓶子里酒的高度；再把瓶子倒过来，量出从酒的液面到瓶底的高度。酒在瓶子圆柱形部分占的高度，和第二次量的空余部分占瓶子圆柱形部分的高度相加，就是和整个酒瓶容积相当的圆柱体高度。这样，就可以由酒的高度占整个高度的百分比，算出酒占整个酒瓶容积的百分之几。瓶的内径在求百分数时，可以不计。

649. 不够长的木板

其中一人可以把木板向山涧的另一端伸出一部分，并站在木板的另一端压住。另一人可以把木板搭在自己的一方与对方的木板之间，就可以过去了。然后他可以压住木板，让对方过去。

650. 深谷遇险

可以借助水的浮力脱险：一个人先攀上软

梯，另一个人待水齐到颈部时开始攀升。攀升速度与水涨的速度相等，使水的高度始终在人的颈部，借助水的浮力，软梯就可以负担两个人的重量了。

651. 献计过河

这位将军的计策是：让人在队伍的后面挖一条很深的弧形沟渠，使其两端与河水沟通。这样，湍急的河水分两股而流，原来河道的河水就变得浅而流速缓，军队就可以涉水过河了。如下图所示：

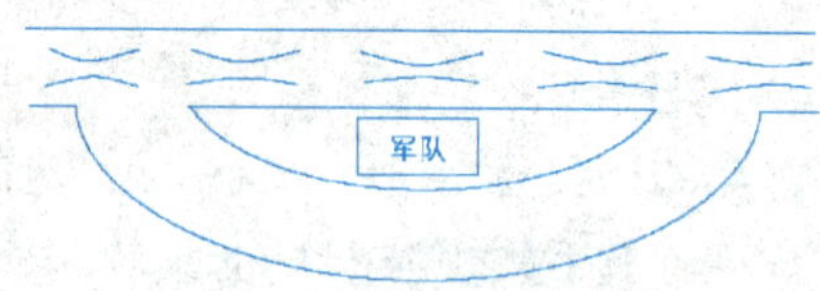

652. 木块架桥

把 4 根木块一头分别放在 4 个杯子的边缘上，另一头互相交叉即可。如下图所示：

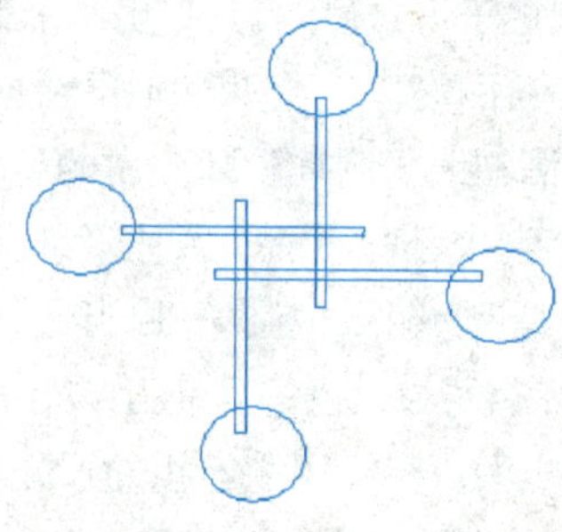

653. 购团体票

直接买 50 张票，这样就可以省下 30 元。计算如下：

46 张票需要 46×5=230 元。

50 张票需要 50×5×0.8=200 元。

230−200=30 元。

654. 巧移数字符号

26−63=1

62=63−1

655. 分果汁

把 4 个半杯的倒成 2 杯满果汁，这样，满杯的有 9 个，半杯的有 3 个，空杯子的有 9 个，3 个人就容易平分了。

656. 杂技演员过桥

杂技演员可以将鞋子脱掉，把鞋子轮番向上抛，手中只保留一只鞋子。

657. 奇特的等式

如图所示，从四角形上减去一个三角形，就变成了一个五角形。

658. 击碎酒瓶

前面的两个人是按照下图的方法打碎瓶子的。而第三个人想一枪打碎 4 个瓶子，是无法实现的，因此必须另想办法。他想的办法是一枪打断桌腿，让酒瓶落到地上摔碎。

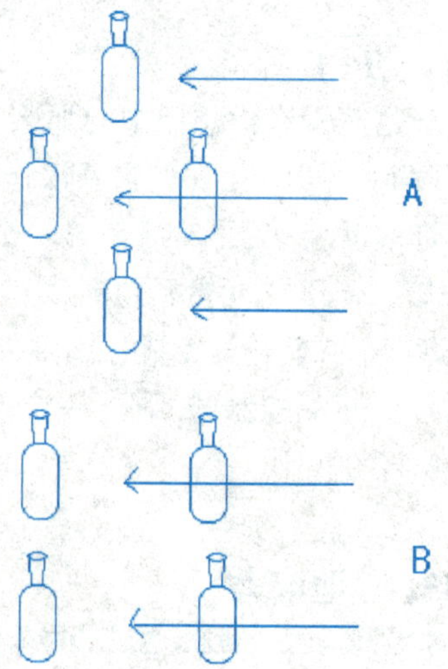

659. 火柴符号

如图所示：

$3 < \pi < 4$

660. 画观世音像

竹禅法师画的观世音菩萨正弯腰在拾净水瓶中的柳枝，菩萨弯腰时 5 尺，站起来就 9 尺啦！

661. 智过大桥

农夫从东往西过桥，走了两分半钟即转过脸来往东走，当看守者出来见到他时，就命令他往回走，这样就可以掉转头来向西走，顺利通过大桥。

662. 医院的最佳位置

因为这些用户沿着铁路排列，可以看成是一条直线。那么医院应该建在最中间用户间的任意一点上。

663. 金点子

纸条上只写了一句话：将牙膏管开口扩大 1 毫米。大家想一想，牙膏膏管开口扩大 1 毫米，每个消费者就多用 1 毫米宽的牙膏，那每天牙膏的消费量该是多大啊。

664. 聪明的哈桑

哈桑将羊群赶到集市，把羊身上的毛剪下来卖掉，再把羊一只不少地赶回来。

665. 携带木棍

找一个长宽高都是 1 米的箱子，把木棍斜着放进去。因为 1 米见方的箱子的对角线正好超过 1.7 米，这样就没有违反铁路部门的规定。

666. 分粥

七个人轮流分粥，但分粥的人要等其他人都挑完后，拿剩下的最后一碗。结果，为了让自己不至于吃得最少，每个人都尽量分得平均，就算分得不平均后拿到少的，也只能认了。

667. 巧妙测量

灯光下测影子长度，直尺垂直立于地面，测量尺子和球各自长度与影子长度，计算比例尺。

668. 巧胜象棋高手

小敏跟高手甲下的那盘棋，让高手甲先走；另一盘棋让高手乙后走。然后，小敏看看高手甲怎么走，就照搬过来对高手乙，再看高手乙走哪一步，又搬回来对高手甲。这样，表面上是小敏同时下两盘棋，实际上是高手甲和高手乙对下。高手甲和高手乙不可能同时赢，小敏就不会两盘都输。

669. 丈量河宽

工程师脱下钢盔，让帽檐和他的眼睛、还有河对岸的一点刚好在一条直线上。然后，他小心地保持身体的直立，不断地向后退，等到眼睛、帽檐和这边河岩的相应一点刚好在一条直线上时，他就停了下来。他把自己所处的位置标好，接着，用脚量出前后两点的距离，这段距离就是河流大概的宽度。

670. 抓野猪

第二天，老人出发了。他来到森林里，首先寻找到了野猪经常出没的地方，然后就在一片空地中央撒些玉米面饼，那些野猪闻到饼的香味，经不住诱惑，慢慢的向玉米饼靠近，之后就大吃起来。第二天，老人就又增加一些饼，并在不远的地方竖起了一块木板，开始野猪看到木板，有些疑虑，不敢走近，但是，一段时间以后，它们禁不住饼的诱惑，就又走过来吃了。就这样，老人每天在玉米饼的周围多增加一些木板，野猪总是犹豫一阵后，又过来吃那些香甜的玉米饼。时间一天天的过去了，木板越竖越多，渐渐的便形成了一个围栏。

野猪对木板似乎也已是习以为常，依然进去吃香甜的玉米饼，可想而知，最后它们都被关进了围栏。这样老人叫来村里的人，很容易地就把野猪捕获了。

671. 大船称象

先把大象牵到木船上，水在船帮上淹到哪里就刻个标记，然后把象牵走，抬石头到船上，压到刚才的标记，再把石头一块一块过秤，就可以算出大象的重量了。

672. 八哥和斑鸠

见信笺上画了八只八哥和四只斑鸠是有目的的，八只八哥，即八八六十四；四只斑鸠，即四九三十六，合起来正好是一百元。

673. 圈土地

玛丽公主向酋长要来一张野牛皮，用小刀将它割成细细的牛皮条，然后把这些牛皮条一个个都连接起来。接着，在平直的海岸上选好一个点作圆心，以海岸线作直径，在陆地上用牛皮绳圈起了一个半圆来。

674. 师傅的考题

将长方形改成一个平行四边形即可。这样面积只有一半，四边长度却没有变。

675. 吉姆的解释

吉姆解释说，他这个等式适合钟表，即：

8点钟+17个小时是1点钟，

6点钟+8个小时是2点钟，

4点钟+11个小时是3点钟，

9点钟+7个小时是4点钟，

7点钟+10个小时是5点钟，

5点钟+7个小时是12点钟。

所以吉姆的算法没错，老师也不得不承认他的答案是对的。

676. 称重

1克到13克的东西都可以称。

677. 巧妙发牌

假设全副牌不包括大王小王，即总数52张，则把未发的牌从最后一张开始由下往上发，第一张先发老李，然后按顺时针顺序把牌发完即可，如果全副牌总数54张，则第一张牌先发给老李的对家。

678. 加一笔

只要在+的左上方加一撇，就可以使等式成立。545+5=550或5+545=550。

679. 面积大小

将这两块小木板放在天平两头称一称，就可以知道各自的面积大小。重量大的面积也大，重量小的面积也小，重量相等则面积相等。

680. 平分18

其实答案很简单，得10，将18从中间分。

681. 不等于2

将一大杯水加进一斤面粉中，只会等于一块面团。

682. 巧变数字

加上S，变为：SIX。

683. 巧移火柴棍

很多人看到题目后，认为只需要移动一根火柴棍，变为I+IX=X（1+9=10）。其实，只要你仔细考虑一下，就会发现，还有更少的，不需要移动一根火柴棍，倒过来看就是XI=X+I（11=10+1）。

684. 数字卡片

这个三位数是 129。

只要将“2”“1”调换一下位置，然后将“6”颠倒成“9”就行了。

685. 搬石头

因为 100 千克的石块是球形，50 千克的石块是长方形，球形石块可以滚动，相对来说比较轻松一点儿。

686. 添火柴棍

可以把火柴棍竖起来当小数点用，如图所示：

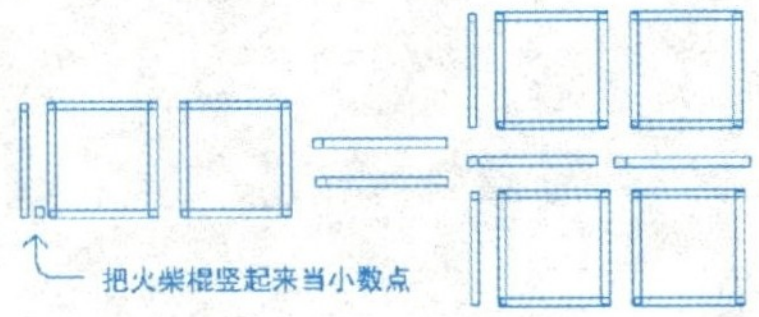

687. 把 E 变小

加一根火柴棍可以使它变成小写字母“e”，如图所示：

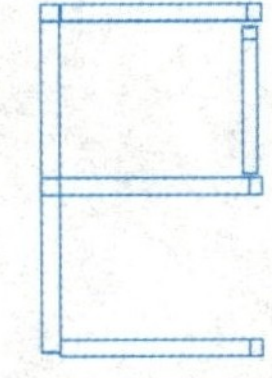

688. 火柴棍三角形

如下图所示：

689. 木棍摆正方形

可以摆成 25 个正方形，如图所示：

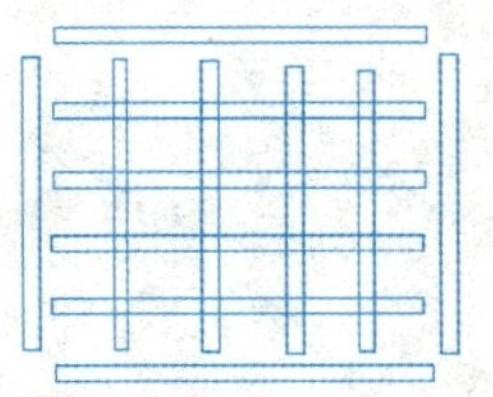

690. 两头长颈鹿

移动长颈鹿肚子上的两根小木棍，使其腹部向外隆起，这样它的肚子里便会有一头小长颈鹿了。

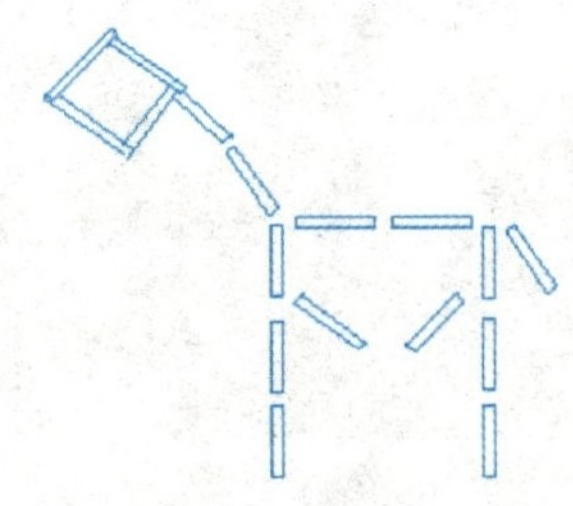

691. 左右观望的狼

第一种办法：让狼回过头去。

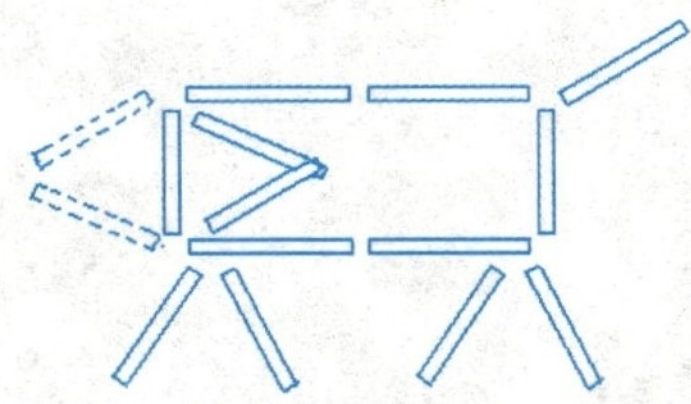

第二种办法：让狼转过身，尾巴下垂。

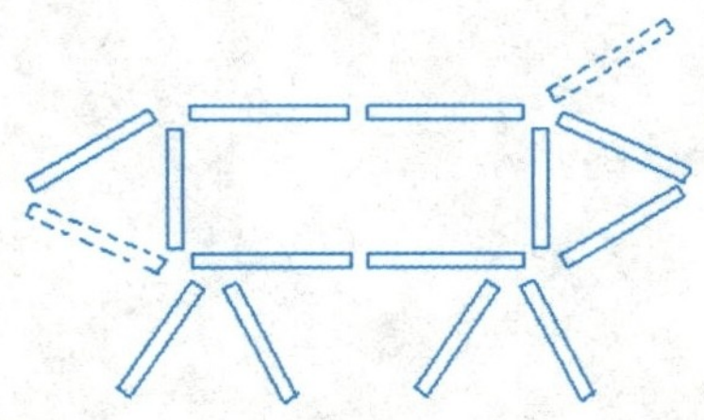

692. 游水的鱼

将上面的 3 根小木棍移到下面，如图所示：

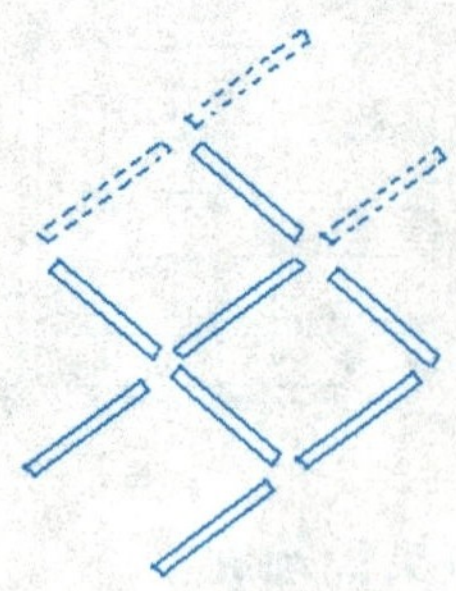

693. 木棍摆桌椅

至少需要移动 3 根小木棍，如图所示：

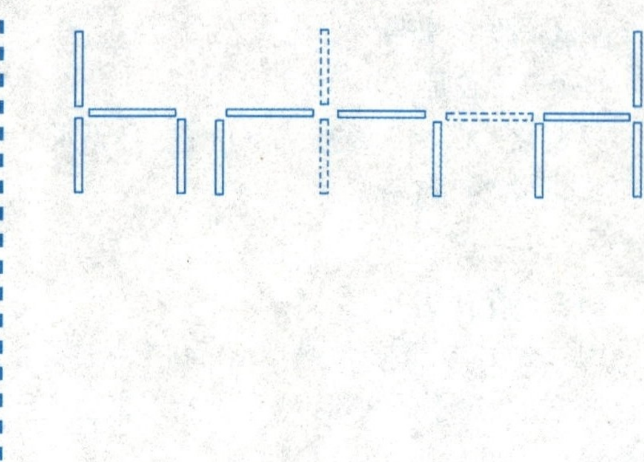